plurall

CB137833

Parabéns!
Agora você faz parte do **Plurall**, a plataforma digital do seu livro didático!
No **Plurall**, você tem acesso gratuito aos recursos digitais deste livro por meio do seu computador, celular ou *tablet*.
Além disso, você pode contar com a nossa tutoria *on-line* sempre que surgir alguma dúvida sobre as atividades e os conteúdos deste livro.

Incrível, não é mesmo?
Venha para o **Plurall** e descubra uma nova forma de estudar!
Baixe o aplicativo do **Plurall** para Android e IOS ou acesse **www.plurall.net** e cadastre-se utilizando o seu código de acesso exclusivo:

AASH8Y8BM

Este é o seu código de acesso Plurall. Cadastre-se e ative-o para ter acesso aos conteúdos relacionados a esta obra.

@plurallnet

@plurallnetoficial

SOMOS EDUCAÇÃO

Ronaldo Vainfas
Doutor em História Social pela Universidade de São Paulo
Professor do Departamento de História da Universidade Federal Fluminense

Jorge Ferreira
Doutor em História Social pela Universidade de São Paulo
Professor do Departamento de História da Universidade Federal Fluminense

Sheila de Castro Faria
Doutora em História pela Universidade Federal Fluminense
Professora do Departamento de História da Universidade Federal Fluminense

Daniela Buono Calainho
Doutora em História pela Universidade Federal Fluminense
Professora do Departamento de Ciências Humanas da Universidade do Estado do Rio de Janeiro

HISTÓRIA .doc 8

Editora Saraiva

Editora Saraiva

Direção Presidência: Mario Ghio Júnior
Direção de Conteúdo e Operações: Wilson Troque
Direção editorial: Luiz Tonolli e Lidiane Vivaldini Olo
Gestão de projeto editorial: Mirian Senra
Gestão de área: Wagner Nicaretta
Coordenação: Eduardo Guimarães
Edição: Carolina Leite de Souza e Aline dos Reis Neves
Assistência editorial: Lígia Torres Figueiredo
Planejamento e controle de produção: Patrícia Eiras e Adjane Queiroz
Revisão: Hélia de Jesus Gonsaga (ger.), Kátia Scaff Marques (coord.), Rosângela Muricy (coord.), Ana Maria Herrera, Ana Paula C. Malfa, Brenda T. M. Morais, Carlos Eduardo Sigrist, Daniela Lima, Gabriela M. Andrade, Luiz Gustavo Bazana, Patrícia Travanca, Sandra Fernandez, Sueli Bossi; Amanda T. Silva e Bárbara de M. Genereze (estagiárias)
Arte: Daniela Amaral (ger.), Claudio Faustino (coord.), Eber Alexandre de Souza (edição de arte)
Diagramação: Typegraphic
Iconografia e tratamento de imagem: Sílvio Kligin (ger.), Denise Durand Kremer (coord.) e Paula Dias (pesquisa iconográfica), Cesar Wolf e Fernanda Crevin (tratamento)
Licenciamento de conteúdos de terceiros: Thiago Fontana (coord.) e Luciana Sposito (licenciamento de textos); Erika Ramires, Luciana Pedrosa Bierbauer, Luciana Cardoso e Claudia Rodrigues (analistas adm.)
Ilustrações: Luis Moura
Cartografia: Eric Fuzii (coord.), Mouses Sagiorato Prado (edit. arte) e Ericson G. Luciano
Design: Gláucia Koller (ger.), Thais Ometto (proj. gráfico), Adilson Casarotti e Flávia Dutra (capa), Gustavo Vanini e Tatiane Porusselli (assist. arte)
Ilustração de capa: Luminos Criativo

Avenida das Nações Unidas, 7221, 1º andar, Setor A – Espaço 2 – Pinheiros – SP – CEP 05425-902
SAC 0800 011 7875
www.editorasaraiva.com.br

Dados Internacionais de Catalogação na Publicação (CIP)

História.doc 8º ano / Ronaldo Vainfas ... [et al.]. - 3. ed. - São Paulo : Saraiva, 2019.

Outros autores: Jorge Ferreira, Sheila de Castro Faria, Daniela Buono Calainho
Suplementado pelo manual do professor.
Bibliografia.
ISBN: 978-85-472-3675-5 (aluno)
ISBN: 978-85-472-3676-2 (professor)

1. História (Ensino fundamental). I. Vainfas, Ronaldo. II. Ferreira, Jorge. III. Faria, Sheila de Castro. IV. Calainho, Daniela Buono.

2019-0059 CDD: 372.89

Julia do Nascimento - Bibliotecária - CRB-8/010142

2023
Código da obra CL 800969
CAE 648199 (AL) / 648200 (PR)
3ª edição
6ª impressão
De acordo com a BNCC.

Impressão e acabamento Bartira

Uma publicação SOMOS EDUCAÇÃO

APRESENTAÇÃO

The Bridgeman Art Library/Easypix

Caro estudante

Você está convidado a fazer uma viagem no tempo. Uma não, várias viagens! Nesta coleção, você vai conhecer povos e costumes diferentes, modos distintos de governar as sociedades, uma variedade de crenças e religiões. Também percorrerá várias partes do mundo: África, Ásia, América, Europa.

Prepare-se para ampliar seus horizontes, relacionando a rua ou o bairro onde você mora com a História do Brasil e do mundo.

Tais viagens são possíveis por meio do estudo da História. Não apenas com base na leitura do livro, mas pelas atividades que a coleção sugere, pelas imagens de outras épocas que ela oferece.

Procuramos fazer uma coleção que o envolvesse nas tramas da História, evitando contá-la somente a partir das grandes datas e dos nomes famosos. Muitos assuntos são contados do ponto de vista individual, seja de um personagem ilustre, como um rei, seja de uma pessoa comum, como um camponês, um escravo. Outras vezes, colocamos a História em cena a partir de algum episódio, uma trama específica, ou mesmo de algum personagem que só existiu na imaginação de indivíduos que viveram em outras épocas.

Ao longo desta coleção, vocês encontrarão também muitos episódios violentos, guerras e até mesmo atitudes preconceituosas. Revoluções e bombas. Pessoas escravizando outros homens e mulheres. Governos empenhados em exterminar populações inteiras. Conflitos e tragédias provocados pelos interesses materiais e ambições políticas da Humanidade, em vários tempos.

As lutas pela sobrevivência, pela riqueza ou pelo poder marcam a História desde que o ser humano surgiu no planeta até os dias atuais.

Nesse sentido, esta coleção procura estimular a consciência de que todos devem buscar viver com dignidade e respeito aos direitos humanos, sociais, políticos, em defesa dos direitos civis de cada cidadão.

Estudar História é um passo decisivo para despertar a consciência cidadã de cada um, estimular a valorização da liberdade individual, o combate às desigualdades sociais e a luta contra todo tipo de preconceito.

Os autores

CONHEÇA ESTE LIVRO

Esta obra está organizada em unidades e capítulos. Neles, os temas são desenvolvidos ao longo do texto e em diferentes seções e boxes, cada um com uma finalidade. Vamos conhecer essa estrutura?

Leemage/Corbis/Latinstock

ABERTURA DE UNIDADE

Apresenta, em uma dupla de páginas, uma imagem representativa do contexto que será estudado, além de um quadro ("Vamos estudar") e um texto que resumem e explicitam os principais conteúdos.

ABERTURA DE CAPÍTULO

Traz um texto de introdução e uma imagem relacionados ao tema desenvolvido ao longo do capítulo.

TEXTO PRINCIPAL

Além dos processos e acontecimentos históricos, aborda em cada capítulo um personagem principal (pessoas comuns ou célebres, por vezes um personagem mitológico) ou um evento, articulando a História com episódios particulares.

Puxando pela memória

Boxe no início e no final de cada capítulo com o objetivo de relacionar conhecimentos prévios ao tema em questão.

Cá entre nós

Traz assuntos complementares ao texto principal. Por vezes trabalha os conhecimentos prévios.

Você já ouviu falar...

Explica conceitos e termos-chave importantes para a compreensão dos assuntos estudados.

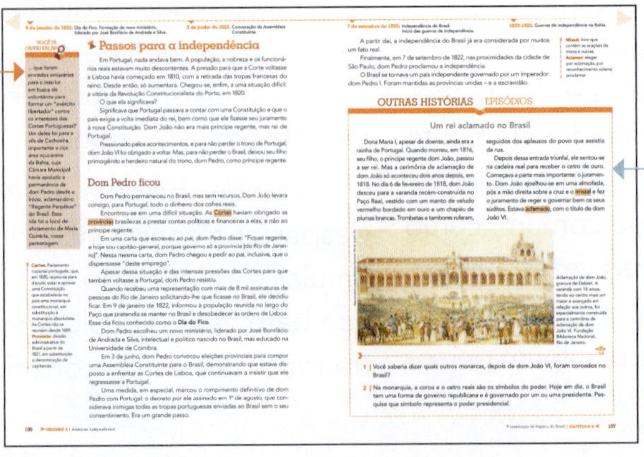

OUTRAS HISTÓRIAS

Seção que complementa o tema central do capítulo com informações paralelas ao conteúdo ou mais aprofundadas. Há nove subtipos: Artes, Crenças, Personagens, Lugares, Lutas sociais, Modos de viver, Economia, Episódios e Tecnologias.

A HISTÓRIA NÃO ESTÁ SOZINHA

Seção que aborda a interdisciplinaridade – a articulação da História com outras disciplinas.

O que há na imagem/no mapa?

Aprofunda a leitura de uma imagem ou de um mapa, relacionando-a/o ao conteúdo do capítulo ou à realidade vivida.

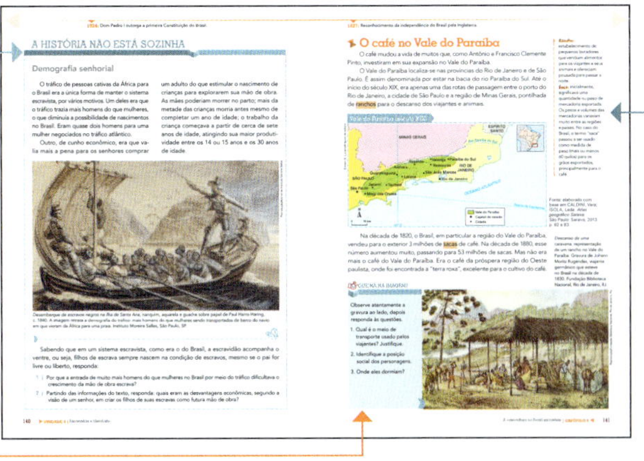

GLOSSÁRIO

Explicação de palavras ou expressões que aparecem destacadas no texto, facilitando o estudo e a compreensão do tema em questão.

CRONOLOGIA

Disposta no alto das páginas, apresenta fatos marcantes do período em estudo em cada capítulo, organizados em ordem cronológica.

Fique de olho

Sugestões de livros, filmes e *sites*, acompanhadas de breves sinopses.

DOCUMENTO

Apresenta fontes documentais escritas ou visuais, complementando e enriquecendo os assuntos desenvolvidos no capítulo.

O seu lugar na História

Boxe que estimula a pesquisa de campo, articulada à História e às experiências locais.

ROTEIRO DE ESTUDOS

Seção que finaliza o estudo de cada capítulo com propostas de atividades diversas, que trabalham as diferentes habilidades e competências relacionadas ao ensino-aprendizagem de História. É dividida em quatro subseções: **O que aprendemos?**, **Pesquisa**, **Imagens contam a história** e **O passado presente**.

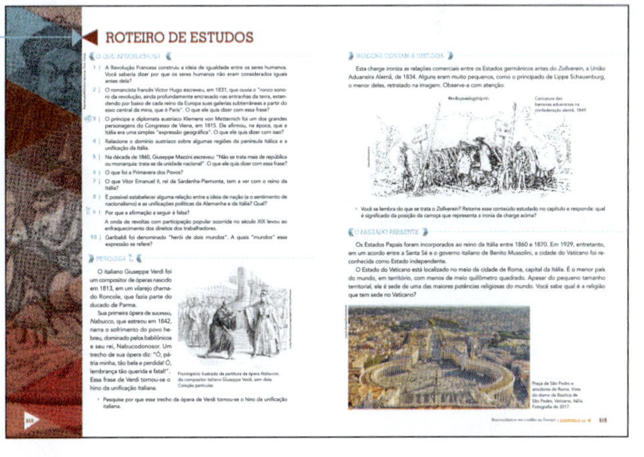

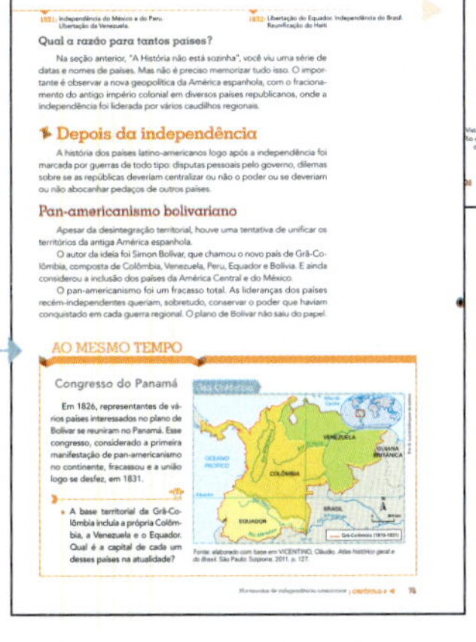

AO MESMO TEMPO

Seção que traça paralelos entre a sociedade ou processo examinado no capítulo e outras sociedades ou processos da mesma época.

Você encontrará atividades com os seguintes ícones:

desafio | pesquisa | interdisciplinar | dupla | grupo | individual

SUMÁRIO

UNIDADE 3

ESCRAVIDÃO E LIBERDADE

Capítulo 8

A cafeicultura no Brasil escravista 138

Capítulo 9

Os Estados Unidos entre o liberalismo e a escravidão 158

Capítulo 10

Crise da escravidão e da monarquia no Brasil 174

UNIDADE 4 A BURGUESIA DOMINA O MUNDO

Reprodução/Museu Carnavalet, Paris, França.

VAMOS ESTUDAR

- IDEIAS ILUMINISTAS NA EUROPA
- CRÍTICAS AO ANTIGO REGIME ABSOLUTISTA
- DESPOTISMO ESCLARECIDO
- REVOLUÇÃO FRANCESA
- EXPANSÃO NAPOLEÔNICA NA EUROPA
- O SUCESSO DA FORÇA DO VAPOR
- O SISTEMA DE FÁBRICA

Créditos das imagens de baixo para cima: Pierre-Jean Chalencon/Photo12/UIG/Getty Images; Reprodução/Museu Antoine-Lecuyer, Saint-Quentin, França; akg-images/Latinstock.

A execução de Maria Antonieta 16 outubro de 1793, óleo sobre cobre de autor desconhecido, século XVIII. Essa obra representa o cumprimento da sentença de morte na guilhotina da rainha francesa, na Praça da Revolução. Museu Carnavalet, Paris, França.

1
UNIDADE

A CRISE DO ANTIGO REGIME

O Antigo Regime foi despedaçado pela Revolução Francesa, iniciada em 1789.

Na sua fase mais radical, entre 1792 e 1794, o governo revolucionário acionou a guilhotina diariamente para executar os seus inimigos. Qualquer opositor do governo podia ser considerado inimigo da Revolução. Antes da Revolução, somente os nobres eram decapitados, enquanto os demais condenados à morte eram enforcados ou até queimados, depois de passarem por vários suplícios.

Com a Revolução, e mediante a guilhotina, todos os condenados passaram a morrer do mesmo modo, desde um simples camponês até o rei ou a rainha. A guilhotina democratizou a pena de morte revolucionária.

Os diversos livros que você vê nesta fotografia são volumes de uma coleção chamada *Enciclopédia*.

The Bridgeman Art Library/Easypix

CAPÍTULO 1

A EUROPA NO TEMPO DO ILUMINISMO

Os livros têm tudo a ver com o século XVIII na Europa, o chamado Século das Luzes. Foi nesse século que muitos filósofos começaram a criticar o poder absoluto do rei, os privilégios do clero e da nobreza, a relação do Estado com a Igreja e a intolerância religiosa.

Esses filósofos compartilhavam entre si a certeza de que o progresso das sociedades dependia da educação.

A palavra de ordem era **Razão**. Os homens, dali em diante, deveriam se guiar pelo conhecimento racional, em vez de explicar a natureza, a sociedade e a política com base na religião.

O Iluminismo estimulou a pesquisa científica em toda a Europa, com destaque para a Química, a Física e a Matemática.

Vamos estudar, neste capítulo, as ideias dos principais teóricos e filósofos iluministas. Muitas dessas ideias defendiam a construção de uma sociedade que limitava o poder dos governantes, que seria formada por cidadãos com direitos políticos e civis. Uma sociedade em que todos seriam iguais perante a lei.

PUXANDO PELA MEMÓRIA

Você saberia dizer o que é uma enciclopédia?

Créditos das imagens de baixo para cima: Album Art/Latinstock/Biblioteca da Catalunha, Barcelona, Espanha; AKG-Images/Latinstock; The Granger Collection/Glowimages; AKG-Images/Latinstock; The Bridgeman Art Library/Easypix; Reprodução/Museu Antoine-Lecuyer, Saint-Quentin, França.

O que foi o Iluminismo?

Se você pesquisar o significado histórico da palavra **Iluminismo**, descobrirá que ela se refere a um conjunto de ideias divulgadas no século XVIII, que valorizavam a **razão** e o **esclarecimento** para o progresso da humanidade.

Essa definição se parece muito com as ideias de um pensador alemão. Seu nome é Emanuel Kant, um dos maiores filósofos do século XVIII. Kant considerava que, até o século XVIII, a humanidade tinha vivido a sua infância. Segundo ele, nesse período (ou nessa fase de menoridade), homens e mulheres haviam aprendido a andar, a falar, a identificar coisas e pessoas e começado a compreender o mundo, embora ainda acreditassem em bruxas e em fantasmas. Mas, ainda de acordo com Kant, tudo tinha mudado no século XVIII.

The Bridgeman Art Library/Easypix

Retrato de Emanuel Kant, óleo sobre tela de Johann Gottlieb Becker, 1768. Em 1784, Kant escreveu o texto que intitulou com uma pergunta: "O que é o Esclarecimento?". Schiller-Nationalmuseum, Marbach, Alemanha.

Ao começar a perceber o mundo por meio da razão, a humanidade dava sinais de amadurecimento e atingia, enfim, a idade adulta. Essa maturidade intelectual foi definida por Kant como Iluminismo, por vezes também chamado de esclarecimento ou ilustração.

O significado da razão para o Iluminismo

Mas que **razão** é essa? Qual é o seu significado?

Se você procurar em um dicionário, descobrirá que a palavra "razão" significa capacidade de julgar, avaliar, raciocinar, deduzir, ter ideias. Ou, dito de outra forma: pensar com a própria cabeça para decidir sobre a vida, conhecer os segredos da natureza e do nosso planeta, dos astros e cometas e, claro, dos seres humanos.

Você já deve ter ouvido, em uma discussão entre duas pessoas, uma delas dizer: "Eu tenho *razão*!" ou "Você não tem *razão*!". Isso significa que a decisão sobre alguma coisa só pode resultar da troca de ideias e do uso da inteligência, e não de uma emoção ou da força bruta. Daí o emprego de outras expressões como "pense bem antes de agir" ou, então, "aquele sujeito é uma pessoa esclarecida", ou seja, que é uma pessoa razoável, culta.

CÁ ENTRE NÓS

O filósofo francês René Descartes disse uma frase que ficou célebre: **"Penso, logo existo"**.

Essa valorização da razão e do esclarecimento é a base do pensamento iluminista.

Voltando a Kant, ele exagerou um pouco ao dizer que só no século XVIII a humanidade se tornou "adulta" e passou a valorizar a razão. Basta lembrar a importância dos filósofos gregos, na Antiguidade Clássica, como Platão e Aristóteles. Ou o progresso das artes no Renascimento. Ou ainda a revolução científica dos séculos XVI e XVII. Afinal, René Descartes, filósofo francês do século XVII, é considerado o pai do racionalismo moderno.

Racionalismo: modo de pensar que dá valor somente ao que se explica pela razão, pelo pensamento lógico.

Se consideramos os fatos citados no parágrafo anterior, podemos dizer que a humanidade, segundo as ideias de Kant, estava na sua adolescência desde a Antiguidade Clássica, já que o Renascimento recuperou a cultura greco-romana.

CÁ ENTRE NÓS

Denis Diderot, que acreditava no poder da razão humana, passou a duvidar da existência de Deus e se tornou ateu, atitude que não era comum mesmo entre os iluministas. Uma de suas frases mais famosas é: "É tão arriscado acreditar em tudo como não acreditar em nada".

É preciso levar em consideração também que, ao defender que a razão só triunfou no século XVIII, Kant queria dizer que, até o início do século XVIII, só alguns filósofos se aventuravam a viver e analisar a realidade com a lógica da razão. Porém, no século XVIII, segundo Kant, as pessoas passaram a perceber o mundo muito mais conforme a razão do que conforme a emoção ou a fé religiosa, como se passassem à idade adulta.

Em suma, a razão humana foi muito celebrada pelos filósofos do século XVIII. França e Inglaterra foram os principais centros do pensamento iluminista, que **associava razão com luz**, em oposição às **trevas**, quase sempre identificadas com o **pensamento religioso**.

É por esse motivo que o século XVIII, o século do Iluminismo, foi chamado pelos historiadores de **Século das Luzes**.

A Enciclopédia: símbolo do Iluminismo

Verbete: texto que procura explicar o significado de palavras, conceitos, expressões ou nomes em um dicionário ou em uma enciclopédia.

Você já ouviu falar da Wikipédia? Aliás, quem, hoje em dia, nunca ouviu falar dela ou acessou essa página através de algum buscador da internet? Poucos sabem, contudo, a origem dessa palavra.

A palavra Wikipédia é formada pela palavra havaiana *wiki*, que significa "rápido", "ligeiro". A Wikipédia é a versão digital das antigas enciclopédias, obras em vários volumes que buscavam reunir, em verbetes, explicações sobre os mais variados campos do conhecimento humano, incluindo o nome e a biografia de cientistas, filósofos e artistas.

Enciclopédia é uma palavra que vem da língua grega antiga e cujo significado é "conhecimento geral". As enciclopédias sempre tiveram a ambição de reunir, em uma só obra ou coleção, boa parte do conhecimento humano.

Não causa surpresa, portanto, que tenham sido os filósofos do século XVIII que se dedicaram à tarefa de fazer uma enciclopédia, reunindo, em verbetes, grande parte do conhecimento que a razão humana tinha produzido sobre tudo e sobre todos até aquele momento.

Os filósofos ingleses foram os primeiros a lançar uma obra como esta, a *Cyclopedia*, no ano de 1728. A mais famosa delas, entretanto, foi lançada pelos franceses, entre 1751 e 1772: *L'Encyclopédie*, ou *A Enciclopédia*, em português. Essa obra se tornou um símbolo, um verdadeiro monumento do pensamento iluminista.

Os filósofos Denis Diderot e Jean D'Alembert foram os organizadores da *Enciclopédia*, obra composta de dezessete grossos volumes.

akg-images/Fotoarena

Retrato de Denis Diderot, gravura de Pierre Mechel Alix, 1793. O trabalho que deixou famoso o filósofo e escritor Denis Diderot foi a *Enciclopédia*. Biblioteca Nacional, Paris, França.

1688: Revolução Gloriosa na Inglaterra. **1724:** O alemão Daniel Fahrenheit cria a escala de temperatura que leva seu nome.

Árvore dos conhecimentos humanos

A ideia era escrever um livro a partir do que os filósofos chamavam de "árvore dos conhecimentos humanos". Ciência, Arte, Música, Literatura, Política, Matemática, História, Geografia, entre outras áreas, deveriam estar contidas nesse livro.

Entre os colaboradores da *Enciclopédia* estavam os principais pensadores franceses da época, como Voltaire, Montesquieu e Rousseau.

A principal característica da obra foi o espírito laico, isto é, a certeza de que todo conhecimento era humano e racional. Para conhecer a natureza, o mundo e as pessoas, o caminho era o uso da razão. Nada de vontade divina ou explicações religiosas.

A Igreja católica, claro, não gostou nada da *Enciclopédia*. Em 1759, o papa mandou incluí-la na lista de livros proibidos. Mas ela continuou a ser escrita e publicada até ser concluída, em 1772.

Laico: pessoa que não integra o clero ou pensamento que não sofre a influência da religião.

Minerva, mosaico do artista estadunidense Elihu Vedder, 1897. Para celebrar o triunfo da razão, artistas utilizaram a figura de Minerva, deusa romana da sabedoria. Biblioteca do Congresso, Washington, D.C., Estados Unidos da América.

Carol M. Highsmith/Biblioteca do Congresso, Washington, EUA.

O Iluminismo na ciência

O racionalismo iluminista produziu um salto de qualidade na ciência do século XVIII. Há vários exemplos dessa "febre científica" em diversos campos do conhecimento, revelando o esforço dos sábios da época em conhecer o mundo natural e o espaço sideral.

Veja alguns exemplos importantes.

- O francês Antoine Lavoisier elaborou a lista mais extensa até então dos elementos químicos, além de ter feito outras descobertas.
- O alemão Daniel Fahrenheit e o sueco Anders Celsius criaram, nos anos de 1724 e 1742, respectivamente, escalas de temperatura hoje conhecidas por seus respectivos nomes: Fahrenheit (°F) e Celsius (°C).
- O francês Claude-François Jouffroy construiu o primeiro navio a vapor, no ano de 1776.
- Os irmãos Joseph e Jacques Montgolfier inventaram o balão de ar quente em 1783. Em 1785, com esse balão, foi feita a primeira travessia do canal da Mancha, voando da Inglaterra à França.
- O sueco Carlos Lineu criou e publicou, a partir de 1735, uma classificação do mundo vegetal e animal que é utilizada até hoje.

Essas e outras descobertas ocorreram na Europa durante o século XVIII. O Iluminismo pôs abaixo as explicações que o cristianismo oferecia para a natureza e a humanidade, estimulando, assim, a experiência científica em todos os campos. A maioria dos iluministas não chegou a duvidar da existência de Deus, apenas alguns poucos eram ateus. Mas todos deixaram a religião de lado em favor do conhecimento racional.

FIQUE DE OLHO

BRAGA, Marco et al. *Lavoisier e a ciência do Iluminismo*. São Paulo: Atual, 2000.

Livro que passeia pela trajetória de Lavoisier, cientista do Iluminismo, importante sobretudo para a Química.

Sideral: que tem relação com o céu ou com os astros celestes.

O famoso balão dos irmãos Montgolfier. Gravura de Claude Louis Desrais, 1783. Coleção particular.

akg-images/Fotoarena

1740: Frederico II, déspota esclarecido, assume o trono na Prússia.

1742: O sueco Anders Celsius cria a escala de temperatura que leva seu nome.

A HISTÓRIA NÃO ESTÁ SOZINHA

Geografia

Os iluministas procuraram fazer uma enciclopédia que abrangesse todo o conhecimento humano.

A Geografia, que havia sido inventada pelos gregos na Antiguidade, não ficou de fora. A palavra vem do grego antigo e significa "descrição da Terra". Filósofos gregos escreveram sobre a Geografia. Foi Aristóteles quem deduziu que a Terra era redonda.

A Geografia avançou muito nos séculos XV e XVI, por conta das grandes navegações para a África, Ásia e América (descoberta pelos europeus em 1492). Nessa fase, destacou-se a Cartografia, ramo da Geografia dedicado ao traçado preciso de mapas, incluindo mares e oceanos. Os outros assuntos da Geografia eram, por vezes, inseridos no campo da História Natural: Botânica, Geologia, Zoologia, etc. No século XVIII, a Geografia começou a se separar das Ciências da Natureza.

O filósofo Kant definiu a Geografia como o conhecimento sobre os fenômenos espaciais, no sentido do espaço físico, terrestre. Um dos maiores geógrafos do Iluminismo foi o francês Louis Daubenton, que estudou Mineralogia e Agronomia.

Reprodução/Coleção particular

Mapa-múndi publicado pelo geógrafo francês J. N. Bellin, em 1778. Os mapas no século XVIII tornaram-se mais precisos e detalhados. Coleção particular.

Na manhã de 1º de novembro de 1755, Lisboa foi sacudida por um grande terremoto. A parte baixa da cidade foi totalmente destruída. A tragédia ainda incluiu um incêndio de proporções trágicas, provocado pelas velas e candelabros acesos enquanto a terra tremia e as casas desabavam. Muitos religiosos pregaram, na época, que aquela desgraça era castigo de Deus pelos pecados humanos. Em contrapartida, o ministro português Marquês de Pombal ordenou a realização de uma enquete com perguntas técnicas a todas as paróquias. Entre outras questões, perguntou quanto tempo durou o tremor, como se comportaram os animais, o que aconteceu aos poços. O terremoto de Lisboa teve grande repercussão internacional e estimulou a pesquisa geográfica no século XVIII.

- A partir do texto acima, relacione o terremoto de Lisboa às ideias dos filósofos iluministas daquela época.

Enquete: pesquisa sobre a opinião das pessoas em relação a uma questão.
Paróquia: em Portugal, a divisão administrativa de município era a freguesia, que tinha sempre uma paróquia como matriz, como sede, e eram os párocos que forneciam as listas dos habitantes da freguesia para os poderes públicos.

CÁ ENTRE NÓS

Estratificação social é a divisão da sociedade em estratos, grupos ou classes de forma hierarquizada. Representada por uma pirâmide, a estratificação social inclui os mais ricos e poderosos no vértice e os mais pobres ou despossuídos na base.

Nova visão da sociedade e da política

Animados por ideias renovadoras, os filósofos iluministas também atacaram os valores sociais e políticos que dominavam a Europa. Criticaram modelos de estratificação social e a monarquia absolutista, abrindo caminho para revoluções sociais de grande amplitude.

Com exceção da Inglaterra e da Holanda, os países da Europa Ocidental estavam organizados em monarquias absolutistas e em sociedades de economia predominantemente rural.

No século XVIII, entretanto, não se tratava mais de uma sociedade feudal, rural e agrícola. A burguesia comercial vinha crescendo desde o século XII. E os trabalhadores urbanos já se diferenciavam muito dos camponeses: viviam em cidades e trabalhavam em oficinas de tecelões, ferreiros ou sapateiros, também em manufaturas, produzindo para mercados mais amplos.

No entanto, esses novos grupos sociais continuavam incluídos na terceira ordem (ou estamento) da pirâmide: o mais baixo. O chamado **povo** contava com poucos direitos e nenhum privilégio. Somente os membros da Igreja e da nobreza tinham privilégios, como o de não pagar impostos ao rei.

Esta mistura de absolutismo e sociedade estamental ficou conhecida como **Antigo Regime**. A filosofia iluminista criticou, no século XVIII, as duas faces desse regime.

O SEU LUGAR NA HISTÓRIA

Uma conhecida fala de Montesquieu é: "Uma injustiça feita ao indivíduo é uma ameaça para toda a sociedade". Pesquise, na história de sua cidade, um caso de injustiça cometida contra alguém, bem como as repercussões do caso em nível local ou nacional.

Contra a concentração de poderes pelo rei

O filósofo francês Charles-Louis de Secondat, o barão de Montesquieu, escreveu um livro muito importante: *O espírito das leis* (1748), em que defendia que o poder não deveria ficar concentrado em uma só pessoa, incumbida de fazer as leis, executá-las e, ainda por cima, julgar tudo e todos. Nessa obra, Montesquieu propôs que as responsabilidades fossem divididas entre três esferas de poder: o Legislativo, o Judiciário e o Executivo.

» **Legislativo:** poder encarregado de legislar, ou seja, de elaborar e aprovar as leis; deveria ser exercido por uma assembleia representativa da sociedade.

» **Judiciário:** a função desse poder seria zelar pelo cumprimento das leis em vigor.

» **Executivo:** a esse poder caberia a execução das leis e a administração.

Montesquieu era favorável à monarquia, desde que ficasse limitada a executar as leis votadas por uma assembleia representativa da sociedade e cumprisse as decisões dos juízes em cada tribunal.

Granger/Fotoarena

Retrato de Montesquieu elaborado por artista desconhecido, 1718. Montesquieu criticou o poder absolutista do rei, mas ele também era nobre (barão). Neste retrato, o elemento que caracteriza sua nobreza é a peruca, usada por todos os nobres da época.

1751: Diderot e D'Alembert iniciam a publicação da *Enciclopédia*.

1754: Rousseau publica *Discurso sobre a origem da desigualdade entre os homens.*

OUTRAS HISTÓRIAS EPISÓDIOS

Crise do absolutismo na Inglaterra

A primeira crise do Absolutismo na Europa aconteceu, porém, muito antes do século das Luzes. Ocorreu no século anterior e teve a Inglaterra como cenário. Na década de 1640, o Parlamento inglês questionou o direito de o rei instituir e cobrar novos impostos sem ouvir os parlamentares. Esta atitude tinha a ver com as tradições inglesas instituídas no século XIII, em plena Idade Média, através da *Magna Carta*, que limitava o poder real.

No século XVII, a crise foi agravada pelo fato de o rei ser escocês e católico, enquanto boa parte do Parlamento seguia o protestantismo na sua versão "puritana" – nome do calvinismo inglês. Os historiadores britânicos, aliás, distinguem claramente duas revoluções na Inglaterra, qualificando a primeira como **Revolução puritana**. Esta passou por uma guerra civil, entre 1642 e 1645, que levou à decapitação do rei, em 1649, e à instituição da república. Seu maior líder foi Oliver Cromwell, um médio proprietário rural com enorme devoção puritana.

Esta primeira revolução nada teve de liberal. Conduziu à ditadura de Cromwell, inclusive com o fechamento do Parlamento. Um "absolutismo de fato" acabou se impondo na era de Cromwell. Após a sua morte, as classes dirigentes britânicas preferiram restaurar a dinastia Stuart.

A segunda revolução foi a de 1688, conhecida como **Revolução Gloriosa**, que triunfou sem guerra. O rei Stuart, que tentou reforçar o poder real, acabou deposto e foi instituída uma monarquia parlamentar, na qual o rei passou a ter um caráter decorativo. Foi um típico golpe parlamentar em favor de um Estado representativo, logo, antiabsolutista.

O poder passou a ser exercido pelo Parlamento e assim é até hoje. Esta foi uma revolução que estava relacionada ao pensamento liberal inglês, especialmente à ideia de que o poder exprime um contrato entre o monarca e o súdito, de modo que, se o rei atropela este acordo, o direito de rebelião é legítimo.

The Granger Collection/Glow Images

A execução de Carlos I, óleo sobre tela de autor desconhecido, c. 1649. A imagem mostra a execução de Carlos I e provavelmente foi elaborada a partir de relatos de testemunhas oculares e gravuras contemporâneas. Nos quadros ao redor da cena principal, aparecem os momentos anteriores e posteriores à execução. Galeria Nacional Escocesa de Retratos, Edimburgo, Escócia.

- A forma como na Inglaterra foi abolido o poder absolutista resultou em um sistema que dura até os dias de hoje: o parlamentarismo. Pesquise o funcionamento desse sistema e o papel da monarquia na Inglaterra.

Contra a sociedade estamental

Outro iluminista importante foi o francês François-Marie Arouet, conhecido como Voltaire. Ele era, como Montesquieu, a favor da monarquia, mas de uma monarquia ilustrada, esclarecida. Voltaire considerava que o Estado não deveria existir para servir ao rei, mas para atender às necessidades dos súditos e defender a felicidade pública.

Mas que "público" era este que deveria ter sua felicidade defendida pelo rei? Voltaire se referia a todos os súditos do rei, sem distinção de nascimento ou ofício? Ou pensava que a felicidade era reservada aos padres e nobres?

Para Voltaire, a **felicidade pública** equivalia à felicidade de todos os súditos, fosse ele um duque, um bispo, um comerciante, um tecelão ou um camponês.

Isso quer dizer que, para Voltaire, todos eram iguais? Como homens, sim. Mas na sociedade, não. Eis o que ele escreveu a esse respeito: *Somos todos iguais como homens, mas não somos iguais na sociedade.*

Voltaire defendia a igualdade civil entre os súditos da monarquia, que seria a igualdade perante a lei. Mas dizia que, se os ricos pudessem conservar sua riqueza, eles deveriam continuar ricos. E que, se os pobres não conseguissem melhorar sua posição social e econômica, eles deveriam continuar pobres.

akg-images/Fotoarena

Voltaire, representado por Auguste A. Baudran, com base na obra de C. Gleyre, gravura de 1840. Voltaire foi um dos mais destacados críticos do Antigo Regime e grande defensor das liberdades individuais. Coleção de Arte e História, Berlim, Alemanha.

FIQUE DE OLHO

VOLTAIRE, François-Marie Arouet. *Cândido ou Otimismo*. São Paulo: Scipione, 2004.

Cândido, personagem da novela, é um jovem ingênuo que pensava viver no melhor dos mundos até ser confrontado com as dificuldades da vida real.

Contra a desigualdade social

Jean-Jacques Rousseau foi o filósofo francês que mais criticou o Antigo Regime da época.

Rousseau defendeu a tese de que o ser humano nasce bom, mas acaba corrompido pela sociedade. Para ele, a sociedade perfeita era a **sociedade primitiva**. Escreveu que as sociedades humanas que viviam de acordo com as leis da natureza, como a dos indígenas americanos, segundo sua interpretação, revelavam o igualitarismo ideal: não havia ricos nem pobres, todos tinham tudo do que precisavam. Rousseau considerava o indígena um "bom selvagem" porque vivia em harmonia com a natureza e com os próximos.

O desenvolvimento da economia e o surgimento da propriedade privada, segundo Rousseau, estragaram a humanidade, porque com elas começaram as ambições pessoais, a competição, o individualismo e a corrupção da natureza humana.

Em sua obra *O contrato social*, Rousseau propôs o resgate da fraternidade do homem primitivo. Defendeu que o Estado só deveria existir como representante do povo, sem distinção de nascimento, fortuna ou trabalho de cada indivíduo. E foi totalmente contrário à sociedade estamental.

Ao contrário de Montesquieu ou Voltaire, Rousseau era contra a monarquia e a favor da república, segundo ele, a única forma de governo em que cada cidadão seria respeitado por igual. Em sua opinião, todos deveriam poder escolher o seu governante por meio do voto; isso é o que hoje chamamos de **sufrágio universal**.

Rousseau foi uma voz solitária contra a monarquia entre os iluministas franceses do século XVIII, já que a maioria dos filósofos defendia reformas que comprometessem a monarquia com o conjunto da sociedade, e não somente com a nobreza e o clero. Eles defendiam um rei que zelasse pela igualdade civil dos súditos e pela liberdade de pensamento. Nada muito além disso, o que, para a época, não era pouco.

DOCUMENTO

Rousseau e a monarquia absolutista

Na sua crítica ao absolutismo, Rousseau defendeu a república e a democracia como instituições ideais para o governo dos povos.

> Os melhores reis querem ser maus, caso lhes agrade, sem deixar de ser senhores. Será grato a um pregador político dizer-lhes que, sendo sua força a do povo, seu maior interesse estará em ver o povo florescente, numeroso, temível: eles sabem muito bem que isso não é verdade. O seu interesse pessoal estará principalmente em ser o povo fraco, miserável, e nunca possa oferecer-lhes resistência.
>
> ROUSSEAU, Jean-Jacques. *Do contrato social*. In: Rousseau. São Paulo: Abril, 1973. p. 94-95.

Retrato elaborado por Maurice Quentin de La Tour, pastel sobre papel, 1753. A filosofia política de Rousseau influenciou a Revolução Francesa, bem como o desenvolvimento do pensamento político, sociológico e educacional moderno. Museu Antoine Lécuyer, Saint-Quentin, França.

A partir da leitura do texto, discuta com seus colegas e responda às questões abaixo.

1 | O que parece incomodar mais a Rousseau no comportamento dos reis?

2 | É possível dizer que Rousseau admitia a monarquia desde que os reis fossem bons governantes?

1 O despotismo esclarecido

Uma possível definição de **despotismo** é "forma de governo em que uma só pessoa (um rei, um ditador, um tirano) exerce o poder de modo arbitrário, ou seja, mandando e desmandando segundo sua vontade pessoal".

Você deve estar se perguntando: Se despotismo é isso, como pode haver **déspotas esclarecidos** – tiranos que exercem o poder considerando a "felicidade dos súditos" e não apenas a sua vontade pessoal? A história da Europa mostrou que, até certo ponto, isso foi possível.

Algumas monarquias europeias foram influenciadas pelas ideias iluministas. Os reis adotaram algumas – somente algumas – dessas ideias, sem deixar de ser absolutistas. Alguns tentaram, por exemplo, diminuir a influência da religião nas políticas da monarquia. Outros procuraram restringir alguns privilégios dos nobres.

Reinos ibéricos

Veja o exemplo dos reinos ibéricos. Na Espanha de Carlos III, um sistema de instrução pública foi criado, vários monopólios comerciais foram abolidos e o mercado interno foi incentivado.

Em Portugal de dom José I, algo muito semelhante aconteceu sob a liderança de seu principal ministro, o Marquês de Pombal. Muitos nobres portugueses perderam alguns privilégios, a ponto de gente da alta nobreza – a família Távora – ter tentado matar o rei!

Tanto na Espanha quanto em Portugal, a monarquia expulsou os jesuítas, padres da principal ordem religiosa nesses reinos até então, e limitou o poder da Inquisição, que perseguia os que atacavam o catolicismo.

Expulsão dos jesuítas dos reinos de Espanha e de Nápoles e do ducado de Parma; suas ordens banidas de França e Portugal, gravura de autor desconhecido, c. 1770. Coleção particular.

The Bridgeman Art Library/Fotoarena

1784: Kant define o Iluminismo.
Primeira travessia em balão do canal da Mancha.

Prússia

Outro exemplo é a Prússia, país que muito mais tarde deu origem à Alemanha atual. Frederico II, rei da Prússia, governou entre 1740 e 1786. Inspirado pelos iluministas, ele mesmo escreveu alguns textos e tentou modernizar a economia e a educação em seu reino.

Frederico II, o Grande, foi o principal déspota esclarecido. Ele conseguiu sintetizar as tradições da Prússia e o espírito iluminista. Esse alinhamento aos ideais do Iluminismo foi representado na imagem a seguir, que retrata o rei, Frederico II (ao centro), acompanhado de Voltaire (à esquerda) e dos principais cientistas da Academia de Ciências de Berlim, no palácio real de Sanssouci, sua residência de verão.

Mas, voltando ao filósofo Kant, mencionado no início do capítulo: você imagina o que ele pode ter a ver com esse rei? Muita coisa! Ambos nasceram na Prússia, escreviam em alemão e apreciavam o Iluminismo. Porém, uma enorme diferença separava os dois homens: um era professor; o outro, um déspota, embora esclarecido.

Akg-Images/Fotoarena/Antiga Galeria Nacional, Berlim, Alemanha.

A mesa redonda com Frederico II e Voltaire, óleo sobre tela de Adolph Menzel, 1850. Frederico, o Grande, foi o principal déspota esclarecido. Conseguiu sintetizar as tradições da Prússia e o espírito iluminista. No quadro vemos o rei Frederico II (centro) em Sanssouci, seu Palácio de verão, com Voltaire (esquerda) e os principais cientistas da academia de Ciências de Berlim. Galeria Nacional, Berlim, Alemanha.

PUXANDO PELA MEMÓRIA

Após o estudo do capítulo, você manteria sua resposta à pergunta da página 12?

Créditos das imagens de baixo para cima: AKG-Images/Latinstock; Album Art/Latinstock/Biblioteca da Catalunha, Barcelona, Espanha; AKG-Images/Latinstock; The Granger Collection/Glowimages; AKG-Images/Latinstock; The Bridgeman Art Library/Easypix; Reprodução/Museu Antoine-Lecuyer, Saint-Quentin, França.

Leemage/Corbis/Getty Images

ROTEIRO DE ESTUDOS

O QUE APRENDEMOS?

1 | Os filósofos iluministas eram contrários à religião cristã?

2 | Qual filósofo iluminista criticou mais duramente a monarquia absolutista e o Antigo Regime?

3 | É possível afirmar que os filósofos iluministas eram, em geral, contrários à monarquia?

4 | O que Montesquieu achava da concentração dos poderes nas mãos do rei?

5 | Cite um exemplo da relação entre a divulgação das ideias iluministas e o avanço das ciências.

6 | O que foi o despotismo esclarecido?

7 | O que o filósofo Kant tem a ver com o conceito de Iluminismo?

8 | Qual é a relação entre as ideias políticas de Rousseau e o conceito de democracia?

9 | Por que a frase seguinte é falsa?

Voltaire defendeu a igualdade dos cidadãos perante a lei porque considerava que todos eram iguais na sociedade.

10 | Por que o pensamento iluminista foi importante para a Geografia?

PESQUISA

O modelo da **árvore do conhecimento,** presente na *Enciclopédia,* foi baseado na obra *Novum organum*, do filósofo inglês Francis Bacon, publicada em 1620. Para Bacon, três conceitos ordenavam o conhecimento humano. Veja no esquema abaixo.

HISTÓRIA (MEMÓRIA)
- História Natural
- História Civil

POESIA (IMAGINAÇÃO)
- Narrativa
- Dramática
- Parabólica

FILOSOFIA (RAZÃO)
- Divina
- Natural
- Humana

Album Art/Fotoarena/Biblioteca da Catalunha, Barcelona, Espanha.

Gravura representando a árvore do conhecimento, publicada pela primeira vez em Barcelona, em 1505. Biblioteca Pública Episcopal, Barcelona, Espanha.

- O que a árvore do conhecimento, valorizada pelo Iluminismo, tem a ver com a árvore do fruto proibido narrado na Bíblia? Pesquise.

IMAGENS CONTAM A HISTÓRIA

Observe com atenção a imagem ao lado.

- Você notou que nela estão representadas três mulheres: uma camponesa, uma freira e uma dama da corte? Descreva a gravura relacionando-a à crítica social do Antigo Regime feita pelos filósofos iluministas.

La fermière en Corvé, gravura colorida de artista anônimo, 1789. Biblioteca Nacional, Paris, França.

akg-images/Fotoarena

O PASSADO PRESENTE

Jean-Jacques Rousseau foi o filósofo mais ousado na crítica ao Antigo Regime. Além de criticar o absolutismo em nome de um regime democrático, **denunciou as desigualdades sociais de seu tempo**.

> Em relação às moléstias, não repetirei as vãs e falsas declamações feitas contra a medicina pela maior parte das pessoas de saúde; perguntarei, porém, se há alguma observação sólida da qual se possa concluir que, nos países em que essa arte é mais descurada, a vida média do homem é mais curta do que naqueles em que é cultivada com mais cuidado. E como poderia ser assim, se os remédios que a medicina nos fornece são insuficientes para os males que temos? A extrema desigualdade na maneira de viver, o excesso de ociosidade de uns, o excesso de trabalho de outros, a facilidade de irritar e satisfazer nossos apetites e nossa sensualidade, os alimentos muito requintados dos ricos, que os nutrem com sucos excitantes e os afligem com indigestões, a má nutrição dos pobres, que chega muitas vezes a faltar-lhes, obrigando-os a sobrecarregar avidamente o estômago quando podem [...] eis os funestos fiadores de que a maior parte de nossos males é nossa própria obra e de que poderíamos evitá-los todos conservando a maneira de viver simples [...].

ROUSSEAU, Jean-Jacques. *Discurso sobre a origem da desigualdade entre os homens*, 1755.
Disponível em: <http://www.dominiopublico.gov.br/download/texto/cv000053.pdf>. Acesso em: 21 jun. 2018.

Em grupo, discuta com seus colegas esse trecho do livro *Discurso sobre a origem da desigualdade entre os homens*, publicado por Rousseau em 1755, utilizando as questões abaixo como roteiro.

1 | Quais desigualdades são apontadas por Rousseau? Elas fazem sentido no Brasil atual? Justifiquem.

2 | Comparem as críticas de Rousseau à medicina de seu tempo com a atual política de saúde pública no Brasil. Se possível, pesquisem na internet dados e/ou informações a respeito destas políticas que possam ajudá-los a elaborar a argumentação de seu grupo.

3 | Diversas correntes filosóficas do passado e do presente só veem uma saída para combater as desigualdades: uma revolução dos pobres contra os ricos. É possível localizar essa ideia no texto de Rousseau? Em que passagem?

Tallandier/Rue des Archives/Latinstock

Marianne, gravura de autor desconhecido, 1791. Alegoria da República francesa.
O filósofo Condorcet afirmou, em 1793, que a palavra "revolucionário" só poderia ser aplicada a revoluções que lutassem pela liberdade.

CAPÍTULO 2

A REVOLUÇÃO FRANCESA

Enquanto na Inglaterra ocorria a Revolução Industrial, um terremoto social e político sacudiu a Europa. A partir de 1789, as ideias tecidas pelos pensadores iluministas ganharam corpo, começaram a tomar as ruas e a mover os atos de inúmeras pessoas. Na França, uma enorme crise levaria a outra revolução política, celebrizada como Revolução Francesa. O povo se rebelou, um rei e uma rainha ficaram sem suas cabeças, a nobreza e o clero tremeram. O Antigo Regime acabou.

Os ideais pregados pela Revolução teriam ampla repercussão. Foi o mais importante movimento revolucionário do mundo ocidental, marco inaugural dos tempos contemporâneos.

Observe com atenção a imagem acima, produzida em 1791, em plena Revolução Francesa. Ela representa um dos princípios da Revolução: a liberdade, que esmaga com os pés o mal representado pelas serpentes.

O capítulo ajuda a pensar sobre os motivos pelos quais os temas defendidos pelos revolucionários se tornaram fundamentais para a história europeia e do mundo ocidental.

PUXANDO PELA MEMÓRIA

Além da Liberdade, você saberia dizer quais eram os outros dois princípios da Revolução Francesa?

Créditos das imagens de baixo para cima: Photo Josse/Leemage/Museu Carnavalet, Paris, França; The Bridgeman Art Library/Easypix/Museu Carnavalet, Paris, França; Leemage/Agência France-Presse; Reprodução/Biblioteca Nacional, Paris, França; Pierre-Jean Chalencon/Photo12/UIG/Getty Images; Album Art/Latinstock/Museu Carnavalet, Paris, França.

1756-1763: Guerra dos Sete Anos.

1776: Proclamação da independência dos Estados Unidos da América.

Lembranças de um soldado

Waterloo, Bélgica, junho de 1815. O exército francês tentava romper as linhas do inimigo. Os franceses lutavam contra as tropas aliadas, formadas pelos exércitos inglês, prussiano e holandês.

Às sete horas da noite, a **velha guarda imperial** do exército francês recebeu ordem de atacar. Era a última cartada do seu comandante, Napoleão Bonaparte, imperador da França, depois de várias tentativas fracassadas.

Michel Merle era sargento de infantaria da "velha guarda". Tinha 50 anos e vinha de família camponesa. Orgulhava-se de servir ao exército francês, no qual tinha se alistado junto com o pai, Jean-Jacques, para defender a revolução contra as monarquias absolutistas da Europa. Seu pai tinha morrido em combate, em 1812, em Pamplona, norte da Espanha.

Aquela batalha na Espanha, os franceses tinham vencido. Mas na Bélgica, em 1815, só um milagre os salvaria. Enquanto a velha guarda organizava o ataque, Michel se preparava para morrer. Fez um balanço da vida, da infância no campo, da família, das batalhas vencidas, da revolução.

Michel pensava em tudo isso enquanto o batalhão da velha guarda se preparava para o ataque em Waterlooo. Belas lembranças.

Mas como tinha começado esta revolução?

CÁ ENTRE NÓS

A **guarda imperial** do exército francês era uma tropa de elite formada por veteranos de diversas batalhas comandadas por Napoleão. Daí também ser conhecida como **velha guarda**.

The Bridgeman Art Library/Museu Sheffield, Inglaterra.

A manhã da Batalha de Waterloo: soldados franceses aguardam as ordens de Napoleão, óleo sobre tela de Ernest Crofts, 1876. Galerias e Museus Sheffield, Reino Unido.

Notícia da Bastilha

França, julho de 1789. Michel, que tinha então 24 anos, vivia na pequena vila de Vendôme, no centro do país, quando soube que Paris estava em chamas. Um certo Camille Desmoulins havia incitado o povo da cidade a tomar a velha prisão da Bastilha, símbolo do poder absolutista do rei francês.

A tomada da Bastilha

No dia 14 de julho de 1789, a Bastilha, que contava com apenas 32 guardas em serviço e só três canhões funcionando, foi tomada por mais de mil pessoas. O comandante, o marquês de Launey, tentou em vão negociar com os revoltosos. Eles cortaram sua cabeça, enfiaram-na na ponta de uma lança e desfilaram com ela pelas ruas de Paris. A multidão adorou.

VOCÊ JÁ OUVIU FALAR...

... que a Batalha de Waterloo foi o marco da derrota de Napoleão Bonaparte? Ela ocorreu em 18 de junho de 1815 e contava com cerca de 72 mil soldados franceses contra perto de 67 mil soldados das tropas aliadas. O saldo foi terrível: 48 mil franceses e 24 mil soldados do exército aliado morreram, foram feridos ou desapareceram.

O QUE HÁ NA IMAGEM?

Apenas com base na observação desta imagem, você saberia dizer se a tomada da Bastilha foi feita por soldados rebeldes ou pela população civil?

akg-images/Fotoarena

A tomada da Bastilha em 14 de julho de 1789, óleo sobre tela de Jean-Baptiste Lallemand, c. 1789. Museu Carnavalet, Paris, França.

FIQUE DE OLHO

OSTERMAN, Nilse W.; KUNZE, Iole C. *Às armas, cidadãos! A França revolucionária (1789-1799).* São Paulo: Atual, 2010.

O livro traz um resumo das etapas da Revolução Francesa, incluindo as diferenças de interpretação entre os historiadores, apresentação de documentos e imagens.

O Grande Medo

O rei da França, Luís XVI, entrou em pânico. A nobreza e o clero também. Nas principais cidades, o povo se mobilizava contra eles. Artesãos, operários, desempregados, todos exigiam melhores condições de vida, pão barato e participação política.

1789: Maio: Reunião dos Estados Gerais, em Versalhes, convocados por Luís XVI.
Junho: O Terceiro Estado contesta a dissolução dos Estados Gerais.

Na zona rural, os camponeses saqueavam propriedades, incendiavam castelos, matavam nobres. Exigiam a propriedade das terras que cultivavam e o fim dos impostos feudais. Sim, porque ainda havia impostos feudais cobrados pela aristocracia rural francesa.

Neste período, conhecido como **O Grande Medo**, os nobres ficaram apavorados. Muitos fugiram de seus castelos e até mesmo da França.

Michel Merle, nosso personagem, ficou maravilhado com tudo aquilo. Afinal, sua família morava no antigo senhorio de Vendôme, que pertencia ao conde da Provença, ninguém menos do que o irmão do rei. Michel participou de saques na região, junto com seu pai e os irmãos Martin e Roland. Mataram, sem piedade, os que tentaram impedi-los. Assim, se tornaram soldados da revolução.

Senhorio: domínio, direito e/ou propriedade do senhor.

OUTRAS HISTÓRIAS MODOS DE VIVER

Os *sans-culottes*

Os grupos mais pobres da população urbana que aderiu à Revolução ficaram conhecidos como *sans-culottes*. A palavra *culotte*, em francês, remete a uma espécie de bermuda feita de tecidos finos, muito usada pelos nobres. *Sans* significa "sem". Portanto, em português, a expressão significa "sem culotes" ou "sem calções".

Leemage/Corbis/Getty Images

Gravura, c. 1789. Museu Carnavalet, Paris, França.

akg-images/Fotoarena

Caricatura, c. 1789. Museu Carnavalet, Paris, França.

1 | Observe as imagens. Qual desses personagens pode ser caracterizado como *sans-culotte*?

2 | É possível identificar algum elemento nessas imagens que indique que os *sans-culottes* estavam prontos para lutar contra a nobreza? Justifique.

FIQUE DE OLHO

VOVELLE, Michel. *A Revolução Francesa explicada à minha neta*. São Paulo: Unesp, 2007.

Livro escrito em forma de diálogo no qual o historiador francês Michel Vovelle explica à sua neta as ideias, as práticas e o legado histórico da Revolução Francesa.

A burguesia desafia o rei

Tudo começou em janeiro de 1789, quando o rei Luís XVI, percebendo que o tesouro real estava quase falido, resolveu convocar uma assembleia para realizar uma reforma tributária.

Não se tratava de uma assembleia popular, claro, mas da **Assembleia dos Estados Gerais**, antiga instituição parlamentar que reunia representantes dos três estados da sociedade francesa: o clero, a nobreza e o Terceiro Estado.

Já sabemos como funcionava a estrutura tributária na França absolutista: o povo pagava, fosse gente rica ou pobre, enquanto o clero e a nobreza gastavam.

Tesouro (quase) falido

Como assim, quase falido?

A corte de Versalhes consumia fortunas para sustentar o modo de vida da família real e de seus agregados. Além disso, Luís XV, pai de Luís XVI, havia envolvido a França em guerras caríssimas. Para se vingar dos ingleses, que derrotaram os franceses na Guerra dos Sete Anos (1756-1763), tinha enviado tropas à América do Norte para ajudar os colonos em sua guerra de independência (1776-1781) – o que acabou custando uma fortuna aos cofres reais!

O quadro, que já era desolador, encontrava-se ainda pior devido à série de más colheitas que vinham ocorrendo desde a década de 1770. Faltava pão nas cidades. Muitos passavam fome.

Luís XVI convocou os Estados Gerais para tentar impor ao clero e à nobreza a obrigação de contribuir para o tesouro monárquico. Antes, em 1787, ele tinha convocado uma assembleia composta apenas de padres e nobres, para tentar convencê-los a pagar impostos. Nobreza e clero não aceitaram. O rei, então, seguiu o conselho de seu ministro das finanças, Jacques Necker, e resolveu apelar para os Estados Gerais. Pretendia mobilizar a burguesia e as classes trabalhadoras do Terceiro Estado contra o clero e a nobreza. Decisão arriscada: há quem diga que o rei acabou "dando um tiro no pé" com essa convocação.

Convocação para a Assembleia

A burguesia apoiou com entusiasmo a convocação do rei porque percebeu a possibilidade de dividir a carga de impostos com a nobreza e o clero.

O número de representantes do Terceiro Estado (578) era maior do que o da nobreza e do clero juntos (561). Mas isso não assegurava a vitória do Terceiro Estado nas decisões, ao contrário, porque o voto era por estado, não por cabeça. O clero e a nobreza, unidos, representavam dois votos contra um do Terceiro Estado.

Ganhando ou perdendo a batalha dos impostos, a monarquia absolutista estava a um passo do abismo. O certo é que todos os grupos desejavam limitar o poder do rei. Seu erro, portanto, foi tentar desafiar os grupos que lhe davam sustentação: a nobreza e o clero.

1791: Constituição extingue Absolutismo real. Luís XVI foge da França.

1792: França sob ameaça de invasão austro-prussiana. Jacobinos controlam a Revolução. Em setembro ocorre a Batalha de Valmy.

DOCUMENTO

Manifesto do Terceiro Estado

A burguesia e seus aliados reclamaram da situação ainda em janeiro, quando o rei já havia convocado a assembleia. Ocasião em que Emanuel Sieyès, que era sacerdote, porém aliado da burguesia, redigira um texto provocativo: "O que é o Terceiro Estado? Tudo. Que tem sido ele até agora na ordem política? Nada. Que pede ele? Tornar-se alguma coisa". O texto de Sieyès teve a força de um verdadeiro manifesto do Terceiro Estado.

Observe as caricaturas aqui reproduzidas, ambas de 1789. São documentos visuais que ilustram as palavras de Sieyès.

The Bridgeman Art Library/Easypix/Museu Carnavalet, Paris, França.

Dízimos, impostos e tarefas, gravura colorida de autor desconhecido, 1789. Museu Carnavalet, Paris, França.

Reprodução/Biblioteca Nacional, Paris, França.

O jogo deve terminar em breve, gravura colorida de autor desconhecido, 1789. Biblioteca Nacional, Paris, França.

- Você notou que na imagem 1 dois homens pisam sobre um terceiro, que está caído? E que na imagem 2 um velho carrega outros dois homens nas costas? Em sua opinião, por que essas imagens representam a opinião de Sieyès sobre a sociedade francesa da época?

Confusão na Assembleia

Logo no início dos trabalhos, em maio, rolou uma tremenda confusão. O Terceiro Estado queria que o voto fosse individual. Mas o clero e a nobreza foram contra, claro. O rei percebeu o perigo que aquilo representava para a sua autoridade e suspendeu a reunião da Assembleia. Já era tarde.

No dia 17 de junho, representantes do Terceiro Estado resolveram transformar aquela reunião em uma Assembleia Nacional Constituinte, com voto individual. Para eles, o princípio da soberania nacional se sobrepunha à monarquia absoluta de direito divino. Diante da pressão, o rei capitulou e determinou que os deputados do clero e da nobreza se reunissem com os do Terceiro Estado.

Assembleia Nacional Constituinte: reunião de representantes da sociedade, escolhidos por voto, para discutir e aprovar a lei principal de um país, que é a sua Constituição.

Em julho, o clima esquentou. Nas ruas de Paris só se falava em revolução. O povo tomou a Bastilha e os camponeses se revoltaram contra os privilégios dos nobres.

A Declaração dos Direitos e a Constituição

O primeiro grande ato da Assembleia Nacional aconteceu na noite de 4 de agosto: sob grande entusiasmo, ela aboliu o regime feudal. Não havia mais ordens sociais nem obrigações servis.

O segundo ato foi a redação da **Declaração dos Direitos do Homem e do Cidadão**, aprovada alguns meses depois. Ela estabeleceu que todos os homens teriam direito à liberdade, à propriedade e à igualdade perante a lei. Estabeleceu também que todos teriam o direito de resistir a qualquer tirania. Tudo isso seria depois consagrado na Constituição de 1791.

Tirania: governo exercido por uma só pessoa (tirano) que não leva em conta as expectativas e os direitos dos governados e os oprime.

Michel Merle, nosso sargento de Waterloo, recordou tudo isso um pouco antes do ataque final da "velha guarda". Lembrou-se de como, naquele momento, a França deixou de ter súditos do rei, com direitos desiguais, para se tornaram **cidadãos franceses**, com direitos iguais, fossem eles padres, nobres ou trabalhadores. O rei havia perdido o poder absoluto que até então possuía, sendo obrigado a governar de acordo com a Constituição do país.

Fuga do rei

Em junho de 1791, Luís XVI fugiu da França.

O objetivo da fuga era buscar o apoio do imperador austríaco, irmão da rainha Maria Antonieta, para invadir a França. Queria acabar com o que considerava uma bagunça. Luís XVI julgava ser rei por vontade de Deus e estava indignado: como obedecer a uma Constituição feita por "seus súditos" que agora se diziam "cidadãos livres"?

Mas a fuga não deu certo. Descoberto no meio do caminho, apesar de disfarçado, o rei foi preso e reconduzido a Paris. Cresciam as suspeitas de que o rei conspirava para trair a França.

FIQUE DE OLHO

A Revolução Francesa (EUA). Direção de Doug Shultz, 2005. 90 min.

O documentário apresenta sólida descrição dos pormenores da Revolução Francesa.

A vitória do Terror

Em agosto de 1791, os reinos da Áustria e da Prússia ameaçaram atacar a França para deter o processo revolucionário em curso.

Luís XVI fez, então, um grande jogo de cena. Apoiou a declaração de guerra contra aquelas monarquias, mas torcia para que elas acabassem com a revolução.

De nada adiantou. O rei e a rainha foram presos sob suspeita de traição.

O SEU LUGAR NA HISTÓRIA

Vale a pena conversar sobre os valores da Revolução. Entreviste entre cinco e dez pessoas (as pessoas de sua casa, parentes, vizinhos, etc.), lançando-lhes a pergunta: "Liberdade, igualdade e fraternidade: em sua opinião, qual dessas três ideias é fundamental para a sociedade?". Contabilize as respostas e apresente o resultado para a sua turma.

Revolução e guerra

A população se mobilizou para combater a invasão, ocorrida em 1792. Os franceses, sobretudo os camponeses, alistavam-se com entusiasmo para defender a Revolução em curso.

Michel Merle e seu pai, Jean-Jacques, também se alistaram com entusiasmo. Jean-Jacques, que tinha 46 anos de idade, foi recrutado como sargento, e Michel, com 26 anos, como soldado. Pai e filho serviram no mesmo batalhão de infantaria do exército.

Nessa altura dos acontecimentos, a *Marselhesa*, que é hoje o hino nacional da França, havia se tornado o hino da Revolução. Os soldados, que se orgulhavam da Revolução, costumavam cantá-la soltando a voz: "Avante, filhos da Pátria, o dia da glória chegou!".

Essa guerra durou meses e por pouco os franceses não a perderam. Foi na Batalha de Valmy, em setembro de 1792, que o exército francês derrotou os invasores prussianos.

Convenção revolucionária

Na Assembleia revolucionária, a tensão era total.

Os representantes da nobreza e do clero tremiam de medo, enquanto os partidários da Revolução comandavam a discussão. Entre eles, contudo, começava a surgir uma divisão: de um lado, os moderados, chamados girondinos, que defendiam a monarquia constitucional e eram apoiados pela maior parte da burguesia; do outro, os radicais, chamados jacobinos, que defendiam a igualdade social entre os cidadãos e eram apoiados pelos trabalhadores rurais e urbanos. Alguns jacobinos, inclusive, defendiam a república como regime ideal.

A vitória francesa em Valmy fortaleceu os jacobinos.

Foram convocadas eleições para nova assembleia. Pela primeira vez, todos os cidadãos adultos do sexo masculino poderiam votar. Era o chamado **sufrágio universal** (mas somente masculino, porque as mulheres não podiam votar).

A **Convenção Nacional**, como ficou conhecida, elaborou uma nova constituição, aprovada em 1793, que instituiu a República na França.

Girondino: deriva de Gironda, uma região do sudoeste da França onde foram eleitos muitos deputados moderados, defensores dos interesses das famílias mais ricas da burguesia francesa.

Jacobino: nome de um clube de políticos radicais de Paris, o Clube dos Jacobinos.

OUTRAS HISTÓRIAS LUTAS SOCIAIS

Revolta da Vendeia

Como nem todos os camponeses apoiavam a Revolução, em 1793 estourou uma revolta camponesa na Vendeia, no oeste da França, provocada pela insatisfação com o recrutamento militar. Os camponeses dali não queriam deixar suas terras nem suas famílias para lutar pela Revolução. Muitos padres estimularam a revolta. O movimento cresceu e passou a lutar pelo retorno da monarquia.

A revolta acabou sendo severamente reprimida pelos jacobinos, que a consideraram contrarrevolucionária.

Observe o emblema dos rebeldes, reproduzido ao lado, que aparecia na bandeira da revolta: uma cruz encravada em um coração. Sob o coração está escrito o lema da revolta: *Dieu, le Roi* (ou *Deus, o Rei*, em português).

Tallandier/Rue des Archives/Latinstock

Insígnia dos rebeldes durante a revolta da Vendeia, 1793. Coleção particular.

- **Em sua opinião, o lema e o emblema confirmam as suspeitas dos jacobinos quanto ao caráter contrarrevolucionário da revolta? Justifique.**

CÁ ENTRE NÓS

Os condenados à morte pelo governo revolucionário acabavam na guilhotina. Esta "máquina de cortar cabeças" consistia em uma armação reta, de quatro metros de altura, articulada a uma lâmina bem pesada que ficava suspensa por uma corda, enquanto a cabeça do condenado era colocada em sua base. Quando a corda era solta, a lâmina descia com rapidez, decapitando-o.

Despotismo da liberdade

A principal marca desse período foi a perseguição daqueles que, segundo os jacobinos, conspiravam contra a Revolução. Eles chegaram a decretar a Lei dos Suspeitos, segundo a qual qualquer pessoa poderia ser considerada suspeita de trair a Revolução, até mesmo um líder jacobino.

Nos quase três anos em que os jacobinos governaram a França, cerca de 15 mil pessoas foram executadas na guilhotina. Algumas eram contrarrevolucionárias, outras nem tanto, e muitas eram inocentes. Foi esse clima de violência que fez com que essa etapa revolucionária ficasse conhecida como **Terror**.

A intolerância dos jacobinos com os opositores do regime não tinha limites. Não poupou sequer os jacobinos que discordavam do governo, como Danton, um de seus principais líderes. Ele foi preso por defender que o governo fosse mais tolerante. Acusado de trair a Revolução, foi guilhotinado em Paris.

Robespierre, também líder dos jacobinos, chegou a inventar um conceito: **despotismo da liberdade**. Dizia que, para defender a liberdade pública e individual dos franceses, era preciso um governo despótico, tirânico. Como misturar despotismo com liberdade? Impossível. Mas foi o que os jacobinos fizeram nessa fase da Revolução.

A primeira grande execução foi a do rei Luís XVI. Condenado por traição, morreu na guilhotina em 21 de janeiro de 1793. Em outubro, foi a vez de a rainha Maria Antonieta perder a cabeça. Depois foram executados diversos nobres, bispos, padres, comerciantes e outros tantos girondinos que estavam na oposição.

Os excessos do **Terror** custaram caro aos radicais. Afinal, ninguém se sentia seguro naquele ambiente, nem o mais leal dos revolucionários.

Muitos girondinos, apoiados por alguns jacobinos, começaram a conspirar contra o governo. Em julho de 1794, Robespierre e Saint-Just foram presos de surpresa e guilhotinados, com outros 19 jacobinos radicais. A essas 19 cabeças, juntaram-se outras 71 nos dias seguintes, quase todas de amigos de Robespierre.

Revoltas de *sans-culottes* em Paris, que apoiavam Robespierre, foram esmagadas pelo exército. Era o **Terror para acabar com o Terror**. O golpe de 1794 foi patrocinado pela burguesia, temerosa de que a Revolução se virasse contra ela.

Photo Josse/Leemage/Museu Carnavalet, Paris, França.

Retrato de Maximilien de Robespierre, óleo sobre tela de autor anônimo, século XVIII. Robespierre estava com 34 anos quando estourou a Revolução. Formado em direito, atuou como advogado e, durante a Revolução, foi um dos principais líderes. Grande defensor da execução de Luís XVI e Maria Antonieta, comandou o processo revolucionário em 1793, dirigindo o Comitê de Salvação Pública. Ficou conhecido como o incorruptível, quando defendia o "despotismo da liberdade". O golpe termidoriano de 1794 derrubou Robespierre e seus colaboradores. Morreu na guilhotina em 28 de julho. Museu Carnavalet, Paris, França.

O carrasco guilhotina a si mesmo, gravura de autor desconhecido, c. 1794. Museu Carnavalet, Paris, França.

Christophel Fine Art/UIG/Getty Images

Rumo ao golpe de Napoleão

FIQUE DE OLHO

Napoleão (França). Direção de Yves Simoneau, 2002. 360 min.

Minissérie sobre Napoleão Bonaparte, apresenta os principais momentos da vida do general francês, sua participação na Revolução Francesa, as principais batalhas, sua autocoroação e o exílio na ilha de Santa Helena.

Michel Merle passou anos longe de casa, servindo ao exército francês. Ele tinha lutado contra austríacos e prussianos em 1792, e depois esteve sob o comando de um jovem general, tido como o mais brilhante do exército francês: Napoleão Bonaparte. Michel serviu no exército de Napoleão em 1793, quando este salvou o porto de Toulon, no sul da França, cercado por inimigos da Revolução. Napoleão apoiava os jacobinos e defendia o regime republicano.

Mas o jovem general quase caiu em desgraça quando, em 1793, se recusou a reprimir a revolta da Vendeia, que defendia a volta da monarquia. Em contrapartida, ganhou a admiração de muitos soldados, como Jean-Jacques e Michel Merle. Afinal, a Vendeia era uma revolta de camponeses iguais a eles. Seria terrível matar camponeses como se fossem inimigos, ainda que os da Vendeia fossem contra a Revolução.

Com a queda dos jacobinos, Napoleão recuperou seu prestígio ao esmagar uma revolta de nobres em 1795, que tentou restaurar a monarquia coroando um irmão de Luís XVI.

Em 1796, Napoleão foi nomeado comandante do exército francês e enviado ao norte da Itália. Colecionando vitórias, foi indicado, em 1798, para comandar a conquista do Egito. Michel Merle esteve no Egito, servindo no exército de Napoleão. Foi promovido a cabo e logo a sargento, como o pai. Michel servia em um exército vencedor, comandado por um gênio militar.

Pierre-Jean Chalencon/Photo12/UIG/Getty Images

General Bonaparte, gravura aquarelada de Andrea Appiani, século XVIII. Coleção particular.

O jovem Napoleão

Napoleão nasceu em Córsega, importante ilha do Mediterrâneo, no mesmo ano em que ela passou a pertencer ao reino francês, 1769. Mas a Córsega era terra de italianos, de modo que Napoleão era um **corso**, como eram chamados os naturais daquela ilha, e falava tanto o dialeto italiano da Córsega quanto o francês. Filho de advogado, Napoleão tinha sete irmãos.

Napoleão foi enviado para a França para estudar em escolas militares. E, desde 1792, de olho em promoções que poderia obter, apoiou os jacobinos.

Vitorioso na guerra, suas ambições cresceram. Mudou até um detalhe do seu nome, que de **Buonaparte**, nome italiano, passou a ser **Bonaparte**, que soava melhor em francês.

1805: Derrota francesa na Batalha de Trafalgar e vitória na Batalha de Austerlitz.

1806: Bloqueio Continental contra a Inglaterra.

Os golpes de Paris

Em Paris, a Revolução seguia seu caminho, mas se tornou, cada vez mais, uma revolução burguesa. Uma nova Constituição, aprovada em agosto de 1795, reforçava o direito à propriedade e ao lucro. E limitava novamente a igualdade entre os cidadãos aos direitos civis: todos eram iguais perante a lei, nada além disso. Igualdade social, como pregava Rousseau, não!

Mas é claro que houve reações populares. Uma delas foi a chefiada por François Babeuf, o novo líder dos *sans-culottes*: a **Conjuração dos Iguais**, que combatia a propriedade privada.

A Constituição de 1795 também estabeleceu que a França continuaria a ser uma República, porém governada por um **Diretório**, isto é, um grupo de dirigentes revolucionários. Não deu certo. Todos queriam mandar, e ninguém obedecia a ninguém.

OUTRAS HISTÓRIAS PERSONAGENS

François Babeuf e a Conjuração dos Iguais

François Babeuf, também chamado de Graco Babeuf, foi a grande liderança jacobina de Paris após a morte de Robespierre. Ele convocava os *sans-culottes* à luta por meio de seu jornal *O tribuno do povo*, e seu lema era "Igualdade ou morte!". Babeuf foi preso e condenado à morte por guilhotina em 1797. Saíam os jacobinos, entravam os girondinos, e a guilhotina ainda funcionava.

Leemage/Agência France-Presse

Graco Babeuf, gravura de 1888. Coleção particular.

- Você saberia dizer por que François Babeuf era também chamado de Graco Babeuf? Basta relacionar o nome do jornal de Babeuf com o que você já aprendeu sobre as lutas sociais na Roma Antiga.

O grande golpe

A burguesia então resolveu acabar com o impasse, apelando ao grande general Napoleão Bonaparte. Em 1799, Napoleão derrubou o Diretório e fundou o **Consulado**, no qual dividia o poder com outros dois revolucionários. Mas Napoleão não era homem de dividir o poder. Passou por cima dos colegas de governo e convocou um plebiscito para o retorno da monarquia. Ele queria ser o novo rei da França, embora com outro título. Napoleão obteve mais de 60% dos votos. Em 1804, tornou-se imperador da França.

Plebiscito: consulta popular, na qual os cidadãos votam a favor ou contra (sim ou não) uma determinada proposta do governo.

Apoiado pelo exército, o governo de Napoleão reforçou as conquistas da burguesia e também as do campesinato no processo revolucionário. Criou o chamado **Código Napoleônico**, consagrando o direito à propriedade privada, o casamento civil e a igualdade de todos perante a lei. Estimulou a indústria francesa, taxando os produtos importados, e protegeu os camponeses, facilitando o acesso à propriedade da terra.

A coroação de Napoleão e Josefina

Napoleão convidou o papa Pio VII e outros cardeais para o ato de sua coroação como imperador da França, que ocorreu na Catedral de Notre-Dame, em Paris. Pretendia, com esse gesto e com a abolição do calendário jacobino, acalmar as relações da França com a Igreja católica.

Napoleão conquista a Europa

Mas a França parecia pequena para Napoleão, que ambicionava derrubar príncipes e reis, espalhar os princípios da Revolução pela Europa e governá-la inteira como imperador. Militar experiente, ele comandou a invasão da Prússia, da Áustria, da Holanda, da Bélgica, da Suíça e das penínsulas Itálica e Ibérica. A expansão napoleônica provocou a Inglaterra, velha rival dos franceses desde o século XVIII.

Vitórias de Napoleão

No continente, a coligação de prussianos, austríacos e russos não resistiu ao furacão napoleônico. E o ponto alto de sua vitória foi a **Batalha de Austerlitz**, ocorrida em 1805, quando Napoleão massacrou os exércitos inimigos. Na guerra marítima, contudo, os ingleses tiveram sucesso, vencendo a **Batalha de Trafalgar**, naquele mesmo ano, na costa espanhola.

Em resposta, Napoleão impôs, em 1806, o **Bloqueio Continental** à Inglaterra, proibindo aos países europeus negociar com os britânicos.

Sagração do imperador Napoleão e coroação da imperatriz Josefina na Catedral de Notre-Dame, óleo sobre tela de Jacques-Louis David, de 1807. Nessa obra, Napoleão é retratado com uma coroa de louros na cabeça, como as atribuídas aos antigos imperadores romanos, e com uma coroa de ouro nas mãos. O papa observa a cerimônia. Museu do Louvre, Paris, França.

1814: Napoleão renuncia e é exilado na ilha de Elba.

1815: Napoleão reassume o poder na França, mas é derrotado em Waterloo.

A expansão napoleônica na Europa (1812)

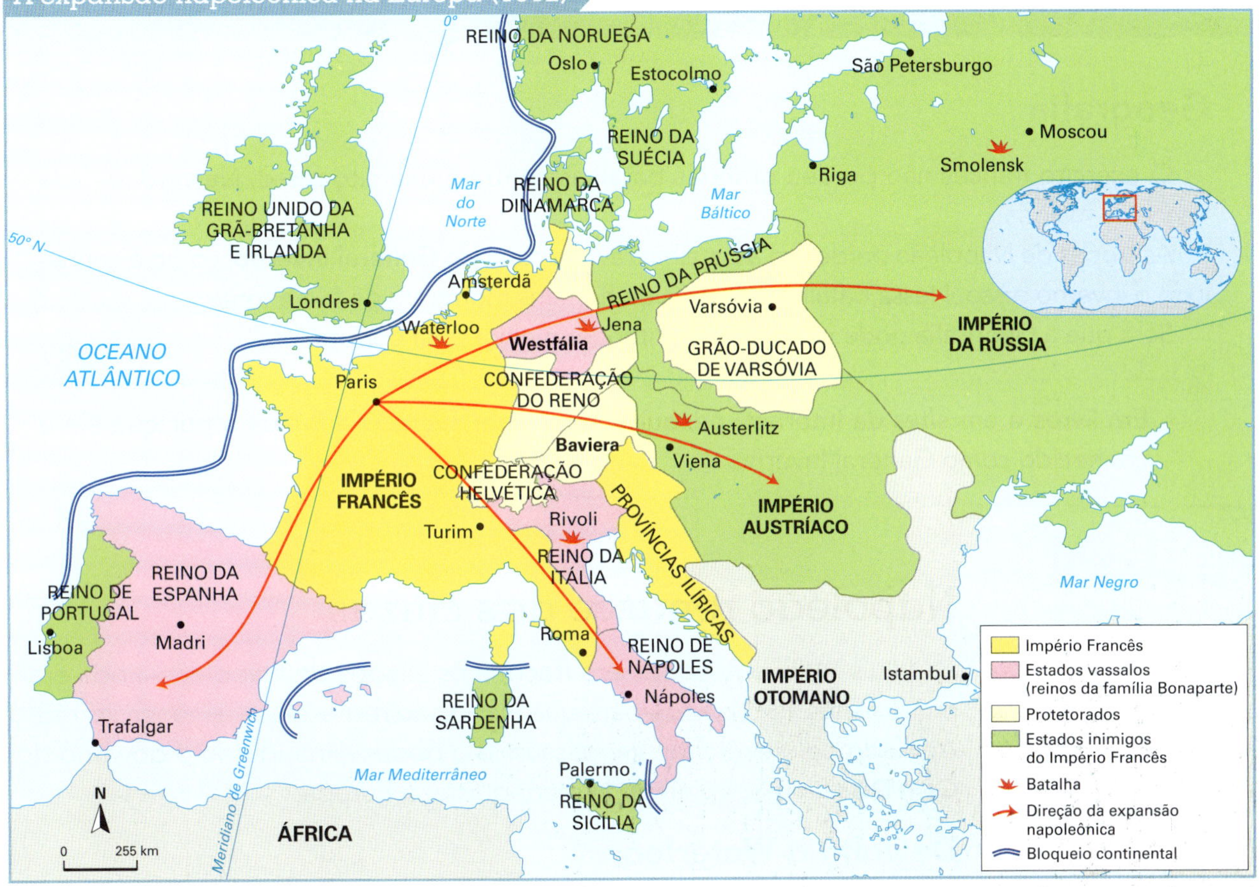

Fonte: Elaborado com base em ARRUDA, José Jobson de. *Atlas histórico básico*. São Paulo: Ática, 2009. p. 24; DUBY, Georges. *Atlas historique:* toute l'historie du monde en 300 cartes. Paris: Larousse, 2016. p. 226.

Derrotas de Napoleão

A expansão napoleônica não foi feita apenas de magníficas vitórias, mas de tremendas derrotas também. Na campanha contra a Rússia, por exemplo, o exército francês sofreu – e muito.

Napoleão invadiu a Rússia em junho de 1812, logo depois que o czar Alexandre I rompeu o bloqueio imposto à Inglaterra. O exército francês tomou Moscou em setembro de 1812. A fome e o frio do inverno russo, contudo, dizimaram suas tropas. Em dezembro, com cerca de 30 graus negativos, Napoleão bateu em retirada com o que restava de seu exército.

De volta a Paris, Napoleão já não era capaz de conter a reação dos inimigos. Os franceses foram expulsos de cada uma das "províncias" do império napoleônico (Espanha, Bélgica, Holanda, Suíça, Itália, Prússia, Portugal) e sua capital, Paris, foi invadida em 1814. Napoleão foi forçado a renunciar e exilado na ilha de Elba, no mar Mediterrâneo, com 800 homens. A família real foi restaurada com Luís XVIII, irmão do rei guilhotinado pelos jacobinos.

Michel Merle, nosso bravo sargento, sempre fiel à Revolução, viveu tudo isso. Conheceu a glória das vitórias e a decepção das derrotas. Em 1814, quando da renúncia e do exílio de seu comandante, Michel já era um homem cansado de guerras, com quase 50 anos de idade.

A HISTÓRIA NÃO ESTÁ SOZINHA

Geografia

O exército francês não perdeu grandes batalhas contra o exército russo. Na verdade, ele venceu a maioria.

As tropas de Napoleão perderam a batalha travada contra o **General Inverno**, como é conhecido o inverno russo. Nessa batalha, milhares de homens morreram de frio e fome.

Será que a Geografia pode nos ajudar a entender melhor essa derrota?

- Em livros e em *sites* da internet, pesquise como é o inverno na Rússia e por que ele é conhecido como General Inverno.

Napoleão renasce das cinzas

Luís XVIII, o novo rei, era fraco, e os aliados de Napoleão ainda eram muito fortes. Isso bastou para que Napoleão regressasse à França, em 1815. Apoiado pelo exército, ele reassumiu o poder e inaugurou o governo dos **Cem Dias**, com o objetivo de reconquistar a Europa.

De volta a Waterloo

Você se lembra da Batalha de Waterloo que estudamos no início deste capítulo? Lembra-se de que Napoleão mandou a velha guarda atacar? E de que se tratava de sua última cartada? Quando a infantaria se lançou contra o inimigo, todos urraram: "Tudo pela glória da França!".

Mas o ataque fracassou e os franceses perderam a batalha. A maioria dos soldados morreu, Michel Merle não. Ele soube depois que Napoleão também havia sobrevivido, mas tinha sido capturado pelos ingleses.

Napoleão Bonaparte foi exilado na ilha de Santa Helena, no Atlântico Sul, onde morreu em 1821, aos 52 anos.

The Bridgeman Art Library/Museu Nacional do Exército, Londres, Inglaterra.

Terceiro regimento de soldados na Batalha de Waterloo, 18 de junho de 1815, rechaça a velha guarda, aquarela sobre papel de Richard Simkin, século XIX. A obra representa o último ataque da velha guarda do exército francês (à direita na imagem) à infantaria britânica (à esquerda). Museu Nacional do Exército, Londres, Inglaterra.

Congresso de Viena, 1814-1815

Representantes dos países que enfrentaram Napoleão reuniram-se em Viena, na Áustria, entre 1814 e 1815, com o objetivo de restaurar o Antigo Regime e redesenhar o mapa europeu.

O ministro austríaco Metternich foi a estrela do encontro. Foi ele quem propôs a **Santa Aliança**. Se algum país fosse ameaçado por alguma revolução ou invasão do tipo "revolução francesa", todos os outros o defenderiam. As palavras de ordem do congresso foram: **restauração** e **conservação** do Antigo Regime que a Revolução Francesa tinha derrubado.

A Santa Aliança foi o último suspiro do Absolutismo europeu.

Michel Merle morreu em 1825, com 60 anos de idade, em sua pequena fazenda, em Vendôme, que agora era propriedade de sua família. Embora na França reinasse outra vez a dinastia dos reis derrubada pelos revolucionários, Michel tinha uma certeza ao morrer: nada seria como antes.

A Revolução Francesa de 1789 tinha inaugurado uma nova era no Ocidente.

QUE HÁ NO MAPA?

Compare o mapa abaixo com o da página 39, "A expansão napoleônica na Europa (1812)", e aponte ao menos uma mudança decidida pelo Congresso de Viena.

A Europa após o Congresso de Viena (1815)

Ericson G. Luciano/Arquivo da editora

Fonte: Elaborado com base em DUBY, Georges. *Atlas historique*. Paris: Larousse, 2006. p. 86.

PUXANDO PELA MEMÓRIA

Após o estudo do capítulo, você manteria sua resposta à pergunta da página 26?

Créditos das imagens de baixo para cima: Photo Josse/Leemage/Museu Carnavalet, Paris, França; The Bridgeman Art Library/ Easypix/Museu Carnavalet, Paris, França; Leemage/Agência France-Presse; Reprodução/Biblioteca Nacional, Paris, França; Pierre-Jean Chalencon/Photo12/ UIG/Getty Images; Leemage/Corbis/Getty Images; Album Art/Latinstock/Museu Carnavalet, Paris, França.

ROTEIRO DE ESTUDOS

O QUE APRENDEMOS?

1 | É possível dizer que a monarquia absolutista, centralizada na pessoa do rei Luís XVI, foi responsável pelo início da Revolução Francesa?

2 | Considerando as diferentes etapas da Revolução Francesa, o lema "liberdade, igualdade, fraternidade" foi uma constante no processo revolucionário?

3 | Se você fosse escolher um personagem histórico como símbolo do Antigo Regime, que a Revolução Francesa derrubou, em quem votaria: Maria Antonieta ou Georges Danton? Justifique o seu voto.

4 | Os levantes populares não acabaram após a derrubada dos jacobinos, em 1794. Nem a guilhotina parou de funcionar. Cite o principal movimento popular ocorrido após a queda dos jacobinos no processo revolucionário francês.

5 | A Revolução Francesa se expandiu pela Europa por meio da guerra: verdadeiro ou falso? Justifique.

6 | Qual expressão era usada para designar a plebe urbana que engrossava as revoltas contra o absolutismo?

7 | O que Robespierre tem a ver com o radicalismo social da Revolução Francesa?

8 | Qual é a relação entre o conceito de Terceiro Estado e o de burguesia na Revolução Francesa?

9 | Por que a seguinte afirmação é falsa?

O campesinato francês foi um grande protagonista social da Revolução e sempre apoiou os governos revolucionários, em especial o jacobino.

10 | Por que o cabo de Trafalgar, na costa atlântica da Espanha, foi importante nas guerras napoleônicas na Europa?

PESQUISA

Em toda a Europa foram publicados folhetos sobre Napoleão, descrevendo o imperador como um demônio. Lúcia Bastos, historiadora brasileira, descobriu inúmeros folhetos desse tipo que circularam em Lisboa e no Rio de Janeiro no início do século XIX. Em um dos folhetos, ele foi descrito como um monstro de sete cabeças e dez chifres. Em outros, foi chamado de impostor, inimigo da Santa Cruz. Houve mesmo um folheto que continha uma carta fictícia à mãe de Napoleão, chamando-a de "mulher desgraçada" por ter parido um monstro odiado por todos.

- Com base no texto acima, pesquise a possível razão para a circulação dos folhetos antinapoleônicos em Portugal e no Brasil.

IMAGENS CONTAM A HISTÓRIA

Quando tomaram o poder, os jacobinos aboliram Deus e proibiram o catolicismo, na tentativa de mudar a religião dos franceses, que eram católicos em sua maioria. Um decreto do governo estabeleceu que "a ideia de um Ser Supremo é uma lembrança permanente da justiça, portanto ela é social e republicana". A imagem a seguir mostra o povo francês adorando o Ser Supremo que os jacobinos colocaram no lugar de Deus.

Leemage/Corbis/Getty Images

The Bridgeman Art Library/Fotarena/Museu Carnavalet, Paris, França.

Gravura colorida representando vista dos Jardins das Tulherias em Paris, em 8 de junho de 1794, durante as celebrações do Ser Supremo, século XVIII. Pode-se dizer que os jacobinos não brincavam em serviço. Era como se quisessem criar o mundo outra vez. Um mundo novo e revolucionário. Museu Carnavalet, Paris, França.

Os jacobinos também decretaram um novo calendário, em substituição ao calendário cristão, com 12 meses de 30 dias cada, sendo que cada mês era dividido em três semanas de dez dias. As novas semanas e dias receberam nomes de plantas, animais e objetos associados à agricultura. E o ano de 1792 foi escolhido como o Ano 1 desse novo calendário.

1 | Como essa imagem e as informações sobre o decreto jacobino a respeito do Ser Supremo se relacionam com o pensamento iluminista do século XVIII? Pesquise no capítulo anterior deste livro.

2 | A escolha de nomes relacionados à natureza e à agricultura pelo governo jacobino sugere um grupo social específico como símbolo da Revolução. Que grupo seria esse?

O PASSADO PRESENTE

A seguir, você vai ver o trecho de um artigo publicado em um jornal paulistano, em janeiro de 2015. Leia-o com atenção.

Polêmica

Recentemente, a letra da Marselhesa virou tema de debate na França. Muitos dos franceses – principalmente aqueles que vêm de famílias das ex-colônias – se recusam a cantar o hino, que consideram violento e ofensivo.

A passagem "[...] que um sangue impuro lave nossos campos" é vista por eles como uma referência à atitude dos franceses para com outros povos e ex-colônias. Eles se colocam na posição dos "sangues impuros", ou seja, na dos que não seriam realmente franceses, que não teriam o "sangue puro".

Já houve, inclusive, tentativas de mudar o hino nacional, que data da Revolução Francesa.

A extrema-direita, por sua vez, tem se identificado cada vez mais com a música, que passou a ser exaltada por aqueles que se identificam politicamente com suas ideias, como a [de] restrições à imigração.

In: Cohen-Bendit diz que os que cantam a Marselhesa "não entenderam nada". *Folha de S.Paulo*, 11 jan. 2015. Disponível em: <www1.folha.uol.com.br/mundo/2015/01/1573584-cohn-bendit-diz-que-os-que-cantam-a-marselhesa-nao-entenderam-nada.shtml>. Acesso em: 20 maio 2018.

- O atual hino da França era, no tempo da Revolução, cantado a plenos pulmões pelos soldados como símbolo de liberdade, igualdade e fraternidade. Atualmente, porém, a letra do hino gera polêmicas. Uns sugerem que o hino é racista; outros, que ele defende a tradição de que a França existe para os franceses, somente para eles, excluídos os imigrantes. Discuta com os colegas, em grupo, essa polêmica sobre o hino francês.

À esquerda, gravura colorizada do século XIX representando uma eolípila, máquina a vapor criada por Heron de Alexandria no século I. À direita, outra gravura, de um dos primeiros modelos de locomotiva criado por Richard Trevithic e Andrew Vivian em 1803. Coleção particular.

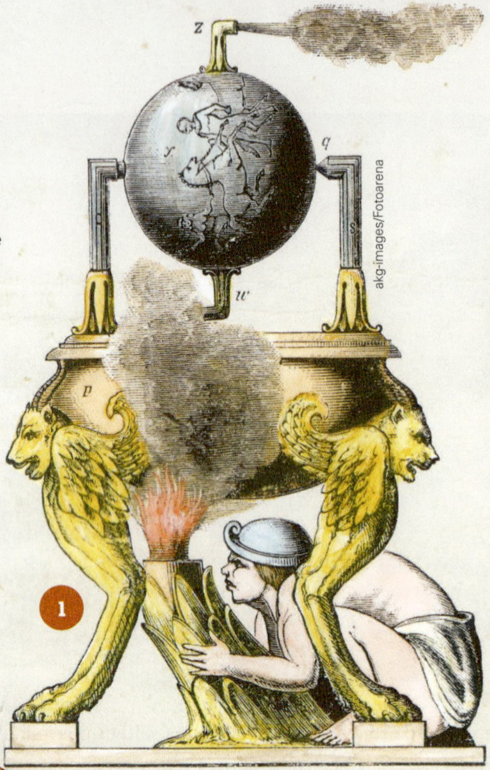

akg-images/Fotoarena

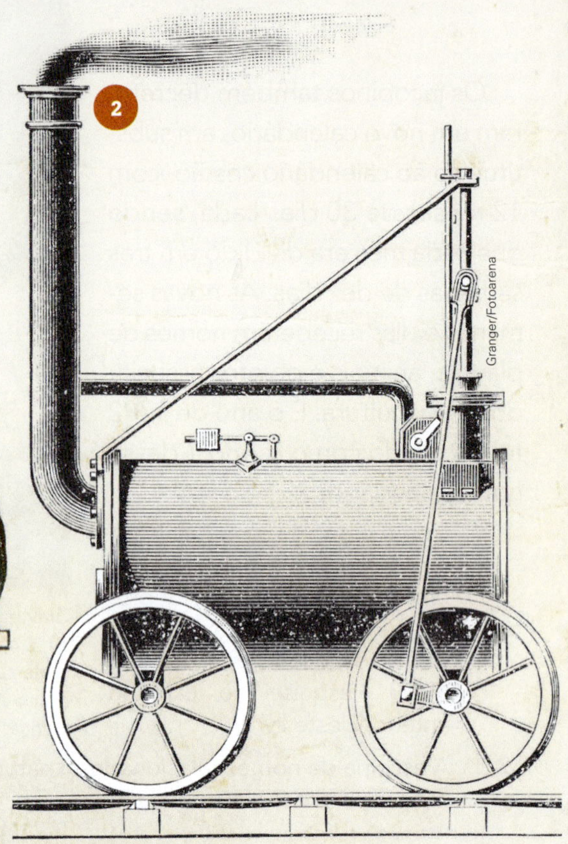

Granger/Fotoarena

CAPÍTULO 3

REVOLUÇÃO INDUSTRIAL

No século I, o grego Heron de Alexandria inventou um mecanismo que transformava o calor em movimento. Era a primeira máquina conhecida a usar o calor como fonte de energia. O invento consistia em uma esfera cheia de água com dois tubos retorcidos, um de cada lado, semelhante ao que você vê na imagem 1. Ao ser aquecida, a água fazia a esfera girar pela força do vapor que saía pelos tubos.

Durante anos e anos esse mecanismo foi apenas uma curiosidade. Mil e novecentos anos depois, já no século XVIII, a força do vapor serviu para impulsionar rodas sobre trilhos, como se vê na imagem 2.

As mudanças introduzidas pelo uso dessas novas tecnologias modificaram totalmente o mundo, a começar pela Europa, mas alcançaram todos os continentes, para o bem ou para o mal. Foi uma verdadeira revolução!

Era um novo mundo que se formava, o mundo de hoje, o nosso mundo.

Vamos descobrir o que mudou de lá para cá, e por quê?

PUXANDO PELA MEMÓRIA

Você sabe como se mede a potência de uma lâmpada elétrica? Ou quanto ela ilumina? Basta ler a embalagem para descobrir. Reflita: por que a potência de uma lâmpada é medida em Watts?

Créditos das imagens de baixo para cima: Ann Ronan Pictures/Print Collector/Hulton Archive/Getty Images; The Granger Collection/Glowimages; akg-images/Latinstock; akg-images/Latinstock; The Bridgeman Art Library/Easypix; The Bridgeman Art Library/Fotoarena.

Cronologia do capítulo

1712: Thomas Newcomen cria uma máquina a vapor para tirar água das minas.

Minas de carvão

No século XVIII, a Europa já não usava o carvão vegetal como fonte de energia, como havia feito por séculos e séculos. Afinal, o carvão vegetal é produto da queima de árvores, e, como você sabe, árvores não crescem rápido. Por isso, as florestas desapareceram do continente europeu.

Um substituto possível para o carvão vegetal era o carvão mineral, encontrado em minas localizadas no subsolo. Especialmente na Inglaterra e na Escócia havia muitas minas de carvão mineral – e de ferro também.

Mas trabalhar nelas não era fácil. Os trabalhadores se embrenhavam em túneis para descer às minas, onde ficavam horas cavando e juntando o carvão que era, então, despachado para a superfície.

O que já era ruim ficava ainda pior quando as minas se enchiam de água, em consequência do rompimento dos lençóis de água do subsolo. Por causa dessa situação, que era comum, às vezes as minas ficavam fechadas por meses, para a retirada da água acumulada.

Como você pode imaginar, a preocupação dos proprietários e dos técnicos das minas, desde o século XVI, era encontrar outras formas (mais rápidas, fáceis e baratas) de retirar a água acumulada.

SPL/Getty Images

Crianças empurram uma espécie de vagão cheio de carvão no interior das minas inglesas. Gravura publicada no *Relatório sobre o trabalho infantil nas minas*, de 1842. Coleção particular.

A HISTÓRIA NÃO ESTÁ SOZINHA

Ciências da Natureza

A panela de pressão serve para acelerar o cozimento de certos alimentos. Mas é preciso que quem a utilize seja adulto e conheça suas normas de segurança. Veja essas manchetes de jornais e utilize o que aprendeu para responder às questões a seguir:

"Panela de pressão explode e fere dois em escola de São Paulo."

"Panela de pressão explode e causa danos em residência em Amarante, no Piauí."

1 | Você sabe dizer por que a panela de pressão explode?

2 | Que relação é possível estabelecer entre a panela de pressão e a máquina a vapor criada por Newcomen?

FIQUE DE OLHO

DUARTE, Marcelo. *O Guia dos curiosos – Invenções.* São Paulo: Panda Books, 2007.

Este livro traz a história de inventos que fazem parte de nosso dia a dia, como os talheres, as roupas, os móveis, os aparelhos eletrônicos, os meios de transporte.

CHALLONER, Jack (Coord.). *1001 invenções que mudaram o mundo.* Rio de Janeiro: Sextante, 2014.

Obra que revela a história por trás de muitos inventos: da roda ao MP3, das ferramentas de pedra ao avião.

Em 1712, depois de muitos anos de trabalho, o mecânico e inventor inglês Thomas Newcomen criou uma máquina a vapor para bombear para a superfície a água acumulada no fundo das minas. Rapidamente suas máquinas se espalharam por toda a Inglaterra.

Mas essa máquina a vapor de Newcomen também apresentava problemas. Ela gastava muito carvão, demorava demais para entrar em funcionamento e explodia com relativa frequência, causando danos físicos às pessoas. Era um problemão. Foi aí que entrou James Watt, o personagem deste capítulo.

James Watt

James Watt, nascido em 1739, era filho de um especialista na fabricação de barcos e no conserto de instrumentos de navegação. Desde criança, James desmontava e montava esses instrumentos, e logo tornou-se um especialista.

Por motivos de saúde, James foi educado em casa por seu pai, que o estimulava a estudar Matemática. Eles moravam na Escócia.

James teve oportunidade de desenvolver suas habilidades na Universidade de Glasgow, na Escócia, onde foi trabalhar na fabricação de instrumentos de medição. Lá, ele teve contato com a máquina a vapor de Newcomen e melhorou-a. Além desse feito, Watt desenvolveu instrumentos astronômicos para a universidade, como telescópios e barômetros.

Mas James sabia que ainda faltava muito para tornar a máquina a vapor de Newcomen realmente eficiente.

Nessa época, um empresário e químico inglês, John Roebuck, dono de uma empresa de fabricação de objetos de ferro, havia alugado uma propriedade na Escócia para explorar as minas de carvão ali existentes. Para evitar que as minas alagassem, Roebuck convidou James Watt para aprimorar o motor a vapor de Newcomen. Era o ano de 1768.

James aceitou a proposta e se mudou para uma casinha dentro da propriedade, que também servia de residência para os operários que fabricavam as peças que ele solicitava. Durante anos James trabalhou em seu projeto, em condições difíceis, porque não podia ter rapidamente as peças de que precisava.

SPL/Latinstock

Gravura do século XIX representando o laboratório onde James Watt desenvolvia seus projetos na Universidade de Glasgow, na Escócia. Era comum professores e estudiosos visitarem James Watt em seu laboratório. Coleção particular.

O processo foi acelerado em 1775, quando o empresário Matthew Boulton comprou a parte de John Roebuck e se associou a Watt, levando-o para sua metalúrgica na cidade inglesa de Birmingham. Nessa grande empresa, Watt teve condições de aprimorar a máquina em que vinha trabalhando. Tornou-a mais eficiente e barata, e incorporou a ela outras funções, além de tirar água das minas. Foi um sucesso absoluto, como você pode imaginar.

CÁ ENTRE NÓS

O mecanismo a vapor de Watt foi adaptado para outras máquinas, como as de fiação e a de tecelagem. Depois, foi utilizado para mover locomotivas que puxavam vagões. Daí James Watt ser chamado de "pai" da Revolução Industrial, da qual a Inglaterra foi a grande pioneira.

Uma combinação perfeita: a máquina de fiar e o vapor

Fiar significa transformar uma matéria-prima, como a lã dos carneiros ou a pluma do algodão, em fios. Esses fios, por sua vez, são transformados em tecidos, que depois são cortados e costurados.

Todo esse trabalho era feito com a ajuda de um fuso e de uma roca movida a mão ou com um pedal. Fazia-se um fio de cada vez. Mas, em 1767, o inglês James Hargreaves desenvolveu uma roca com oito fusos movidos com a mão. O que significa que uma pessoa que antes fazia um único fio passou a fazer oito. Como vemos, o século XVIII foi o século de grandes invenções.

Fuso: utensílio cilíndrico de madeira que vai se tornando mais fino até as extremidades, onde acaba em ponta aguçada.
Roca: aparelho mecânico para fiar.

Já no final do século XVIII, as maiores máquinas desse tipo contavam com até 120 fusos. Então, aquela pessoa que antes fazia um único fio, e depois passou a fazer oito, agora fazia 120.

E não parou por aí. Em 1769, outro inventor inglês chamado Richard Arkwright conseguiu fazer uma máquina de fiar movida pela força da água (energia hidráulica). Apesar de ser uma máquina grande e cara, e obrigar as fábricas a estar ao lado de rios, ela foi um sucesso.

Foi a combinação da máquina de Arkwright com o uso do vapor que fez toda diferença. A tecnologia que viabilizou a adaptação do motor a vapor para as máquinas de fiar foi desenvolvida em 1785 por James Watt. Novamente ele. Essa combinação permitiu que as indústrias têxteis se espalhassem por toda a Inglaterra e pelo mundo. Elas não precisavam mais ficar ao lado de rios.

Além disso, a máquina de fiar a vapor era de fácil manuseio. Por isso, os trabalhadores dessas novas fábricas de tecidos foram, sobretudo, mulheres e crianças.

Apesar de haver começado nas minas de carvão, a Revolução Industrial avançou a passos largos na fabricação de tecidos.

Ann Ronan Pictures/Print Collector/Hulton Archive/Getty Images

Na imagem, mulher trabalha na *Spinning Jenny*, nome pelo qual a roca de Hargreaves ficou conhecida. Gravura de c. 1880. Coleção particular.

Da lã ao algodão

A Inglaterra era uma grande produtora de tecidos de lã, cuja matéria-prima era retirada das ovelhas que pastavam em seus campos cercados.

Os ingleses não tinham conhecimento técnico para fazer tecidos de algodão de boa qualidade, isto é, finos e resistentes. Para que o fio de algodão não arrebentasse, eles o fiavam junto com linho.

Linho: planta fibrosa que, depois de preparada, serve para fazer fios e tecidos.

Ainda assim, os tecidos de algodão ingleses não eram bem aceitos no mercado. De boa qualidade, mesmo, eram aqueles feitos na Índia, onde havia uma técnica excelente para a fabricação de tecidos só com algodão.

Os ingleses se esforçaram para melhorar suas técnicas de fabricação de tecidos de algodão. E conseguiram. As novas máquinas de fiar produziam fios tão resistentes e finos quanto os indianos – e puros, puríssimos, sem linho.

O carro-chefe da indústria inglesa era a lã até o início do século XIX. No ano de 1800, por exemplo, os tecidos de algodão representavam somente 5% do valor das exportações britânicas. Já em 1830, os tecidos de algodão eram responsáveis por mais da metade do valor total das exportações.

Por que na Inglaterra?

O que era necessário para que uma região pudesse ser um local adequado para as fábricas dotadas dessas novas tecnologias? Muita coisa. E os ingleses tinham tudo.

A Inglaterra tinha as minas de carvão, principal matéria-prima para a produção de energia. Também contava com mão de obra disponível para trabalhar tanto nas minas (homens) como nas fábricas (mulheres e crianças). Além disso, havia capital disponível para investir nesses empreendimentos (pessoas ricas).

Os ingleses ainda tinham à sua disposição duas das mais importantes matérias-primas para a fabricação de tecidos: ovelhas para fornecer lã e algodão importado dos Estados Unidos e da Índia. Mais ainda: existia um mercado consumidor, ou seja, havia quem quisesse comprar seus produtos tanto na Grã-Bretanha quanto nos outros países europeus.

Além de todas essas condições favoráveis, a Inglaterra também possuía meios de transporte adequados ao desenvolvimento e à expansão da indústria. Quais meios de transporte eram esses?

O Reino Unido, onde se localiza a Inglaterra, é uma enorme ilha. Dominado por planícies, seu território é cortado por muitos rios navegáveis, como o Tâmisa, que cruza a cidade de Londres.

Durante séculos, com o objetivo de melhorar as vias de circulação do reino, os ingleses investiram na retificação de seus rios e na construção de canais para interligá-los. Por esse motivo, tanto o carvão, tão necessário para alimentar as indústrias, como os tecidos, produzidos pelas fábricas têxteis, podiam ser transportados a baixo custo até os portos marítimos, de onde eram enviados ao exterior para serem vendidos.

Retificação: correção, alinhamento, tornar reto.

1776: Adam Smith publica sua principal obra: *A riqueza das nações*.

Você conhece a expressão "juntar o útil ao agradável"? Pois foi o que fez a Inglaterra: aproveitou as condições favoráveis de que dispunha e que lhe possibilitaram ser a pioneira na industrialização. Muitos países seguiram seus passos.

A fabricação de tecidos era uma atividade tradicional na Inglaterra. A fiação era um trabalho realizado principalmente pelas mulheres, ou melhor: as mulheres e as crianças. As famílias dos camponeses estavam diretamente envolvidas no processo de fiar e tecer. Desde o século XVI, contudo, os negociantes de tecidos passaram a centralizar a produção têxtil, mas sem concentrar os trabalhadores em uma mesma oficina. Eles forneciam a lã para as fiandeiras e os fios para os tecelões e todos trabalhavam em casa. Pagavam por seus serviços e revendiam essas mercadorias – os fios e os tecidos – em outros lugares.

Fiandeira: mulher que faz fios.

A introdução de uma nova matéria-prima, o algodão, não mudou a forma de fazer o tecido, que permanecia ainda como uma atividade de famílias camponesas, sobretudo de mulheres e crianças. Mas a criação das novas fábricas com máquinas de fiar movidas a água ou a vapor alterou muito essa situação. O trabalho deixou de ser realizado na unidade familiar camponesa. Mulheres e crianças, apesar de mantidas como mão de obra, passaram a trabalhar cada vez mais em um mesmo espaço: o espaço da fábrica.

SPL/Latinstock

Ao lado, interior de uma casa na Irlanda onde três mulheres estão envolvidas no trabalho de fiação enquanto outra cozinha. Gravura de William Hincks, 1782. Coleção particular. Abaixo, mulheres e meninas trabalham em fábrica têxtil. Gravura anônima do século XIX. Coleção particular.

The Bridgeman Art Library/Easypix

1785: James Watt cria a tecnologia que permite a adaptação do motor a vapor às máquinas de fiar.

OUTRAS HISTÓRIAS ECONOMIA

O cercamento dos campos ingleses e a oferta de mão de obra

Foi durante o século XVI que a Inglaterra passou por mudanças importantes no mundo rural. Foi a época do cercamento dos campos – os *enclosures*. Muitos senhores feudais venderam ou arrendaram as terras, sobretudo as terras usadas coletivamente pelos camponeses, para mercadores ou agricultores dispostos a investir na criação de ovelhas. O objetivo era fornecer lã para as manufaturas têxteis.

Muitos camponeses, expulsos das terras que cultivavam, tiveram de migrar para as cidades. Parte foi trabalhar nas manufaturas, outra parte acabou mendigando nas cidades, perseguida por leis contra a vagabundagem decretadas por Henrique VIII. O cercamento dos campos prosseguiu até o século XVIII.

Criou-se uma oferta de mão de obra para as manufaturas urbanas, primeiro passo para o surgimento das fábricas no século XVIII.

The Granger Collection/Glow Images

Venda de roupas usadas nas ruas de uma cidade da Inglaterra, aquarela e caneta sobre papel de Thomas Rowlandson, 1880. A população expulsa do campo vai engrossar o número de habitantes das cidades, mão de obra disponível para as fábricas. Enquanto não arranja emprego, sobrevive com o que é possível. Coleção particular.

Reprodução/Museu Real Dos Arsenais, Leeds, Inglaterra.

Perspectiva de Littlecote, óleo sobre painel de autoria desconhecida, c.1720. Na imagem, uma casa senhorial rodeada por campos cercados e criação de animais. Museu Real Dos Arsenais, Leeds, Inglaterra.

1 | As manufaturas existiram antes do desenvolvimento do sistema de fábrica. Você sabe qual é a diferença entre manufatura e fábrica?

2 | Por que o cercamento dos campos na Inglaterra estimulou a criação da mão de obra para as fábricas?

c. 1790: Eli Whitney inventa o descaroçador de algodão.

DOCUMENTO

Com a palavra, uma operária

Em janeiro de 1833, o Parlamento Britânico publicou transcrições de audiências conduzidas por um dos seus membros um ano antes. Uma das entrevistas foi feita com Elizabeth Bentley, que havia trabalhado na fábrica do senhor Busk por três ou quatro anos. Aos 10 anos, ela foi para a fábrica de Benyon, onde trabalhava de cinco e meia da manhã até as oito ou nove horas da noite. As crianças dessa fábrica eram obrigadas a trabalhar sob a ameaça de uma cinta. Elizabeth Bentley informou que as meninas sempre tinham marcas roxas em suas peles. Se os pais se queixassem dos excessivos maus-tratos, a consequência provável era a perda do emprego da criança. E disso os pais tinham medo. Leia a entrevista:

Quantos anos você tem?

— Vinte e três.

Onde você mora?

— Em Leeds [cidade ao norte da Inglaterra].

Com que idade você começou a trabalhar em uma fábrica?

— Quando eu tinha seis anos de idade.

Em que fábrica você trabalhou?

— Na do Sr. Busk.

Que tipo de fábrica é essa?

— Fábrica de tecido.

Qual seu trabalho na fábrica?

— Eu era uma pequena *doffer* [criança que tira as bobinas das máquinas quando estão cheias].

Quais foram as suas horas de trabalho normais?

— Das 5 da manhã às 9 da noite, quando tinha muito serviço.

[...]

Quais eram suas horas habituais quando não tinha tanto serviço?

— Das 6 da manhã até as 7 da noite.

In: Parliamentary Papers, 1831-1832, vol. XV. Disponível em: <www.victorianweb.org/history/workers1.html>. Acesso em: 17 jun. 2018. (Tradução livre dos autores.)

The Bridgeman Art Library/Easypix

Muitas crianças trabalhavam na indústria têxtil inglesa. A imagem é do livro da romancista inglesa Frances Trollope intitulado *The life and adventures of Michael Armstrong: factory boy* (*A vida e as aventuras de Michael Armstrong: um garoto operário*), publicado como novela em periódico a partir de 1840. Coleção particular.

- Com base na leitura do depoimento de Elizabeth e na observação da imagem, a quais conclusões podemos chegar sobre:

  a) o trabalho infantil no século XIX?

  b) as leis trabalhistas?

  c) a situação socioeconômica dos trabalhadores das fábricas?

FIQUE DE OLHO

TEIXEIRA, Francisco M. P. *Revolução Industrial*. São Paulo: Ática, 2004. (Col. O Cotidiano da História).

Neste livro, o advogado Anthony Simpson e o repórter Gregore Chambers guiam o leitor pelas décadas de 1830 e 1840, decisivas para a consolidação industrial da Inglaterra e para a sociedade capitalista.

A divisão do trabalho

O sistema de fábricas trouxe outra consequência para o trabalhador: maior divisão do trabalho. Se antes um trabalhador podia fazer o fio de lã ou algodão, tecer e costurar o tecido, agora nas fábricas cada um tinha uma tarefa específica. Uma única peça de tecido passava pelas mãos de vários trabalhadores, pois cada um realizava apenas uma etapa do processo de produção.

Caso o operário ficasse impossibilitado de trabalhar, por doença, invalidez ou qualquer outro motivo, podia ser demitido, e o patrão não tinha responsabilidade alguma sobre sua vida ou saúde. O governo também não. Não havia aposentadoria por invalidez ou por tempo de serviço, tampouco férias ou qualquer outro direito que conhecemos hoje e que são assegurados pelas chamadas leis trabalhistas.

Mas foi a partir dessa época que os trabalhadores começaram a se organizar e exigir melhores condições de trabalho.

The Bridgeman Art Library/Fotoarena

No início do século XIX, a indústria britânica, utilizando motores a vapor, investiu em outros segmentos além do têxtil, como na fabricação de sapatos. Note que a mão de obra feminina era predominante e que as operárias sentadas em suas máquinas realizam a mesma tarefa. Gravura de 1862. Coleção particular.

CÁ ENTRE NÓS

No final do século XVIII, não havia lei alguma que regulasse o trabalho dos operários, fossem eles homens, mulheres ou crianças. Tudo dependia da boa ou da má vontade dos patrões. Nessas grandes fábricas, o trabalho não podia ser interrompido, a disciplina era muito rigorosa, e os castigos físicos, bastante comuns. Sabe-se que a jornada de trabalho era de mais de 12 horas diárias.

Adam Smith, o "pai" do liberalismo

O filósofo e economista escocês Adam Smith foi um dos maiores defensores da divisão do trabalho. Ele dizia que "a opulência nasce da divisão do trabalho" e da especialização, seja na agricultura ou na indústria.

Smith deu o exemplo de uma fábrica de alfinetes para comprovar seu ponto de vista: se um trabalhador tivesse de buscar a matéria-prima, demoraria um ano para produzir um único alfinete. Se a ele fosse dado o fio de latão, faria vinte alfinetes por dia. Mas, se o trabalho fosse distribuído em várias etapas, cada qual executada por um operário, o resultado seria a produção de 2 mil alfinetes por dia por trabalhador.

As ideias de Smith foram acolhidas com entusiasmo pelos grandes empresários ingleses ligados à produção de tecidos e ao setor metalúrgico.

Opulência: riqueza.

Adam Smith foi o principal teórico do sistema econômico que ficou conhecido como **liberalismo**. Ele defendia a liberdade de comércio, ou seja, que os países abolissem as tarifas alfandegárias, o imposto pago para a entrada e a saída de mercadorias de seu território. Cada país produziria o que pudesse e as trocas seriam livres, sem impostos. A divisão do trabalho foi aceita e implementada por muitos empresários. O liberalismo alfandegário, entretanto, ficou só na teoria, nunca se realizaria de fato.

Burgueses e proletários

A utilização do motor a vapor para mover as máquinas de fiar permitiu a o crescimento da indústria têxtil e, ao mesmo tempo, alterou profundamente as relações de trabalho. Com a expansão das indústrias, o sistema capitalista se fortaleceu.

A consequência mais imediata do desenvolvimento do capitalismo foi o surgimento de duas classes sociais na sociedade. Uma delas, chamada na época de **burguesia**, era a proprietária das máquinas, das indústrias. Hoje são mais conhecidos como empresários ou capitalistas, porque são donos do capital. A outra classe social era conhecida na época por **proletários**.

FIQUE DE OLHO

Oliver Twist (Inglaterra, República Tcheca, França e Itália). Direção de Roman Polanski, 2005. 130 min.

Baseado no romance de Charles Dickens, o filme conta as aventuras de um órfão nas ruas de Londres, cidade que, no século XIX, estava em pleno processo de industrialização.

As fábricas crescem, as cidades também

Muitos trabalhadores procuravam empregos nas fábricas, sobretudo camponeses. As fábricas se multiplicavam e não apenas as de tecidos: havia fábricas de chapéus, sapatos, ferramentas e alimentos. Também cresceu a quantidade de empregados domésticos – criados e criadas, cozinheiras, arrumadeiras, cocheiros, jardineiros – nas casas dos novos e ricos empresários. Os espaços urbanos inchavam.

As cidades industriais cresceram muito rapidamente, o que provocou sérios problemas de habitação e de saúde pública. Nos bairros mais pobres, as ruas sem calçamento e rede de esgoto estavam sempre cheias de lixo. Por falta de moradia, muitas pessoas moravam em uma mesma casa, facilitando a propagação de doenças como tifo e cólera, que mataram muitos trabalhadores nas grandes cidades.

Reprodução/Biblioteca Nacional, Paris, França.

Uma cena no bairro de Houdsditch, gravura de Gustave Doré publicada no livro *Londres, uma peregrinação*, em 1872. No final do século XIX, o artista francês Gustave Doré fez uma série de gravuras para registrar a cidade de Londres. Ficou chocado com a miséria que encontrou nos bairros mais pobres da cidade. Biblioteca Nacional, Paris, França.

OUTRAS HISTÓRIAS ECONOMIA

Capital

A expressão **sistema capitalista** e o nome **capitalismo** são simples de explicar: são denominações do sistema em que a economia passou a girar em torno do **capital**. Mas o que é capital?

Todo mundo sabe o que é dinheiro, não é? E quando você vai a uma lanchonete e compra, por exemplo, um cachorro quente, paga com dinheiro, certo? Nesse momento, você gastou dinheiro. Mas, se você fosse o dono da lanchonete, teria comprado o pão, a salsicha, o molho, o guardanapo, etc., concorda? Quando as pessoas fazem algo para vender, e não para o seu próprio consumo, elas querem ter lucro. Portanto, você, como dono da lanchonete, não gastou dinheiro: você investiu dinheiro, ou capital. Eis a diferença: dinheiro, você gasta; capital é o dinheiro utilizado para produzir mercadorias que serão vendidas e cuja venda renderá lucro ao capitalista.

The Bridgeman Art Library/Fotoarena

Cartazes informam a venda dos mais variados produtos, óleo sobre tela de John Orlando Parry, 1835. A propaganda se tornou uma parte importantíssima da economia capitalista, pois tem como objetivo levar o consumidor a gastar seu dinheiro. Coleção particular.

- A partir dos itens abaixo, crie pelo menos duas situações em que você esteja gastando dinheiro e investindo capital.
  a) Comprar um imóvel.
  b) Comprar leite, açúcar e chocolate para fazer brigadeiros.

Da madeira ao ferro: os trilhos

Para se locomover por terra, os homens sempre usaram os pés: os seus, de outros ou dos animais que foram domesticando ao longo do tempo, como cavalos, bois, burros, mulas, camelos, elefantes, etc.

Claro que havia a opção de locomoção pela água, por mares, rios, lagoas e até oceanos, como já estudamos. Mas, como nem todos os lugares podiam ser alcançados por rotas marítimas ou fluviais, o jeito era aperfeiçoar o transporte terrestre. Por isso, há milênios, os seres humanos inventaram a roda e colocaram carros e carroças para serem puxados por animais ou pela própria força humana.

Como carros e carroças precisam de estradas transitáveis, ou seja, que permitam o seu deslocamento, muitas estradas, em geral de terra, foram abertas e construídas. Você consegue imaginar o trabalho que dava para conservá-las e preservá-las de chuvas, neve, buracos, poças de água, árvores que caíam e bloqueavam a passagem? Tudo podia acontecer.

Time Life Pictures/Mansell/Getty Images

Transporte pelas estradas da Inglaterra, gravura de Gilbert S. Wright, século XIX. Coleção particular.

A HISTÓRIA NÃO ESTÁ SOZINHA

Língua Portuguesa

As expressões transcritas abaixo são usadas até hoje.
"Tem boi na linha." / "A todo vapor." / "Botar lenha na fogueira." / "Sair da linha."

1 | Você sabe o que elas querem dizer?

2 | O que essas expressões têm a ver com as estradas de ferro? Justifique.

3 | Converse com seus colegas: as pessoas, hoje em dia, usam essas expressões sabendo suas origens? Você acha que é importante conhecer essas origens?

Começam as ferrovias

No século XVIII, da mesma forma como havia acontecido em relação ao aprimoramento dos motores a vapor, foi por conta do carvão que foi aperfeiçoado um antigo e interessante mecanismo: os trilhos.

No começo, usaram trilhos de madeira em túneis subterrâneos para transportar o carvão das galerias até a boca das minas. Depois, os trilhos foram utilizados na superfície da terra para transportar o carvão mineral para as fundições de ferro e para o mercado consumidor. As rodas e os trilhos eram feitos de madeira, e os carros eram puxados por animais. Essas linhas de carris ligavam as minas de carvão aos portos marítimos ou fluviais, onde o carvão era embarcado em navios e transportado até seu destino.

Carril: trilho.
Fluvial: relativo a rio.

The Bridgeman Art Library/Easypix

Trem de carga puxado por cavalos, ligando Lyon a Saint-Étienne, litografia colorida, 1829. Antes das locomotivas a vapor, os vagões eram puxados por animais. Coleção particular.

Nesse processo de adaptação, os engenheiros tiveram de aprender a fazer pontes maiores e mais resistentes, perfurar túneis, construir aterros, secar lagos e lagoas e encurtar as distâncias, procurando os caminhos mais curtos e planos que cansassem menos os animais de tração. Esses engenheiros foram os avôs das estradas de ferro.

Granger/Fotoarena

Rocket, a locomotiva desenvolvida por George Stephenson, era a mais rápida de seu tempo, atingindo a velocidade de 30 quilômetros por hora. Gravura colorida, c. 1829. Coleção particular.

A locomotiva a vapor

Com o tempo, as técnicas dos carris foram aprimoradas e as rodas e os trilhos passaram a ser de ferro. E os aprimoramentos não pararam por aí.

Vários inventores tentaram colocar um motor a vapor em um veículo para andar nos trilhos, com pouco ou nenhum sucesso. Foi só em 1828 que o engenheiro George Stephenson, depois de vários experimentos em que usou a máquina a vapor de James Watt para puxar carros em trilhos, criou uma locomotiva movida a vapor que funcionava com eficiência. Deu a ela o sugestivo nome de *Rocket*, que significa "foguete" em português. A primeira viagem da locomotiva aconteceu em 1830, entre as cidades inglesas de Liverpool e Manchester.

A partir da *Rocket*, as locomotivas que puxavam vagões de carga e de passageiros foram gradualmente aperfeiçoadas.

As estações de trem eram equipadas com grandes tanques de água, que abasteciam as caldeiras das locomotivas. Dentro das locomotivas havia um homem encarregado de alimentar com carvão o fogo que fervia a água, que se transformava em vapor.

A locomotiva a vapor e as estradas de ferro mudaram totalmente o sistema de transporte no mundo, encurtando distâncias e transportando quantidades enormes de mercadorias e pessoas. Era realmente um novo mundo, e James Watt foi um dos que contribuiu para as transformações que aconteceram.

Marc Ferrez/Instituto Moreira Salles

Maria Fumaça na Estrada de Ferro Leopoldina, província de Minas Gerais. Fotografia de Marc Ferrez, c. 1877. "Maria Fumaça" foi o nome com o qual os brasileiros batizaram a locomotiva a vapor, porque soltava rolos de fumaça pela chaminé enquanto se movia. Instituto Moreira Salles, Rio de Janeiro.

PUXANDO PELA MEMÓRIA

Após o estudo do capítulo, você manteria sua resposta à pergunta da página 44?

Créditos das imagens de baixo para cima: Ann Ronan Pictures/Print Collector/Hulton Archive/Getty Images; The Granger Collection/Glowimages; akg-images/Latinstock; akg-images/Latinstock; The Bridgeman Art Library/Easypix; The Bridgeman Art Library/Fotoarena; Time Life Pictures/Mansell/Getty Images.

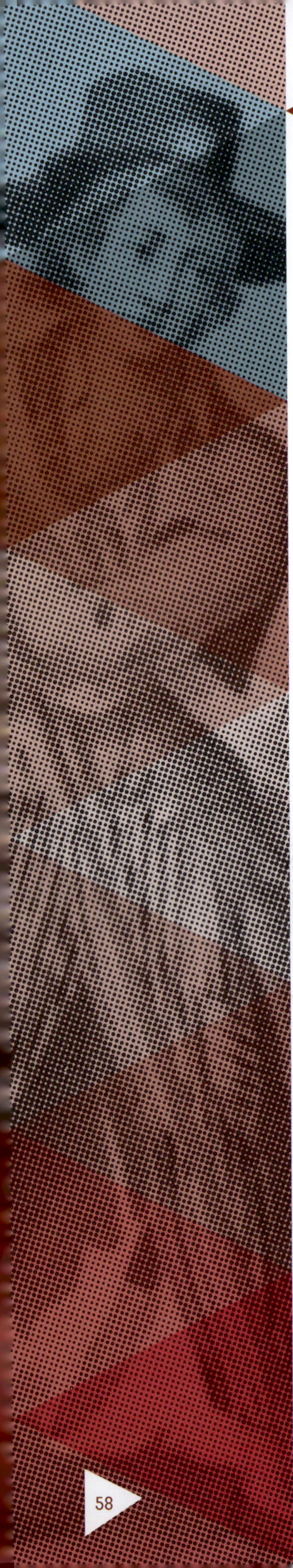

Leemage/Corbis/Getty Images

ROTEIRO DE ESTUDOS

O QUE APRENDEMOS?

1 | Que relação existe entre o carvão e a máquina a vapor?

2 | Por que foi tão importante investir em um mecanismo que retirasse com eficiência a água das minas de carvão?

3 | Como podemos associar o proletariado e as fábricas do século XIX?

4 | Quais classes sociais surgiram com a Revolução Industrial?

5 | Que explicação pode ser dada para o uso do trabalho infantil nas fábricas têxteis?

6 | Cite ao menos dois fatores que fizeram com que a Inglaterra fosse a pioneira da Revolução Industrial.

7 | O que James Watt tem a ver com a máquina a vapor?

8 | Qual é a relação entre capital e trabalho?

9 | Por que a afirmação a seguir é falsa?

A Revolução Industrial provocou um grande êxodo urbano, o que levou a uma grande concentração de pessoas na zona rural.

10 | Qual é a relação entre as riquezas minerais inglesas e a Revolução Industrial?

PESQUISA

Leia com atenção o depoimento do jornalista Richard Phillips sobre a primeira estrada feita com trilho de ferro, a Surrey Iron Railway, inaugurada em 1803. O artigo foi publicado em um jornal inglês, em 1814, portanto, bem antes da utilização das locomotivas a vapor.

> Com o emprego de carris de ferro, o esforço empregado pelos cavalos é extraordinariamente menor, com a vantagem de uma maior rapidez de movimento [...] e as fábricas [...] obtêm assim uma muito maior eficiência e lucro comercial. Com pouca despesa seria, sem dúvida, possível construir uma linha dupla para ida e volta ao longo das nossas estradas para serviço das mala-postas de Londres a Edimburgo, a Glasgow e outras cidades. Poderíamos então ver as nossas carruagens de posta correr com uma velocidade de dez milhas à hora [aproximadamente 16 km/h], puxadas por um único cavalo, ou talvez mesmo uma adaptação da máquina a vapor há pouco descoberta.

Mala-posta: carruagem usada no transporte de pessoas e encomendas.

PHILLIPS, Richard. A Morning's Walk from London to Kew. In: *The Monthly Magazine*, Londres, 1814. Disponível em: <http://hemerotecadigital.cm-lisboa.pt/OBRAS/GazetaCF/1954/N1588/N1588_master/GazetaCFN1588.pdf>. Acesso em: 7 abr. 2015. (Tradução livre dos autores.)

1 | Os carris de ferro ajudaram a melhorar os transportes. De que material eles eram feitos antes?

2 | Qual sugestão Richard Phillips faz no texto e que acabou se concretizando?

IMAGENS CONTAM A HISTÓRIA

A charge a seguir foi publicada na revista inglesa *Punch*, em 23 de setembro de 1852. Ela representa a epidemia de cólera ocorrida em Londres, em meados do século XIX. Observe-a atentamente e faça o que se pede.

- O título desta charge é *Uma corte para o rei cólera*. Em sua opinião, o que o autor quis demonstrar? Antes de responder à questão, observe novamente a imagem e procure descrever, com detalhes, as diferentes situações que se encontram representadas.

Uma corte para o rei cólera, charge de Ebenezer Landells, publicada na revista *Punch*, 1852. Coleção particular.

The Bridgeman Art Library/Fotoarena

O PASSADO PRESENTE

O carvão é um material sólido, poroso e inflamável (fácil de pegar fogo). Há dois tipos de carvão. O mais conhecido no Brasil é o carvão vegetal, obtido pela queima de madeira: é o que utilizamos em churrascos, por exemplo. O outro tipo é encontrado no subsolo e é chamado de carvão mineral.

O carvão mineral é formado por troncos, raízes, galhos e folhas de árvores que cresceram há cerca de 250 milhões de anos. O tempo e a pressão da terra que se acumulou sobre o material o transformaram em uma massa negra homogênea. Foi esse carvão, o mineral, que a Inglaterra e os demais países da Europa utilizaram para fazer funcionar suas máquinas, aquecer-se e cozinhar seus alimentos.

- Forme um grupo com seus colegas. Juntos, pesquisem qual é o tipo de carvão utilizado em grande escala atualmente no Brasil e quais impactos o meio ambiente tem sofrido por esse uso. Sugestão: com as informações obtidas, preparem um vídeo, criando uma reportagem na qual sejam apresentadas as consequências dessa prática para o meio ambiente. Combinem com o professor um dia para a apresentação dos vídeos para a turma.

Nipaporn Panyacharoen/Shutterstock

Carvão vegetal.

Small Smiles/Shutterstock

Carvão mineral.

VIVA
GUA
DAL
UPE.

The Bridgeman Art Library/Fotoarena

UNIDADE

AMÉRICAS INDEPENDENTES

VAMOS ESTUDAR

- INDEPENDÊNCIA DOS ESTADOS UNIDOS
- REVOLUÇÃO HAITIANA
- CONJURAÇÕES NO BRASIL
- GUERRAS DE INDEPENDÊNCIA NA AMÉRICA ESPANHOLA
- A CORTE PORTUGUESA NO RIO DE JANEIRO
- INDEPENDÊNCIA DO BRASIL
- A CONSTRUÇÃO DO IMPÉRIO E O PERÍODO REGENCIAL

Créditos das imagens de baixo para cima: The Bridgeman Art Library/Fotoarena; Reprodução/Museu Imperial de Petrópolis, RJ; Album Art/Latinstock.

O grito de Dolores, pintura mural de Juan O'Gorman, 1960-1962. Museu Nacional de História, Castelo de Chapultepec, Cidade do México, México.

Os movimentos de independência na chamada América Latina, no início do século XIX, foram caracterizados por guerras contra a Espanha, mas também por guerras civis. Chefes militares lutaram entre si. Brancos lutaram contra mestiços e indígenas. Grandes latifundiários lutaram contra trabalhadores sujeitos à servidão.

Esta imagem faz parte de um mural pintado por um grande artista mexicano do século XX, Juan O'Gorman. É uma celebração da independência do México com visão crítica, porque mostra a variedade de tipos sociais envolvidos nessas lutas. A figura mais destacada é a do padre Miguel Hidalgo, com uma tocha na mão, na qual está afixado um papel. Ele foi líder de um movimento popular que estourou no início das guerras de independência, em 1810. Redigiu um documento a favor dos pobres e explorados. Ganhou grande apoio dos indígenas. Foi fuzilado em 1811.

The Granger Collection, New York/Glow Images

Em Lexington (Massachusetts), em 19 de abril de 1775, tropas britânicas foram abordadas por milícias de colonos denominadas Patriotas, evento que marcou o início das guerras de Independência dos Estados Unidos. *Batalha de Lexington*, gravura colorida, autor desconhecido, 1874. Coleção particular.

CAPÍTULO 4

MOVIMENTOS DE INDEPENDÊNCIA AMERICANOS

Em fins do século XVIII, a América inglesa conquistou sua independência, tornando-se os Estados Unidos da América. Inaugurou o processo de separação entre colônia e metrópole. Depois foi a vez da colônia francesa de Santo Domingo, que se transformou no Haiti. Mas foi a partir de 1810 que a América espanhola pegou fogo: guerras de independência explodiram de norte a sul no império colonial espanhol. Chefes militares lutaram entre si. Brancos lutaram contra mestiços e indígenas, e grandes latifundiários lutaram contra trabalhadores sujeitos à servidão.

Por volta de 1825, quase nada restava das antigas colônias americanas da Espanha, que deram lugar a diversos países independentes: Equador, Bolívia, Peru, Colômbia, Argentina, Chile... Nessas guerras de libertação, grandes generais, como Simon Bolívar, San Martín e outros, se destacaram.

Vamos conhecer um pouco dessa história.

PUXANDO PELA MEMÓRIA

Hugo Chávez defendeu uma causa que chamou de "revolução bolivariana", que incluía uma política de inclusão social dos pobres. Qual a origem do termo "bolivarianismo", usado por Chávez?

Créditos das imagens de baixo para cima: Album Art/Latinstock; Reprodução/Galeria Nacional, Londres, Inglaterra; The Bridgeman Art Library/Fotoarena; Coleção particular/Instituto Peabody, Baltimore, Nova York, EUA; Reprodução/Museu Soumaya, Cidade do México, México.; The Bridgeman Art Library/Fotoarena.

1773: Em dezembro, Lei do Chá. Reação dos colonos, que, em Boston, jogam chá no mar.

Quem lutou pelas independências americanas?

Para responder a essa pergunta, é preciso mencionar alguns grandes líderes. Estes comandaram exércitos ou escreveram manifestos em que clamavam por direitos: direito à liberdade para seus povos; direito de comercializar livremente seus produtos; direito de eleger seus governantes; direito de determinar o destino de suas novas nações.

Na América do Norte, **George Washington** comandou o Exército Continental contra os ingleses em 1776; **Thomas Jefferson** redigiu a *Declaração de Independência*; e **Benjamin Franklin** negociou o Tratado de Paris, que consagrou o nascimento dos Estados Unidos da América em 1783. Não é à toa que eles são chamados de **pais fundadores** (ou *founding fathers*, em inglês).

Na América do Sul, o nome de **Simon Bolívar** é lembrado por ter comandado os exércitos que combateram os espanhóis na Venezuela, na Colômbia, no Panamá, no Equador, no Peru e na Bolívia – país cujo nome, aliás, foi escolhido em sua homenagem. Além de um grande general, Bolívar também foi um grande sonhador: idealizou a união política da América do Sul de língua espanhola. Por ter sonhado com a união do antigo império colonial espanhol em um grande país na América do Sul, é considerado o pai do **pan-americanismo**.

No Caribe francês, foi **Toussaint Louverture**, um ex-escravo que se tornou general, quem conduziu à independência uma importante ilha açucareira. Na verdade, só metade dela, a parte ocidental da ilha que hoje corresponde ao Haiti.

Reprodução/Galeria Nacional de Arte, Washington, DC, EUA.

Retrato de George Washington, óleo sobre tela de Gilbert Stuart, 1796. Nasceu no ano de 1732 em uma família proprietária de terras na Virgínia. Abandonou a escola aos 16 anos de idade para se dedicar à carreira militar. Lutou na Guerra dos Sete Anos contra os franceses e, nomeado comandante do Exército Continental, liderou a campanha contra os ingleses. Galeria Nacional de Arte, Washington, Estados Unidos.

Reprodução/Galeria Nacional, Londres, Inglaterra.

Retrato de Benjamin Franklin, óleo sobre tela de Joseph-Siffrein Duplessis, 1778. Nasceu em Boston, Massachusetts, em 1706. Foi um dos grandes iluministas da América inglesa. Fez pesquisas no campo da meteorologia e da eletricidade, em uma época em que se desconhecia a luz elétrica. Ao contrário de Washington, era abolicionista. Galeria Nacional de Retratos, Londres, Inglaterra.

Coleção particular/Instituto Peabody, Baltimore, Nova York, EUA.

Retrato de Thomas Jefferson, óleo sobre tela de Rembrandt Peale, 1800. Nasceu na Virgínia, em 1743, em uma família de fazendeiros escravistas. Grande defensor do regime republicano, via o proprietário rural como modelo de cidadão. Em relação à escravidão, dizia que ela era um "mal necessário". Coleção particular/Instituto Peabody, Nova York, Estados Unidos.

Lutas sociais na independência

Esses foram alguns dos grandes líderes que comandaram as lutas de independência nas Américas, que contaram com ampla mobilização social.

Na independência dos Estados Unidos da América (EUA), que mobilizou colonos das Treze Colônias contra o domínio britânico, o que garantiu a decisão de lutar foi a aliança estabelecida entre os comerciantes da Nova Inglaterra, Filadélfia e Nova York e os plantadores de tabaco e algodão das colônias do sul.

Na América espanhola foi a então chamada elite *criolla* que se organizou para enfrentar a metrópole: comerciantes, fazendeiros, militares descontentes. Alguns brancos, muitos mestiços.

Elite: grupo que se encontra no topo da sociedade, seja porque acumula riquezas, seja porque exerce o poder político.
***Criollo*:** palavra espanhola que designa os filhos de espanhóis nascidos na América.

No Haiti ocorreu uma aliança inédita: foram os escravos, libertos e quilombolas, que se uniram contra os brancos franceses na luta pela liberdade.

Liberdade para quem?

As independências foram muito variadas e contaram com atores diferentes e ambições distintas. O significado da ideia de liberdade, por exemplo, variou de acordo com o grupo social que liderava as lutas contra o colonizador europeu – afinal, cada grupo tinha uma motivação própria. Ainda assim, é possível afirmar que a ideia de liberdade possuía um significado comum a todos: a emancipação política – fundar um governo próprio, com gente da terra.

Nos Estados Unidos, o objetivo era reunir todas as ex-colônias inglesas da América do Norte em uma república que garantisse os direitos da maioria dos cidadãos e defendesse os interesses econômicos de comerciantes e plantadores. Os escravos continuariam escravos.

The Bridgeman Art Library/Fotoarena

Simon Bolívar em pintura de Andrew Howat, século XX. De origem aristocrata, Bolívar nasceu em 1783, na capital da atual Venezuela, Caracas. Estudou na Espanha e viajou pela França e pelos Estados Unidos depois da independência estadunidense. A partir de 1815, passou a combater as medidas absolutistas da Coroa espanhola. Comandou diversas vitórias na Venezuela, na Colômbia, no Equador e na Bolívia. Coleção particular.

1775: Em maio ocorre o Segundo Congresso da Filadélfia, que rompe com a Inglaterra.

1776: Proclamação da independência dos Estados Unidos da América.

Na América espanhola, o regime republicano foi considerado ideal. Mas de qual tipo? Uma república controlada pela elite *criolla*, com destaque para os militares, ali chamados **caudilhos**, que conduziram a guerra. Para a imensa maioria da população, sobretudo para os indígenas, tudo continuaria como antes. Eles estavam excluídos da vida política – e da ideia de liberdade dos *criollos*.

No Haiti, embora independência e abolição da escravidão tenham caminhado juntas, generais negros lutaram uns contra os outros pelo poder, chegando, alguns, a recriar uma espécie de escravidão disfarçada no país.

VOCÊ JÁ OUVIU FALAR

... que caudilho significa chefe, líder, cabeça? A palavra, que vem do espanhol *caudillo*, passou a designar, nas guerras de independência, os chefes militares dos exércitos libertadores. Ela é utilizada ainda hoje na América Latina para caracterizar governantes com grande poder pessoal.

A Revolução Americana

"Revolução Americana" é a expressão mais utilizada para designar a independência dos Estados Unidos. Mas que revolução foi essa?

Foi, antes de tudo, uma mobilização dos colonos contra diversas medidas aprovadas na Inglaterra.

Até a década de 1760, a Inglaterra havia deixado seus colonos relativamente em paz: poucos impostos, autorização para armar navios e comerciar pelos mares. Mas, terminada a Guerra dos Sete Anos contra a França, que se alastrou pelo território colonial, tudo mudou.

CÁ ENTRE NÓS

Travada entre 1756 e 1763, a Guerra dos Sete Anos ilustra a grande rivalidade entre Inglaterra e França no século XVIII. Ela foi uma guerra europeia e colonial ao mesmo tempo, com batalhas travadas na Ásia e na América do Norte.

A opressão inglesa

Nos anos seguintes, a Inglaterra decretou uma série de leis que provocaram revolta nas colônias.

- **Lei do Açúcar** (1764) – taxou a importação do melado que a Nova Inglaterra importava para produzir o rum;
- **Lei do Selo** (1765) – taxou jornais e documentos legais;
- **Lei do Aquartelamento** (1765) – obrigou os colonos a ceder suas casas para oficiais ingleses;
- **Lei Declaratória** (1766) – confirmou o direito britânico para legislar sobre os assuntos coloniais;
- **Leis Towshend** (1767) – trouxeram novos impostos sobre o chá e a produção de papel, de vidro e de chumbo;
- **Lei do Chá** (1773) – proibiu os comerciantes da América de negociar o chá importado da Índia, reservando esse comércio a uma companhia britânica da Índia.

Os colonos tentaram resolver o assunto sem romper com a Inglaterra. Mas a intolerância inglesa tornou as revoltas inevitáveis.

A revolta mais famosa foi a *Boston Tea Party* (Partido do Chá de Boston), que aconteceu em resposta à Lei do Chá, em dezembro de 1773, no porto de Boston, Massachusetts. Indignados com o monopólio concedido à Companhia das Índias Orientais, os colonos de Boston não queriam que os navios ingleses atracassem. Como não foram atendidos, revoltaram-se.

Os navios foram invadidos e o carregamento de chá foi jogado ao mar, causando enorme prejuízo. O exemplo de Boston foi seguido no sul, em Charleston, na Carolina do Sul, e em Nova York. Em represália, a Inglaterra interditou o porto de Boston. E o clima esquentou.

Reunidos no Primeiro Congresso Continental, realizado na cidade de Filadélfia, na Pensilvânia, em setembro de 1774, os representantes das colônias declararam intoleráveis os atos aprovados pelo Parlamento britânico. No Segundo Congresso Continental, em maio de 1775, novamente na Filadélfia, o fazendeiro George Washington, da Virgínia, foi nomeado comandante-geral do exército revolucionário (chamado de Exército Continental). E, em 4 de julho de 1776, aprovaram a Declaração de Independência que, redigida por Thomas Jefferson, afirmava: "Estas colônias unidas são, e de direito têm de ser, Estados livres e independentes, e toda a ligação política entre elas e a Grã-Bretanha já está, e deve estar, totalmente dissolvida".

A guerra pela independência durou até 1781, quando os ingleses se renderam ao exército colonial. Dois anos depois, pelo Tratado de Paris, a Inglaterra reconheceu a independência dos EUA, fixando-se as fronteiras da nova nação nos Grandes Lagos e na margem direita do rio Mississípi. Ao longo do século XIX, o território do país se agigantou com a expansão para o Oeste.

FIQUE DE OLHO

JUNQUEIRA, Mary. *4 de julho de 1776*: independência dos Estados Unidos da América. São Paulo: Lazuli, 2008.

Por meio de documentos de época, mapas e pinturas, entre outros recursos, este livro reconstrói e discute o processo que levou à Declaração de Independência dos Estados Unidos.

Cidadãos de Boston jogam ao mar carga de chá do navio *Darthmouth*, da Companhia das Índias Orientais Britânicas. Gravura colorida de autor desconhecido, 1789. Biblioteca do Congresso, Washington, Estados Unidos.

DOCUMENTO

A Declaração de Independência

Veja a seguir um trecho da *Declaração de Independência* dos Estados Unidos da América (1776).

Quando, no Curso dos acontecimentos humanos, torna-se necessário a um povo dissolver os laços políticos que o ligam a outro e assumir, entre os poderes da Terra, situação independente e igual a que lhe dão direito as Leis da Natureza e de Deus, o correto respeito às opiniões dos homens exige que se declarem as causas que o levam a essa separação.

Consideramos estas verdades evidentes por si mesmas, que todos os homens são criados iguais, que são dotados pelo Criador de certos direitos inalienáveis, que entre estes estão a Vida, a Liberdade e a busca da Felicidade.

Que para garantir esses direitos são instituídos entre os Homens Governos que derivam os seus justos poderes do consentimento dos governados; que toda vez que uma Forma qualquer de Governo ameace destruir esses fins, cabe ao Povo o Direito de alterá-la ou aboli-la e instituir novo Governo, assentando sua fundação sobre tais princípios e organizando-lhe os poderes da forma que pareça mais aprovável de proporcionar Segurança e Felicidade. A Prudência, na verdade, aconselha que não se mudem, por motivos superficiais e passageiros, os Governos há muito instituídos; e, da mesma forma, a experiência mostra que os seres humanos estão mais dispostos a sofrer enquanto os males são suportáveis do que a buscar justiça abolindo as formas a que se acostumaram. Mas quando uma longa série de abusos e usurpações perseguindo invariavelmente o mesmo Objeto revela um propósito de submetê-los ao Despotismo absoluto, cabe-lhes o direito e o dever de destituir tais Governos e instituir novos Guardiões para a sua futura segurança. [...]

DRIVER, S. Schwartz. *A Declaração de Independência dos Estados Unidos*. Rio de Janeiro: Jorge Zahar, 2006. p. 53.

Com base na leitura desse trecho, converse com seus colegas a respeito das questões que seguem.

1 | Quais são os principais direitos do homem destacados pelos representantes das Treze Colônias?

2 | Por que os líderes da independência estadunidense consideravam ser seu direito e dever abolir o governo britânico nas colônias e instituir um governo próprio, autônomo e soberano? Cite fatos históricos que comprovam a disposição de lutar pela independência.

3 | Considerando o texto da Declaração, é possível caracterizar os líderes da independência como políticos radicais? Consideravam eles que os governos deviam ser logo depostos quando passavam a desagradar os governados?

A Revolução do Haiti

A colônia francesa de Saint-Domingue era a principal produtora de açúcar das Américas no século XVIII. Dos 800 mil habitantes da ilha, 85% eram escravos; os franceses, raros, eram comerciantes, senhores de escravos e administradores de engenho; e os mulatos livres, somados aos africanos libertos, ali chamados de *affranchis*, chegavam a cerca de 30 mil.

Saint-Domingue vivia em permanente estado de tensão. As rebeliões e as fugas de escravos eram frequentes. Os mulatos e libertos, que controlavam um terço dos negócios da ilha, desejavam igualdade política com os franceses. E os poucos franceses ali residentes viviam espremidos entre esses dois grupos. A colônia era um verdadeiro barril de pólvora. Bastava acender o pavio para explodi-lo.

FIQUE DE OLHO

MILANI, Aloísio. A Revolução Negra. Em: *Revista História Viva*, n. 51, jan. 2008.

Breve artigo sobre a única rebelião de escravos bem-sucedida nas Américas.

Affranchi: palavra francesa que, nesse contexto, significa escravizado liberto, alforriado.

Impacto da Revolução Francesa

A Revolução Francesa, iniciada em 1789, "acendeu o pavio".

Em 1790, mulatos e libertos se levantaram contra os brancos pelo direito de enviar representantes à Assembleia Francesa. Vincent Ogé liderou a luta, mas os brancos abortaram o movimento. Ogé foi executado. No ano seguinte, foi a vez de escravos e quilombolas se levantarem contra os brancos.

Na França, dilacerada pela Revolução, os franceses não sabiam o que fazer com a colônia. Como temiam que a Inglaterra apoiasse os rebeldes para tomar a ilha, enviaram um exército de 6 mil homens para sufocar o levante de 1791. A primeira vitória dos revolucionários de Saint-Domingue coube aos negros e mulatos livres, cujos direitos de cidadania foram reconhecidos pelo governo jacobino francês. Mas a guerra continuava a correr solta na ilha.

O clima esquentou em fevereiro de 1794, quando a Convenção da França revolucionária, dirigida por Robespierre, aboliu a escravidão nas colônias francesas. Cumprindo ordens, portanto, o general que comandava o exército francês na ilha mudou de lado. Em vez de combater os quilombolas, passou a recrutá-los para a luta contra o novo inimigo em comum: os brancos que defendiam a escravidão.

Saint-Domingue, palco da revolução haitiana

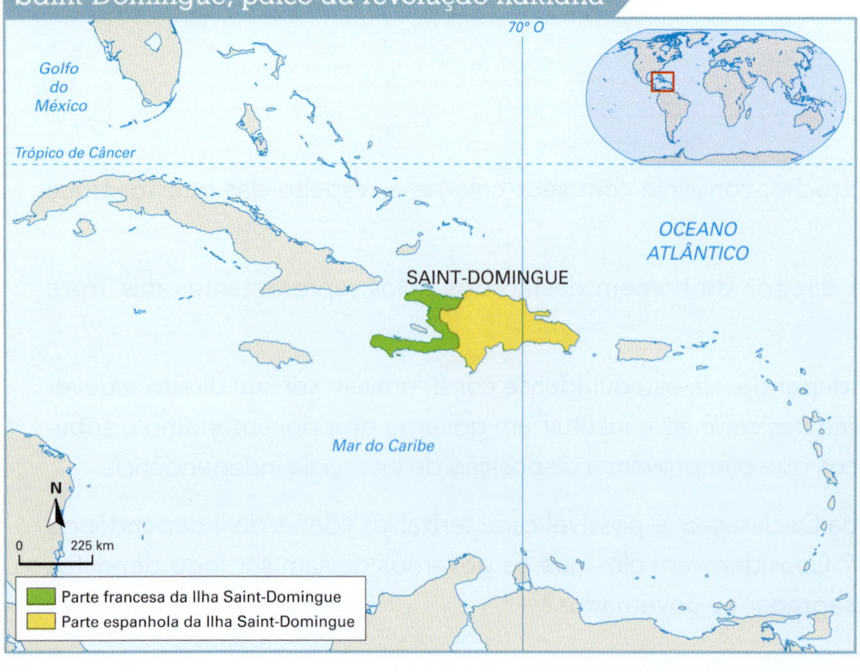

Ericson G. Luciano/Arquivo da editora

Fonte: elaborado com base em CALDINI, Vera; ÍSOLA, Leda. *Atlas geográfico Saraiva*. São Paulo: Saraiva, 2013. p. 102.

Toussaint Louverture

Toussaint Louverture nasceu em 1743 na plantação de Breda, localizada no Haiti atual. Muitos historiadores dizem que seu pai era filho de um soberano da África Ocidental, de uma região que hoje corresponderia ao Benin, capturado nas guerras africanas e vendido na ilha. Outros dizem que seu pai era um escravo de nome Pierre Baptiste.

Toussaint conseguiu sua alforria e foi educado pelos jesuítas, tornando-se católico devoto. Trabalhou como transportador e acumulou recursos suficientes para comprar uma plantação. Chegou a ter doze escravos. Ingressou nas milícias coloniais, fazendo carreira militar. Quando o governo francês da Convenção proclamou a abolição da escravidão nas colônias, em fevereiro de 1794, Toussaint foi nomeado general do exército que deveria combater os escravistas.

Mais tarde, em 1801, preparou a Constituição de um novo país sem escravidão. Mas Napoleão, que já governava a França, recusou a independência, além de restaurar a escravidão.

CÁ ENTRE NÓS

O vodu era a religião mais difundida entre os africanos de Saint-Domingue. Sua origem remete à religião dos grupos fon do Daomé. Nela, os deuses são chamados de *loas* e organizados em famílias de divindades. A família dos Ogou, por exemplo, inclui Papa Ogou, que é general, Ogou Ferraille, o protetor dos soldados, Ogou Ashadé, mestre das plantas medicinais, entre outros. Pouco antes da rebelião de quilombolas e escravos, os tambores do vodu ecoavam na ilha. Os franceses tinham pavor do vodu.

Convocação de Toussaint Louverture para a luta

Em discurso de 29 de agosto de 1793, o comandante negro do exército revolucionário afirmou: "Irmãos e amigos. Sou Toussaint Louverture; talvez o conhecimento do meu nome vos tenha chegado. Iniciei a vingança de minha raça. Quero que a liberdade e a igualdade reinem em Saint-Domingue. Trabalho para que elas existam. Uni-vos, irmãos, e luteis comigo pela mesma causa. Arranqueis comigo, de raiz, a árvore da escravidão".

Quilombolas, libertos e escravos da ilha ouviram seu chamado e se lançaram à guerra contra o exército francês.

Foi nesse contexto que os espanhóis entraram em cena, mandando reforços para ajudar os franceses que defendiam a escravidão. Temiam que a rebelião do Haiti se alastrasse pela parte espanhola da ilha.

Louverture continuou a liderar a luta contra os escravistas, mas permaneceu leal à França, sem proclamar a independência da colônia.

AKG-images/North Wind Picture Archives/Album/Fotoarena

Toussaint Louverture, gravura de John Kay, 1805. Embora tenha sido senhor de escravos, Toussaint abriu mão de tudo e lutou com bravura pela liberdade dos escravos e pela independência da ilha que viria a ser chamada de Haiti em 1804. Coleção particular.

1803: Morte de Toussaint Louverture. Capitulação dos franceses no Haiti.

1804: Independência do Haiti.

The Bridgeman Art Library/Fotoarena

Guerra pela libertação do Haiti, gravura de Alfred Martinet, século XIX. Nessa representação, soldados franceses tentam conquistar o monte Três Palmeiras, enfrentando forte resistência do exército negro. Biblioteca Nacional da França, Paris.

Independência e liberdade

Em 1802, a França influiu outra vez nos acontecimentos da colônia. Napoleão decretou a restauração da escravidão e enviou o general Charles Leclerc, com um exército de 60 mil homens, para restabelecer a ordem na ilha. A luta dos africanos se radicalizou. Passaram a lutar não só pela liberdade, contra a escravidão, mas também pela independência da colônia.

Toussaint rompeu com a França e liderou a luta pela emancipação política. Capturado na guerra, ele foi logo enviado à França, onde morreu de pneumonia na prisão, em 1803. Na ilha, ele foi substituído por grandes chefes quilombolas: Dessalines, Pétion, Christophe – e a guerra continuou. Os franceses não aguentaram.

O Haiti se tornou independente da França em 1804 – tornando-se também a primeira república negra das Américas.

O SEU LUGAR NA HISTÓRIA

O Brasil é rico em manifestações religiosas de origem africana. Indique um local de religião afro-brasileira no seu município: um terreiro ou uma casa de santo. Identifique o tipo de culto que é ali praticado.

FIQUE DE OLHO

BARBOSA, Alexandre. *A independência dos países da América Latina*. São Paulo: Atual, 1997.

Este livro traz uma visão panorâmica dos movimentos de independência latino-americanos, mostrando a permanência de vínculos coloniais nas diversas sociedades.

Revoluções na América Espanhola

As tensões sociais na América espanhola também cresceram no século XVIII: havia disputas no interior dos grupos dominantes e explodiam revoltas dos grupos dominados contra a opressão colonial.

Tensões e rebeliões

No topo da sociedade, a elite *criolla* desafiava os espanhóis, chamados **peninsulares** (por terem nascido na península Ibérica), pois desejava participar do poder controlado por eles.

Na base social, explodiam revoltas contra a opressão colonial, os impostos, os trabalhos forçados. Eram os indígenas, nesse caso, que desafiavam o poder da Espanha e da própria elite local, que explorava os nativos desde o início da colonização.

A maior rebelião indígena ocorreu no Peru, em 1780, liderada por José Gabriel Condorcanqui, um chefe de aldeia prestigiado por defender os indígenas dos trabalhos forçados. Gabriel dizia ser descendente do último soberano inca, Tupac Amaru, executado em 1572. Prometendo restaurar o antigo Império Inca, passou a usar o nome de Tupac Amaru, como ficou mais conhecido.

O novo Tupac Amaru lançou um numeroso exército indígena contra os espanhóis e *criollos* em toda a região andina. Apesar disso, foi capturado.

Tupac Amaru foi cruelmente executado em 18 de maio de 1781 na praça central de Cusco, capital do antigo Império Inca. Depois que lhe arrancaram a língua, ataram seus membros (braços e pernas) a quatro cavalos, cada qual puxando para um lado diferente. Foi desmembrado em vida. Por fim, cortaram-lhe a cabeça. As partes do rebelde foram espalhadas para exibição pública nas regiões do Peru onde havia rebeliões indígenas.

A execução de Tupac Amaru. Autoria desconhecida. Museu Histórico Regional de Cusco – Casa Garcilaso, Peru.

Aurora das independências

Aurora é o nome que se dá ao nascer do sol. E foi o que aconteceu na América espanhola por volta de 1810, quando surgiram os primeiros movimentos de emancipação: uma aurora das independências.

A França revolucionária teve novamente um papel importante nesse contexto. Era tempo de Napoleão, você se lembra? Em 1808, ele invadiu a península Ibérica e destronou o rei, colocando seu irmão, José Bonaparte, no trono espanhol. Os espanhóis reagiram, instalando um governo de resistência em Cádiz, no extremo sul da península. Um governo que não mandava na Espanha, muito menos nas colônias.

E como os espanhóis e *criollos* da América reagiram a tudo isso? No início, agiram com prudência, declarando-se leais ao governo de Cádiz. Mas, já em 1810, começaram as desavenças entre os burocratas espanhóis e os chefes locais. As câmaras municipais, chamadas *cabildos*, foram o foco de resistência dos *criollos*, de onde partiu, em muitos casos, a proclamação das independências.

As elites locais logo perceberam que a independência poderia ser rentável para elas. Uma vez independentes, teriam o direito de vender seus produtos a quem quisessem, e poderiam comprar os produtos europeus do país que os vendesse mais barato. E qual seria esse país? A Inglaterra, é claro.

A partir de 1808, navios ingleses iam e vinham da América livremente. Reagindo ao Bloqueio Continental que Napoleão impusera à Inglaterra na Europa, os ingleses passaram a controlar o comércio com a América espanhola.

As guerras de 1810

No Vice-Reinado do Rio da Prata, berço da futura Argentina, a independência foi proclamada em 1810, na chamada **Revolução de Maio**. No Vice-Reinado de Nova Granada, futura Colômbia, e na Capitania Geral da Venezuela, Simon Bolívar avançou com seu **Exército Libertador**. No Vice-Reinado da Nova Espanha, base do futuro México, levantes populares deram início à independência.

A Espanha enfrentou a crise afrouxando o controle das colônias e permitindo aos *criollos* que ocupassem cargos políticos no governo colonial. Na Espanha, uma assembleia foi convocada em Cádiz, no ano de 1810, para dar à monarquia um regime constitucional – acabando, assim, com o absolutismo. Uma Constituição foi aprovada em 1812. Mas que poder tinha o governo de Cádiz então? Quase nenhum.

Tudo mudou em 1813, quando os espanhóis expulsaram os franceses do país, ajudados por exércitos ingleses e portugueses. Fernando VII reassumiu a coroa e, no ano seguinte, aboliu a Constituição recém-aprovada. Ele desejava, claro, restaurar o absolutismo e também os monopólios coloniais.

Sua decisão, porém, mostrou-se desastrosa: as independências avançaram ainda mais.

Com a derrota de Napoleão na Europa e a formação da Santa Aliança no Congresso de Viena, Fernando VII ganhou fôlego e declarou-se contra qualquer emancipação das colônias. Mas não aguentou a oposição dos liberais, que impuseram outra vez a Constituição em 1820.

Triunfo das independências

As independências continuaram a avançar, cada uma a sua maneira. Em alguns casos, foram movimentos liberais contra os monopólios comerciais da metrópole. Em outros, pelo contrário, foram reações conservadoras à revolução liberal da Espanha.

1815: Congresso de Viena. **1816:** Proclamada a independência das Províncias Unidas do Prata (Argentina). **1818:** Independência do Chile.

No México, por exemplo, onde as elites temiam que o liberalismo contagiasse o povo, foi assim. Na verdade, elas estavam receosas de uma revolta parecida com aquela liderada por Miguel Hidalgo, reprimida a duras penas em 1811.

O México só se tornou independente em 1821. Em 1822, o país adotou o sistema monárquico de governo, mas este não durou mais que um ano.

No Peru e na Bolívia, as elites regionais temiam que os nativos entendessem o liberalismo como sinônimo de liberdade social – afinal, a rebelião de Tupac Amaru ainda estava fresca em sua memória. Só aceitaram a independência – no Peru, em 1824, e na Bolívia, em 1825 – quando foram derrotadas por exércitos libertadores vindos de outros países latino-americanos.

Triunfavam os movimentos de independência nas colônias espanholas da América do Sul.

OUTRAS HISTÓRIAS PERSONAGENS

Miguel Hidalgo

Nascido em 1753 em uma fazenda mexicana e educado pelos jesuítas, Miguel Hidalgo estudou latim, francês e diversas línguas indígenas. Devido a sua inteligência, ganhou o apelido de "raposa". Tornou-se padre aos 25 anos.

Quando tinha cerca de 40 anos, tornou-se diretor de uma importante escola do Vice-Reino da Nova Espanha e passou a estudar as ideias liberais.

Era um homem sensível às condições de vida dos trabalhadores, sobretudo dos indígenas.

Em 1810, liderou uma grande revolta pela independência do México. Capturado no mesmo ano, foi fuzilado em julho de 1811.

Padre Hidalgo, em pintura de Jesús de la Helguera (detalhe), 1959. Padre Hidalgo é considerado, no México, o **pai da pátria**. Museu Soumaya, Cidade do México, México.

- Na imagem acima, padre Hidalgo empunha uma bandeira revolucionária. Em sua opinião, o símbolo da bandeira é um símbolo liberal ou tradicional? Por quê? Converse com seus colegas a respeito.

A HISTÓRIA NÃO ESTÁ SOZINHA

Geografia

A Geografia possui uma especialidade que trata da política, em particular das estratégias territoriais dos Estados nacionais. Chama-se **Geopolítica**.

A desagregação do império hispano-americano resultou na formação de diversos países independentes. Os mapas abaixo indicam os países que surgiram dos Vice-Reinados da América Espanhola, como resultado das guerras de independência. O Vice-Reinado da Nova Espanha, independente em 1821, que englobava o México e a América Central, deu origem ao México e às Províncias Unidas da América Central. Essas Províncias também se dividiram, entre 1829 e 1841, dando origem a pequenos países: Guatemala, Honduras, Costa Rica, El Salvador e Nicarágua.

Uma Junta Governativa proclamou a independência da Venezuela, consolidada em 1821.

A Colômbia foi o país criado no lugar do Vice-Reinado da Nova Granada, cuja independência foi proclamada em 1810 e confirmada em 1819.

Entre 1820 e 1825 foram consolidadas as independências do Equador, do Peru e da Bolívia. No Chile, sob a liderança de *criollos*, a independência ocorreu mais cedo, em 1818.

No Vice-Reinado do Rio da Prata, a Argentina proclamou a independência em 1810 e a consolidou em 1816. O Paraguai separou-se em 1811. O território da Cisplatina, atual Uruguai, foi disputado pela Argentina e pelo Brasil até 1828, quando se tornou independente por arbitragem da Inglaterra.

Cisplatina: em relação ao Brasil, significa "aquém, antes do rio da Prata".

Mapas: Ericson G. Luciano/Arquivo da editora

Vice-Reinados na América espanhola

Fonte: elaborado com base em VICENTINO, Cláudio. *Atlas histórico geral e do Brasil.* São Paulo: Scipione, 2011. p. 123.

América espanhola: países independentes no século XIX

Fonte: elaborado com base em VICENTINO, Cláudio. *Atlas histórico geral e do Brasil.* São Paulo: Scipione, 2011. p. 127.

- A Espanha perdeu quase todo o seu império colonial na América, mas não todo. Pesquise que colônias a Espanha conservou no século XIX depois das independências americanas.

1821: Independência do México e do Peru.
Libertação da Venezuela.

1822: Libertação do Equador. Independência do Brasil.
Reunificação do Haiti.

Qual a razão para tantos países?

Na seção anterior, "A História não está sozinha", você viu uma série de datas e nomes de países. Mas não é preciso memorizar tudo isso. O importante é observar a nova geopolítica da América espanhola, com o fracionamento do antigo império colonial em diversos países republicanos, onde a independência foi liderada por vários caudilhos regionais.

Depois da independência

A história dos países latino-americanos logo após a independência foi marcada por guerras de todo tipo: disputas pessoais pelo governo, dilemas sobre se as repúblicas deveriam centralizar ou não o poder ou se deveriam ou não abocanhar pedaços de outros países.

Pan-americanismo bolivariano

Apesar da desintegração territorial, houve uma tentativa de unificar os territórios da antiga América espanhola.

O autor da ideia foi Simon Bolívar, que chamou o novo país de Grã-Colômbia, composta de Colômbia, Venezuela, Peru, Equador e Bolívia. E ainda considerou a inclusão dos países da América Central e do México.

O pan-americanismo foi um fracasso total. As lideranças dos países recém-independentes queriam, sobretudo, conservar o poder que haviam conquistado em cada guerra regional. O plano de Bolívar não saiu do papel.

AO MESMO TEMPO

Congresso do Panamá

Em 1826, representantes de vários países interessados no plano de Bolívar se reuniram no Panamá. Esse congresso, considerado a primeira manifestação de pan-americanismo no continente, fracassou e a união logo se desfez, em 1831.

- A base territorial da Grã-Colômbia incluía a própria Colômbia, a Venezuela e o Equador. Qual é a capital de cada um desses países na atualidade?

Grã-Colômbia

Fonte: elaborado com base em VICENTINO, Cláudio. *Atlas histórico geral e do Brasil.* São Paulo: Scipione, 2011. p. 127.

Repúblicas liberais ou conservadoras?

Album Art/Latinstock

Bolívar, saudado até hoje como "Libertador". Óleo sobre tela de artista anônimo, século XIX. Coleção Oswaldo Viteri, Equador.

Como vimos, pouca coisa mudou na vida dos trabalhadores, dos indígenas e dos mestiços pobres depois da independência. O liberalismo dos "libertadores" se reduzia a defender a liberdade de comércio e a autonomia política de seus países.

Vejamos o exemplo de Simon Bolívar. Em um discurso de 1819, ele disse que os governos deveriam ser ocupados pelas "classes decentes", ou seja, pelos proprietários de terras e comerciantes ricos. Trabalhadores e pobres deveriam ser excluídos da política e não deveriam ter nem mesmo o direito de voto.

Simon Bolívar viveu tempo suficiente para perceber que os países sul-americanos jamais ficariam unidos. Morreu em 1830, de tuberculose (que era, então, uma doença fatal). No leito de morte, mandou um ajudante queimar todos os seus documentos, incluindo cartas e discursos. Se o ajudante cumprisse essa ordem, o que não fez, o estudo da história latino-americana sofreria um duro golpe.

Bolívar foi um grande líder político das guerras de independência, mas um líder que nada tinha a ver com a defesa do povo e de seus direitos políticos.

Tuberculose: doença pulmonar causada por uma bactéria chamada bacilo de Koch.

Miséria no Haiti

No Haiti, a independência veio com a abolição da escravidão. Mas a liberdade e a paz, não.

Os generais quilombolas que passaram a lutar entre si dividiram em dois o minúsculo país, que já ocupava apenas a metade da ilha de Santo Domingo.

O general Dessalines liderou a república e tentou facilitar o acesso dos ex-escravos e quilombolas à propriedade da terra. Sonhava com uma república camponesa. Foi assassinado por chefes quilombolas rivais, em 1806.

No norte, o general Henri Cristophe instaurou uma monarquia e se fez coroar rei. Adotou costumes dos reis franceses e impôs à população regimes de trabalho que lembravam muito a escravidão. Pressionado por todos, matou-se em 1820.

Toussaint Louverture, o primeiro grande líder da revolução haitiana, não viveu o suficiente para ver seus generais disputarem o poder na ponta da faca, dilacerando o país que já era pequeno. Toussaint não viu sequer o Haiti se tornar independente em 1804.

O Haiti se reunificou em 1822, mas perdeu todo o seu vigor econômico. Hoje é considerado o país mais pobre da América.

O gigante da América do Norte

Qual gigante? Os Estados Unidos da América.

O país aprovou sua Constituição em 1787, instituindo uma república federativa, com equilíbrio entre o poder central e os governos estaduais. Não demorou muito para que o governo dos EUA promovesse uma grande expansão territorial, como você pode observar no mapa a seguir.

Em 1823, o presidente James Monroe proclamou uma doutrina que levou seu nome, ficando conhecida como Doutrina Monroe. Ela pode ser resumida em uma frase: "A América para os americanos". Seu objetivo geral era impedir que os países europeus se intrometessem nas independências dos países americanos. Mas seu objetivo específico era defender a expansão estadunidense para o Oeste, mesmo que à custa da independência de outros países, como o México. Quem pagou o maior preço por essa expansão, contudo, foram os nativos da América do Norte: eles foram massacrados durante todo o século XIX.

E os pais fundadores?

Os pais fundadores não viveram para ver a expansão do gigante.

George Washington foi o primeiro presidente eleito dos Estados Unidos, em 1789, e morreu dez anos depois, aos 67 anos.

Thomas Jefferson foi o terceiro presidente estadunidense, eleito em 1803. Como morreu apenas em 1826, aos 83 anos de idade, Jefferson foi o único que conseguiu testemunhar os primeiros momentos da expansão territorial do país.

Benjamin Franklin, embora tenha vivido mais do que os outros, foi o que morreu mais cedo, em 1790, aos 84 anos. Após a independência, ele foi embaixador dos Estados Unidos na França. Ao regressar, dedicou-se à causa da abolição da escravidão.

Dos três fundadores citados, Franklin, o cientista que observava as estrelas, foi o mais apegado ao valor da liberdade, porque condenou a escravidão dos africanos e de seus descendentes.

Para homenagear alguns de seus presidentes, os estadunidenses esculpiram no monte Rushmore, no estado de Dakota do Sul, os rostos de Washington, Jefferson, Roosevelt e Lincoln. Fotografia de 2018.

Patrick Gorski/NurPhoto/Agência France-Presse

PUXANDO PELA MEMÓRIA

Após o estudo do capítulo, você manteria sua resposta à pergunta da página 62?

Créditos das imagens de baixo para cima: Album Art/Latinstock; Reprodução/Galeria Nacional, Londres, Inglaterra; The Bridgeman Art Library/Fotoarena; Coleção particular/Instituto Peabody, Baltimore, Nova York, EUA; Reprodução/Museu Soumaya, Cidade do México, México.; The Bridgeman Art Library/Fotoarena; Florian Kopp/ImageBroker/Glow Images

ROTEIRO DE ESTUDOS

O QUE APRENDEMOS?

1 | Cite um exemplo das medidas inglesas que levaram os colonos da América do Norte a declarar sua independência em 1776.

2 | "Estas colônias unidas são, e de direito têm de ser, Estados livres e independentes". Essa frase é parte do documento fundador dos Estados Unidos da América. Que documento é esse?

3 | É correto afirmar que a independência do Haiti foi a mais radical de todas as independências ocorridas na América? Justifique.

4 | A Grã-Colômbia, base do pan-americanismo idealizado por Simon Bolívar, pretendia unificar todo o território americano de língua espanhola. Verdadeiro ou falso? Explique.

5 | É correto dizer que a independência dos países da América espanhola foi socialmente conservadora? Justifique sua resposta.

6 | Qual foi a importância de Tupac Amaru para os movimentos de independência na América espanhola?

7 | O que Toussaint Louverture tem a ver com a independência do Haiti?

8 | Qual é a relação entre a Revolta do Chá e a independência dos Estados Unidos da América?

9 | Por que a afirmação a seguir é falsa?

Os movimentos de independência na América espanhola resultaram na unificação da América espanhola em um só país.

10 | Por que a conquista britânica do território entre a Terra Nova e o Lago Superior, na região dos Grandes Lagos, foi importante para a independência dos EUA?

PESQUISA

O escritor afrodescendente Aimé Césaire, grande poeta e dramaturgo nascido na ilha da Martinica, lançou, em 1963, uma peça intitulada *A tragédia do Rei Cristophe*. O protagonista da trama é Henri Cristophe, um dos principais generais do exército revolucionário na guerra de independência, que se tornou rei do Haiti em 1811.

1 | Quem foi o rei Cristophe?

2 | Por que sua história foi trágica, como indica o título da peça de Aimé Césaire?

Henri Christophe, rei do Haiti. Litografia do século XIX. Museu do Brooklyn, Nova York, Estados Unidos.

IMAGENS CONTAM A HISTÓRIA

Diego Rivera foi um grande artista mexicano do início do século XX, sempre muito sensível à vida das classes populares.

A imagem ao lado é um detalhe de um dos murais que ele pintou para a série "História de Cuernavaca e Morelos".

- Descreva a cena e, depois de trocar ideias com os colegas, responda à pergunta: o que a independência trouxe de novo para as classes populares latino-americanas?

The Bridgeman Art Library/Fotoarena

Detalhe de *História de Morelos, Conquista e revolução*, mural de Diego Rivera, 1930-1931. Museu Regional de Cuernavaca "Palácio de Cortés", Cuernavaca, México.

O PASSADO PRESENTE

Apesar da revolução, os generais haitianos fracassaram no governo do país. Lutaram entre si e ainda foram boicotados pelas monarquias europeias. Ao longo do século XIX, herdeiros das antigas lideranças governaram o Haiti interessados apenas na riqueza pessoal. No início do século XX, a economia haitiana passou a ser controlada por companhias estadunidenses produtoras de bananas.

A fome e a miséria do povo já marcavam a sociedade haitiana antes mesmo do terremoto de 2010, que só agravou a situação. Cerca de 80% da população vive abaixo da linha de pobreza. O desemprego gira em torno de 70% e a criminalidade é altíssima. As companhias estadunidenses controlam 90% das exportações.

Em 1994, Caetano Veloso lançou a música *Haiti*, composta em parceria com Gilberto Gil. O refrão é:

> O Haiti é aqui / O Haiti não é aqui.
>
> Haiti, de Caetano Veloso e Gilberto Gil. In: VELOSO, Caetano; GIL, Gilberto. *Tropicália 2*. WEA, 1993.

- Na sua opinião, o que os autores da música quiseram dizer no refrão "O Haiti é aqui / O Haiti não é aqui"?

Florian Kopp/ImageBroker/Glow Images

Distribuição de alimentos para as vítimas do terremoto que ocorreu no país em janeiro de 2010. Distrito de Croix-des-Bouquets, Haiti.

Vista da cidade de São Salvador, Bahia, em 1832, palco da revolta conhecida como Conjuração Baiana ou dos Alfaiates. Litografia de Thomas Abiel Prior a partir de desenho de Augustus Earl, 1839. Coleção particular.

CAPÍTULO 5

REBELIÕES E CONJURAÇÕES NO BRASIL

No dia 8 de novembro de 1799, na Praça de Nossa Senhora da Piedade, na cidade de São Salvador, capitania da Bahia, foram enforcados quatro homens, acusados de conspirar contra a Coroa portuguesa. Um deles era Luís Gonzaga das Virgens, de 38 anos.

Ele era neto de uma escrava, mas seu pai era português. Foi soldado do exército colonial, na Bahia. Sabia ler e escrever, conhecimento raro na época, até mesmo para os mais enriquecidos.

Luís Gonzaga participou da conspiração que foi chamada pelos historiadores de Inconfidência ou Conjuração Baiana ou dos Alfaiates, ocorrida em 1798.

Essa não foi a primeira revolta ocorrida enquanto o Brasil era colônia de Portugal nem muito menos a única. Vamos conhecer algumas delas e suas principais diferenças.

PUXANDO PELA MEMÓRIA

As frases atribuídas a Luís Gonzaga das Virgens se referiam a um movimento ocorrido na Europa. Mas também seus objetivos estavam relacionados a um outro acontecimento, só que na América. Você sabe quais eram essas referências na Europa e na América?

Créditos das imagens de baixo para cima: Reprodução/Palácio Nacional de Queluz, Sintra, Lisboa, Portugal.; Reprodução/Coleção particular; Reprodução/Casa da Moeda do Brasil/Ministério da Fazenda; Reprodução/IGHB - Instituto Geográfico e Histórico da Bahia, BA.; Reprodução/Museu da Cidade do Recife, PE.; Reprodução/Arquivo da editora

Definindo os termos

Termos como "liberdade", "igualdade" e "fraternidade" estavam em alta na época em que Luís Gonzaga viveu. Eram os lemas da Revolução Francesa, vitoriosa em 1789, movimento que abalou o absolutismo real e criou a forma de cidadania que até hoje conhecemos: a de que todos os indivíduos são iguais.

Revoltas, sedições, inconfidências e conjurações são expressões que indicam movimentos com o objetivo de lutar contra uma ordem estabelecida. Na época, a ordem estabelecida no Brasil era a da Coroa portuguesa, com regime monárquico e absolutista. Assim, homens foram punidos por crime de "lesa-majestade", ou seja, contra o rei ou a sua autoridade.

Revolta: levantamento, perturbação da ordem doméstica, política.

Sedição: alteração popular, rebelião contra o poder legítimo, contra o Governo, revolta, desunião, bando contra o chefe, motim.

Inconfidência: falta de fé, ou da fidelidade devida ao príncipe [príncipe no sentido de "primeira cabeça", "senhor", "rei"].

Conjuração: união de pessoas que se prestaram à fé de concorrer para algum mal público, contra o príncipe, a pátria.

O SEU LUGAR NA HISTÓRIA

Em seu município ou estado houve algum movimento sedicioso, seja de grupos de elite, de populares ou de soldados, no período em que o Brasil era colônia de Portugal?

As revoltas fiscais no período colonial do Brasil

Foram muitas as revoltas coloniais no Brasil entre os séculos XVII e XVIII. Em quase todas elas os envolvidos se rebelaram contra a cobrança de impostos, em especial quando havia possibilidade de mudança na forma da arrecadação ou de que as taxas fossem aumentadas.

O Brasil foi mais do que tributado pela metrópole portuguesa. Havia imposto para tudo. Os senhores de engenho pagavam até para encaixotar o açúcar; o vinho era taxado; a cachaça era taxada; o gado era taxado; para tudo se pagava imposto. Nas Minas Gerais, por exemplo, chegaram a existir mais de 80 impostos. A população, entretanto, nunca se acomodou. Reclamou bastante e, algumas vezes, se organizou na forma de revoltas.

FIQUE DE OLHO

O *site* Impressões rebeldes apresenta resumos, textos e documentos sobre dezenas de revoltas, motins, rebeliões, guerras, levantes, sublevações, conjurações, etc., em várias partes do Brasil colonial, entre os anos de 1540 e 1822.

Disponível em: <http://www.historia.uff.br/impressoes rebeldes/?page_id=4>. Acesso em: 12 jul. 2018.

Rio de Janeiro

Foi o caso da revolta ocorrida no Rio de Janeiro, apelidada de Revolta da Cachaça. A fabricação e a comercialização da bebida haviam sido proibidas pela Coroa portuguesa em 1654 para atender aos interesses da Companhia Geral de Comércio do Brasil, que pretendia substituir a cachaça pelo vinho português.

Em 1660, os vereadores decidiram ir contra a ordem real e votaram a favor do retorno da fabricação. O governador da capitania, Salvador Corrêa de Sá e Benevides, executou a decisão da Câmara, mas aproveitou para taxar essa produção sem consultar a Câmara dos vereadores. Essa situação foi a gota d'água no conjunto de insatisfações bem mais antigas. Afinal, muitos achavam que há anos ele pegava grande parte do dinheiro dos impostos para seu próprio enriquecimento e dos seus familiares.

CÁ ENTRE NÓS

A Companhia Geral de Comércio do Brasil foi criada em 1649. Pelo prazo de 20 anos, ela seria a única que poderia negociar vinho, azeite, farinha de trigo e bacalhau para o consumo do Estado do Brasil. Para que os habitantes consumissem o vinho português comercializado pela Companhia, uma carta régia de 1654 proibiu a produção e comercialização de aguardente, vulgarmente conhecida como cachaça, gerando grande insatisfação nos proprietários de engenho.

Em novembro de 1660, soldados, senhores de engenho e agregados ocuparam a Câmara Municipal, cercaram as igrejas e tocaram o sino, entoando as palavras "Liberdade" e "Viva a Vossa Majestade". Aproveitaram-se da ausência do governador, que estava em São Paulo, criaram um novo governo e, por seis meses, a cidade foi dominada por seus moradores, sem consentimento do rei.

Salvador Correia de Sá era homem acostumado com guerras e conseguiu retomar o governo, ajudado por tropas de São Paulo, da Bahia e da armada portuguesa. Sem proceder aos trâmites legais, mandou prender os líderes e enforcou e esquartejou um deles, Jerônimo Barbalho, de família proprietária de engenho.

A situação na cidade do Rio de Janeiro foi controlada e a produção e a comercialização da cachaça foram retomadas.

Grão-Pará e Maranhão

Seguiram-se revoltas em outras capitanias, como na do Grão-Pará e Maranhão, em 1684.

Liderada pelos irmãos Manoel e Thomas Beckman, proprietários rurais, a revolta teve como um dos motivos principais a proibição da escravização dos indígenas, em decisão de 1680. Para solucionar o problema da mão de obra, foi criada uma Companhia de Comércio, com o objetivo de enviar escravizados africanos para a capitania.

Os revoltosos não aceitaram a mudança, pois os impostos para comprar negros da África eram altos e tornavam a mão de obra bem mais cara. Tomaram o poder e decretaram o fim dos impostos.

Somente um ano depois o novo governador retomou o governo. Manoel Beckman foi enforcado e decapitado; seu irmão foi desterrado para Pernambuco.

Desterrar: obrigar alguém a sair de sua terra ou do lugar onde mora.

Pernambuco: a Guerra dos Mascates

Em Pernambuco, as disputas pelo controle da cobrança dos impostos levaram a uma verdadeira guerra entre grupos poderosos.

Os senhores de engenho dominavam a vila de Olinda, então capital da capitania, mas precisavam dos comerciantes de Recife para conseguir empréstimos. Os comerciantes de Recife eram mais ricos, mas não podiam participar da Câmara de Olinda. Por isso, conseguiram que o rei aprovasse a elevação de Recife à categoria de Vila, em 1709.

A Câmara de Olinda se recusou a registrar a separação, pois ficaria sem os impostos cobrados de Recife.

Os olindenses queriam tomar a Câmara recém-fundada de Recife.

Os senhores de engenho armaram seus homens, inclusive indígenas com arcos e flechas, e acamparam nos arredores de Recife. Gritavam palavras de ordem, como "Viva o rei e morra o governador".

OUTRAS HISTÓRIAS PODER

A função das Câmaras Municipais no período colonial

A Câmara Municipal tinha múltiplos poderes, entre eles o de determinar os valores das mercadorias, dos tributos à população local e de servir como tribunal de primeira instância, ou seja, podia acatar denúncias e fazer averiguações. Os cargos da Câmara eram disputados pelos grupos locais, pois davam prestígio e permitiam negociar diretamente com a administração colonial.

As eleições eram indiretas: votava-se em um colégio eleitoral e esse colégio votava ou indicava os nomes para os cargos, entre eles os de juiz e de vereadores. Todos os envolvidos tinham de ser "homens bons", ou seja, tinham de ser reconhecidos como fazendo parte da elite da região, como os proprietários de terras e de escravizados. Não podiam participar das eleições pessoas que tivessem antepassados negros ou indígenas, judeus ou cristãos-novos e os que exerciam trabalhos manuais. Estes últimos eram considerados portadores do "defeito mecânico", como sapateiros, ourives, carpinteiros, pedreiros, pequenos comerciantes e demais pessoas que exercessem trabalho braçal.

W. Correia Neto/Futura Press

Antiga Casa da Câmara e Cadeia da cidade de Olinda, construída em meados do século XVIII, onde hoje funciona o Museu de Arte Contemporânea de Pernambuco. A antiga Câmara e Cadeia, palco dos acontecimentos do início do século XVIII, foi demolida. Fotografia de 2010.

- Uma lei de 1703 permitiu que comerciantes de grosso trato, ou seja, atacadistas, participassem dos cargos das Câmaras. Em Olinda, após essa data, comerciantes foram realmente eleitos, mas os camaristas ligados aos senhores de engenho não permitiram que eles tomassem posse. Tendo por base a restrição à ocupação de cargos na Câmara e sabendo que a maioria dos comerciantes do Recife foi ela própria, ou seus antepassados, portadora do "defeito mecânico", explique o motivo de eles optarem por formar uma nova Câmara em Recife.

Camarista: membro eleito da Câmara – juízes e vereadores.

1742: Revolta dos soldados do Corpo dos Dragões do Presídio de Jesus Maria José, no Rio Grande de São Pedro.

Em Lisboa, a notícia do acontecimento só chegou em 1711, e os membros do Conselho Ultramarino indicaram um novo governador com a tarefa de identificar e punir os envolvidos com moderação, pois entenderam que a guerra ocorreu entre grupos locais, não envolvendo deslealdade contra o rei. Com demorada diplomacia, a Câmara de Recife foi restaurada e os senhores de engenho tiveram de se contentar em conviver com os novos membros da elite política regional.

A guerra ficou conhecida como Guerra dos Mascates, porque "mascate" foi o nome dado aos que tinham o comércio como atividade econômica.

Reprodução/Museu da Cidade do Recife, PE.

Ponte da Boa Vista sobre o rio Capibaribe, na vila de Recife, capitania de Pernambuco, construída em 1640, um dos palcos da Guerra dos Mascates, no início do século XVIII. Museu da Cidade do Recife, Pernambuco.

Bahia

Em 1711, na cidade de Salvador, na época capital da colônia, o novo governador geral do Brasil foi interrompido em uma sessão da Câmara pelos gritos dos rebeldes, que souberam que os impostos sobre os escravizados vindos da África e o preço do sal seriam aumentados. Durou um dia somente. Mas o contratador do sal quase foi morto pelos amotinados.

Contratador: no período colonial, era o indivíduo ou o grupo que arrematava em leilão, por um período determinado (em geral três anos), o direito de cobrar os impostos devidos ao tesouro real pelos produtores e negociantes do Brasil.

Minas Gerais

Também foi assim no caso da Sedição de Vila Rica, de 1720, em que os membros da Câmara se rebelaram contra a taxação do quinto real e a criação das casas de fundição, que deveriam fundir o ouro tradicionalmente comercializado em pó, e dele retirar o quinto, ou seja, 20% do seu valor. Temiam que acabassem pagando mais impostos ainda do que já o faziam.

Vila Rica foi palco de tumulto popular e de ações armadas durante semanas. O governador de Minas tomou uma medida drástica: mandou prender, arrastar pelas ruas, enforcar e esquartejar Felipe dos Santos, um dos líderes, mas não um dos principais. A execução não cumpriu os procedimentos legais, mas conseguiu o objetivo de apavorar a população, o que era a intenção do governador.

O julgamento de Felipe dos Santos, óleo sobre tela de Antônio Parreiras, c. 1923. Representa o linchamento de Felipe dos Santos, em Vila Rica (atual Ouro Preto), em 1720. Museu Antônio Parreiras, Niterói, Rio de Janeiro.

Rio Grande do Sul

A Coroa portuguesa sempre teve problemas em manter seus domínios ao Sul de sua colônia na América, ameaçados constantemente pelos vizinhos espanhóis. Por isso, foi criada uma rede de fortificações em lugares estratégicos, com soldados aquartelados, na então capitania do Rio Grande de São Pedro.

Os soldados do Corpo dos Dragões do Presídio de Jesus Maria José, na praia do Rio Grande, fundado em 1737, passavam por muitas provações. Seus soldos estavam atrasados em quase dois anos, quando decidiram tomar uma atitude.

Em 1742, enviaram um documento ao governador da capitania do Rio Grande no qual reivindicavam: direito de usar canoas para pescar, fim das inspeções diárias, uso do cavalo fora da praça em dias ou horas em que não estivessem em serviço, melhoria no tratamento médico, fim das punições com castigos físicos por suspeita de deserção (sem prova evidente) e o afastamento do capitão Tomás Luís Osório.

Presídio: tropa de guarnição encarregada da defesa de uma praça.

Soldo: nome do pagamento concedido ao militar.

Praça: lugar onde se acampa o exército; nas cidades, o lugar onde se faz o manejo ou exercício.

Apesar de os soldados receberem apoio popular, os oficiais se recusaram a aceitar suas solicitações. O comandante, então, foi preso pelos soldados até que o pagamento atrasado fosse realizado. O motim acabou com a chegada dos recursos e o perdão aos envolvidos.

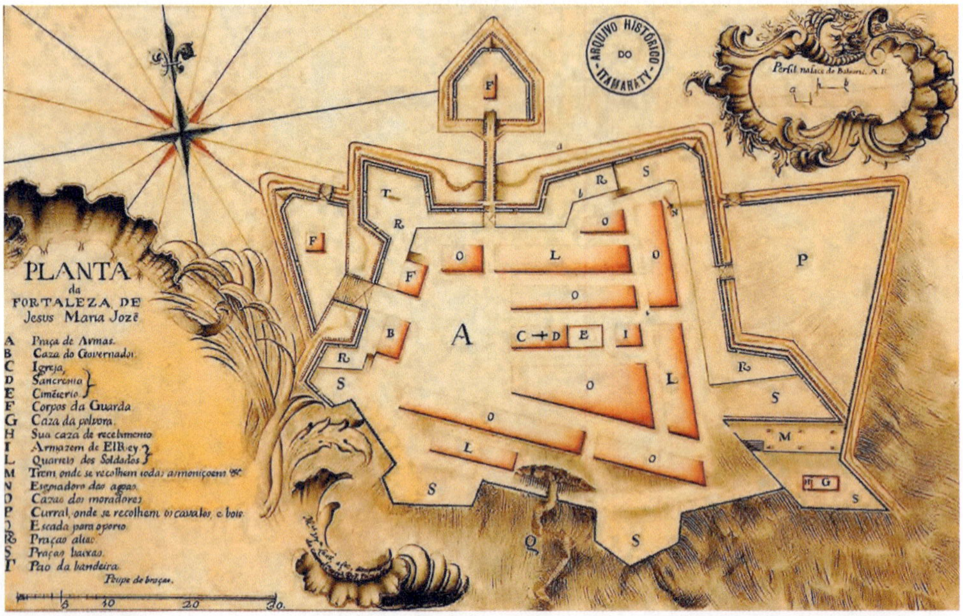

Planta do presídio de Jesus Maria José, na Praia do Rio Grande, então capitania do Rio Grande de São Pedro. Planta elaborada por Manoel Vieira Leão, 1754. A letra A, na imagem, representa o lugar da Praça de Armas, em frente à Casa do Governador (B). Na fortaleza, ou presídio, há Igreja (C), sacristia (D), cemitério (E), casa de pólvora (G), alojamento dos soldados (L), etc. Arquivo Histórico do Itamarati, Distrito Federal.

Punição real: o castigo exemplar

As leis portuguesas consideravam a "qualidade" dos envolvidos para julgar e punir. Para um mesmo tipo de crime, havia julgamentos e punições diferentes, dependendo da categoria do acusado, ou seja, de sua origem familiar e sua posição em relação ao rei, que estava no topo da hierarquia social. Aos nobres e fidalgos não eram permitidas as penas vis, como o enforcamento, o corte de seus membros (esquartejamento), as galés, os açoites, etc. Esses castigos eram para o "peão", ou seja, o homem comum, que andava a pé. Não era cavaleiro, não andava a cavalo. Era a "desigualdade perante a lei".

Mas, aos envolvidos em crimes de sedição, ou de lesa-majestade, a Lei previa a aplicação da penalidade máxima, fossem eles de qualquer grupo social. Na prática, entretanto, a posição social era considerada. Quando os acusados daqueles crimes eram mais ricos e tidos como "homens bons", eram impostas penas leves, ou mesmo havia ausência de investigação, ainda que muitas vezes fossem denunciados como "cabeças" (líderes) dos episódios.

A forma mais comum de punição foi o uso do castigo exemplar, ou seja, elegiam algum ou alguns dos envolvidos para puni-los com a sentença máxima: enforcamento, esquartejamento e exposição no espaço público de partes de seu corpo, pena denominada "morte natural para sempre". Os outros poderiam ser punidos com o degredo ou desterro, que significava serem obrigados a sair do lugar onde moravam.

Começam as Inconfidências... ou Conjurações

Até então, as revoltas tinham como objetivo atingir os administradores coloniais e exigir a diminuição dos impostos. Entretanto, a partir de meados do século XVIII, elas passaram a se dirigir também à figura do rei, em particular durante o governo de dom José I e de seu poderoso ministro, Sebastião José de Carvalho e Mello, o Marquês de Pombal.

Uma delas ocorreu no arraial de Curvelo, no sertão da capitania de Minas Gerais, entre 1760 e 1763, quando se abriu uma devassa para descobrir os autores de panfletos contendo ofensas ao rei e ao seu ministro.

Na cidade de Mariana, também na capitania de Minas Gerais, o vigário Ignácio Corrêa de Sá foi preso em 1769 por blasfemar contra o rei, crime de inconfidência, somente sendo solto em 1777.

Mais ataques contra o rei e seu ministro ocorreram na comarca de Sabará, igualmente em Minas Gerais, em 1775.

Essas revoltas, que agora atingiam a honra do rei, não tinham como objetivo a separação do Brasil de Portugal. Os tempos, entretanto, estavam mudando.

Retrato do Marquês de Pombal, óleo sobre tela de artista anônimo, século XVIII. Museu Francisco Tavares Proença, Castelo Branco, Portugal.

FIQUE DE OLHO

FIGUEIREDO, Luciano de Almeida. *Rebeliões no Brasil Colônia*. Rio de Janeiro: Jorge Zahar Editor, 2005.

O livro apresenta as revoltas coloniais, os movimentos armados coletivos envolvendo soldados, colonos, comerciantes, padres, escravos e indígenas que sacudiram a América portuguesa e aterrorizaram as autoridades coloniais metropolitanas entre os séculos XVI e XVIII.

As revoltas separatistas

As revoltas ou os projetos de revoltas ocorridos no final do século XVIII tiveram outros ingredientes: o discurso e as ideias vindas do exterior, principalmente da Revolução Francesa e do processo de independência dos Estados Unidos da América. Era tentador para os produtores mais ricos e os intelectuais do Brasil pensar que poderiam se livrar de vez dos impostos cobrados por Portugal, separando-se do reino.

Essas revoltas cada vez mais numerosas, denominadas "Conjurações" ou "Inconfidências", queriam atingir o domínio real, ou seja, tinham projetos separatistas. Foi o caso da mais famosa delas, a Conjuração Mineira.

Dona Maria I, a Viradeira, e o ouro do Brasil

Dona Maria I, rainha de Portugal, óleo sobre tela de Giuseppe Troni, 1783. Palácio Nacional de Queluz, Sintra, Lisboa, Portugal.

O contexto da Conjuração Mineira envolvia, como em quase todas que ocorreram anteriormente, uma questão fiscal: a ameaça da "derrama".

Os tributos sempre foram um problema para a população da colônia do Brasil. No ano de 1750, a Coroa portuguesa criou uma nova forma de cobrança: estipulou o peso de 100 arrobas de ouro anuais que os habitantes de Minas Gerais deveriam enviar ao tesouro real.

Dona Maria I era filha de dom José I, rei que teve o Marquês de Pombal como ministro, você se lembra? Ela subiu ao trono em 1777 e, durante o seu reinado, a extração de ouro na capitania de Minas Gerais já não conseguia recolher as 100 arrobas anuais ao governo português. Em 1788, a capitania devia à Real Fazenda a quantidade de 538 arrobas de ouro. O que acontecia com o ouro brasileiro?

Alguns achavam que o ouro estava sendo contrabandeado, mas outros consideravam, com razão, que a extração estava diminuindo. O ouro do Brasil era, em sua maior parte, de aluvião: facilmente encontrado e extraído, mas também rapidamente esgotável. Contrabando ou escassez, o fato é que os habitantes de Minas Gerais se tornaram grandes devedores.

Em 1788, Luís Antônio Furtado de Mendonça, o visconde de Barbacena, assumiu o cargo de governador da capitania de Minas Gerais, indicado pela metrópole e com a obrigação de cobrar os impostos atrasados, medida conhecida como derrama. A ameaça da derrama apavorou os habitantes da região das minas. Foi nesse contexto que um grupo de pessoas da elite articulou a possibilidade de criar uma república.

Arroba: unidade de medida de peso, sendo 1 arroba correspondente a 14,69 quilogramas.

Derrama: cobrança tributária obrigatória sobre a população para cobrir a diferença entre a arrecadação mínima que um governo exige e o que tem sido efetivamente arrecadado.

Moeda de ouro do Brasil com efígie de dona Maria I. Casa da Moeda, Distrito Federal.

Conjuração Mineira

No final do século XVIII, havia em Vila Rica (atual Ouro Preto) diversos homens letrados, formados em universidades europeias, que se reuniam para discutir poesia e filosofia, as novas ideias iluministas, os últimos acontecimentos do mundo (como a independência dos Estados Unidos, proclamada em 1776) e o que acontecia no Brasil.

Depois do anúncio da derrama pelo Visconde de Barbacena, novo governador da capitania, a cobrança imediata dos impostos tornou-se o principal assunto dessas reuniões.

O advogado e poeta Cláudio Manuel da Costa era o participante mais destacado dessas reuniões, porque era secretário do governo de Minas. Havia outros poetas, como Tomás Antônio Gonzaga e Alvarenga Peixoto, mas também as frequentavam o padre Toledo e Melo, os coronéis Abreu Vieira, Oliveira Lopes e Joaquim Silvério dos Reis e o alferes Joaquim José da Silva Xavier, mais conhecido como Tiradentes. Vários desses envolvidos eram contratadores que deviam grandes somas à fazenda real, e os responsáveis nada haviam feito para cobrar essas dívidas.

Inspirados na independência norte-americana, alguns dos frequentadores dessas reuniões chegaram a idealizar um projeto de independência para a capitania. A ideia era proclamar uma república com capital em São João del-Rei, que teria como lema a frase em latim *Libertas quae sera tamem* ("Liberdade ainda que tardia"); criariam uma universidade, uma casa da moeda e uma fábrica de pólvora. Contavam com o apoio da população quando a derrama fosse anunciada. Nada deu certo.

FIQUE DE OLHO

Os inconfidentes (Brasil). Direção de Joaquim Pedro de Andrade. Filmes do Sêrro, 1972. 76 min.

O filme explora o período de encarceramento dos inconfidentes mineiros. Os diálogos são retirados diretamente dos Autos da Devassa (documentos oficiais do processo), dos versos dos poetas rebeldes (Tomás Antônio Gonzaga, Cláudio Manuel da Costa e Alvarenga Peixoto) e do livro *Romanceiro da Inconfidência*, de Cecília Meireles.

Reprodução/Museu da Inconfidência, Ouro Preto, MG.

Vista de Vila Rica, óleo sobre tela de Arnaud Julien Pallière, 1820. Museu da Inconfidência, Ouro Preto, Minas Gerais.

A denúncia e o fim

Em março de 1789, entretanto, o governador de Minas Gerais suspendeu a derrama, porque soube da conspiração. O denunciante foi Joaquim Silvério dos Reis, tenente-coronel que tinha seu próprio Regimento de Cavalaria Auxiliar. Também era um dos contratadores e sua dívida era de 220:423$149, uma fortuna. Caso não pagasse, seus bens seriam confiscados. Em troca do perdão de sua dívida, ele denunciou a conspiração. Começaram as prisões.

Joaquim José da Silva Xavier, o Tiradentes, foi preso na cidade do Rio de Janeiro, onde fora divulgar as ideias de emancipação do movimento. Os demais inconfidentes, como ficaram conhecidos os participantes daquelas reuniões, foram presos e enviados para o Rio de Janeiro, onde prestaram depoimentos. A exceção foi Cláudio Manuel da Costa, que prestou declarações em Vila Rica e, segundo nota oficial, suicidou-se.

Somente Tiradentes foi enforcado. Os demais tiveram sua penalidade mudada de enforcamento para o degredo na África.

Degredo: expulsão, exílio, banimento.

FIQUE DE OLHO

MOTA, Carlos. *Tiradentes e a Inconfidência Mineira*. São Paulo: Ática, 2003.

O livro mostra a trajetória da Inconfidência Mineira e de Tiradentes, seu mais conhecido líder.

Tiradentes

Os livros de História costumam apresentar Joaquim José da Silva Xavier, o Tiradentes (assim chamado em razão de seu ofício), como um dos poucos homens pobres que participaram da Conjuração Mineira. Mas se trata de uma informação equivocada. Pela lei da época, todos os bens de uma pessoa acusada de tramar contra a Coroa deveriam ser confiscados. Da lista dos bens confiscados de Tiradentes constavam fazendas de gado, datas de exploração de ouro, terras na forma de sesmaria e dezenas de escravizados. Não era pobre, mas certamente era bem mais pobre e de posição social inferior à dos demais conjurados. Além do mais, falava muito.

Bandeira da Inconfidência – 1789: os inconfidentes, óleo sobre tela de Carlos Oswald, 1939. Polícia Militar de Minas Gerais, Belo Horizonte, Minas Gerais.

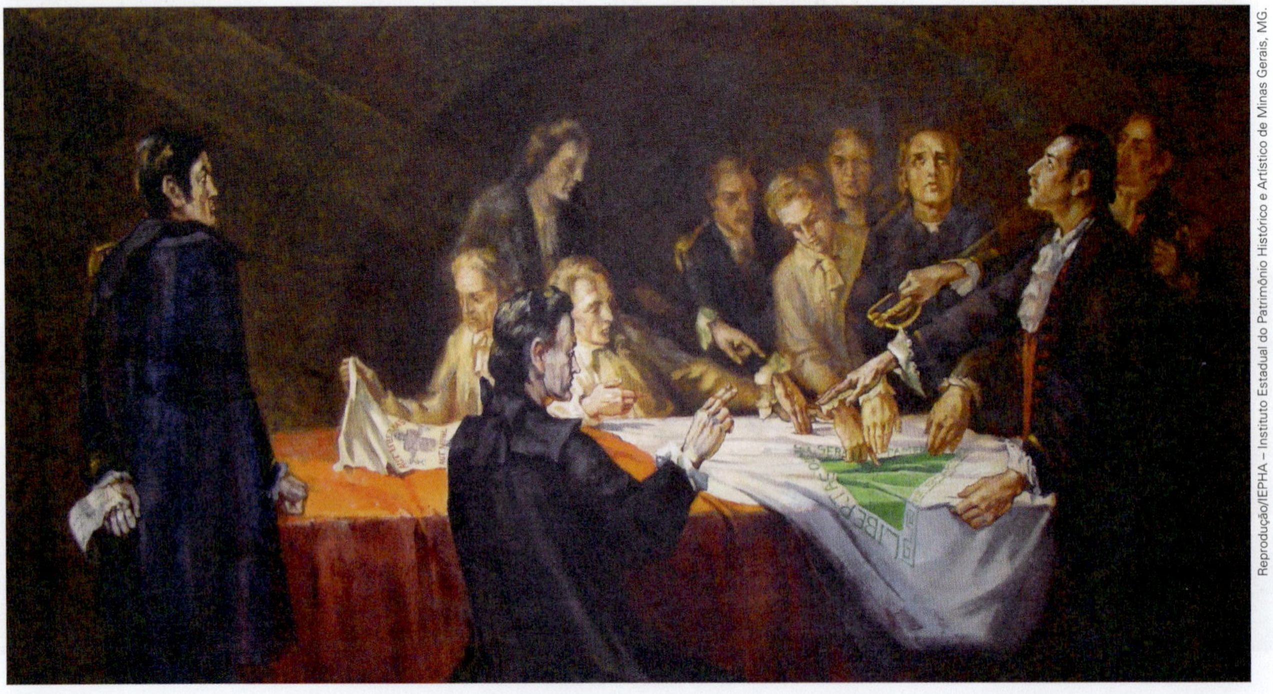

Onde quer que fosse, Tiradentes costumava discursar sobre seu descontentamento em relação ao governo português e à cobrança dos impostos atrasados: nas hospedagens, nas tabernas, nas casas de amigos. Também gostava de criticar o domínio de Portugal sobre as Minas Gerais, o que considerava uma injustiça, e de defender a república que pretendia instaurar. Historiadores dizem que ele era um "falastrão", ou seja, uma pessoa que fala mais do que deve.

DOCUMENTO

Sentença de Tiradentes

Leia o trecho da sentença de Tiradentes:

Portanto condenam ao réu Joaquim José da Silva Xavier, por alcunha o Tiradentes, alferes que foi da tropa paga da capitania de Minas, a que com baraço e pregão seja conduzido pelas ruas públicas ao lugar da forca, e nela morra morte natural para sempre, e que depois de morto lhe seja cortada a cabeça e levada a Vila Rica, aonde em o lugar mais público dela será pregada em um poste alto até que o tempo a consuma; o seu corpo será dividido em quatro quartos e pregados em postes pelo caminho de Minas, no sítio da Varginha e de Sebollas, aonde o réu teve as suas infames práticas, e os mais nos sítios de maiores povoações, até que o tempo também os consuma.

Autos-crime, 18 de abril de 1792. Disponível em: <http://www.pm.mt.gov.br/patrono-da-policia>. Acesso em: 17 jul. 2018.

Reprodução/Câmara Municipal de Ouro Preto, MG.

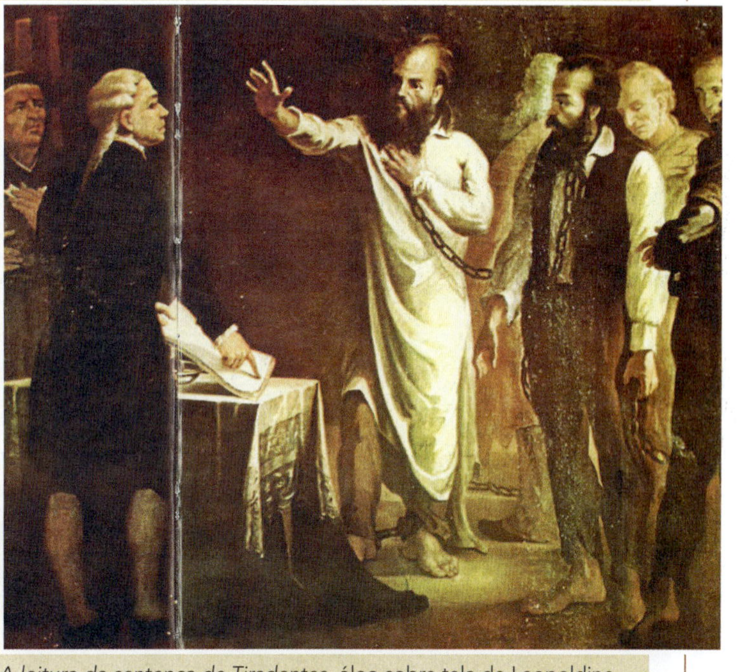

A leitura da sentença de Tiradentes, óleo sobre tela de Leopoldino de Faria, final do século XIX. Prefeitura Municipal de Ouro Preto, Minas Gerais.

Baraço: laço de apertar a garganta, corda, cordel.

Pregão: aviso, notícia dada em voz alta.

1 | A sentença dada a Tiradentes foi relacionada a que crime?

2 | Debata com seus colegas: por que, na opinião de vocês, o corpo do inconfidente acabou sendo exposto em lugares públicos?

A "Conjuração que não houve": o caso do Rio de Janeiro

Leituras e discussões envolvendo as "ideias perigosas" foram o motivo de o vice-rei Conde de Resende ter desconfiado das reuniões que pessoas da elite intelectual do Rio de Janeiro realizavam na Sociedade Literária do Rio de Janeiro, em 1794.

Era "gente de letras", que conversava sobre astronomia, filosofia, religião e as novidades da Europa, entre elas as "abomináveis ideias francesas". Mas não havia indício de que articulassem uma revolta. Mesmo assim, o vice-rei, com medo do que já havia ocorrido em Minas Gerais, resolveu fechar a Sociedade e prender seus principais participantes, que ficaram três anos presos. Alguns realmente possuíam em suas bibliotecas livros considerados subversivos, mas não existia evidência de que conspirassem contra o rei ou contra o domínio português. Foram libertados.

Os historiadores chamam o episódio de "a conjuração que não houve".

Romulo Fialdini/Tempo Composto

Imagem do Largo do Paço, na cidade do Rio de Janeiro, centro do poder político metropolitano. Óleo sobre tela de Leandro Joaquim, século XVIII. Museu Histórico Nacional, Rio de Janeiro.

Conjuração Baiana

Em fins do século XVIII, a vida cotidiana na cidade de São Salvador, capital da capitania da Bahia, era bastante movimentada, principalmente porque havia um grande porto que colocava a cidade em contato frequente com os acontecimentos de várias partes do mundo, como os da Europa, das Índias e da África. Foi esse contato que permitiu a muitos de seus habitantes conhecerem livros proibidos, como os que traziam as "abomináveis ideias francesas".

Essas ideias estimularam um grupo de pessoas letradas a propor mudanças radicais. As propostas apareceram em "papéis sediciosos" afixados nos prédios da cidade de Salvador em 12 de agosto de 1798. Entre os temas, estavam: aumento do soldo dos soldados das tropas, independência da capitania da Bahia do domínio de Portugal e formação de uma "República Bahiense" em que "todos serão iguais, não haverá diferença, só haverá liberdade, igualdade e fraternidade". Em alguns desses papéis, constava a assinatura "anônimos republicanos".

Imediatamente o governador da capitania da Bahia, dom Fernando José de Portugal, ordenou uma devassa para descobrir os autores dos textos. No dia 22, mais papéis foram afixados.

A composição da população, com muito mais indivíduos escravos do que livres, e muito mais negros e mestiços do que brancos, provocava verdadeiro terror nas autoridades. Elas estavam receosas de se repetir o que houve no Haiti, onde os escravos se rebelaram, aboliram a escravidão, proclamaram a independência em relação à França e criaram uma república, que começou em 1791, com a morte de todos os brancos da ilha.

Por isso, as tropas militares foram orientadas a reprimir violentamente o movimento. A partir dos interrogatórios de vários suspeitos, 59 pessoas foram presas, mas somente 34 foram acusadas: onze militares, dez alfaiates e os demais com atividade não informada.

Muitos indivíduos ricos e da elite foram presos, mas logo liberados. Caso de Cipriano Barata, diplomado em medicina pela Universidade de Coimbra, dono de lavouras e de escravos, libertado em 1799 por falta de provas. O tenente Hermógenes Pantoja e José Gomes de Oliveira Borges, ambos brancos, foram perdoados.

O soldado Luís Gonzaga das Virgens, nosso personagem do início do capítulo, era conhecido das autoridades, pois havia desertado do Exército três vezes. Apesar de ter sido punido com trabalhos forçados, foi perdoado. Mas continuou não gostando da atividade, tendo confidenciado a um escravo que a rotina o deixava "agoniado e capaz de morrer". Além do mais, o soldo estava sempre atrasado e eram obrigados a usar fardas gastas e remendadas, porque não lhes forneciam novas, o que alguns consideravam humilhante. Foi o reconhecimento de sua letra, em uma assinatura nos seus processos de deserção, que o incriminou, pois os juízes consideraram ser a mesma letra dos papéis sediciosos.

FIQUE DE OLHO

TAVARES, Luís Henrique. *A Conjuração Baiana*. São Paulo: Editora Ática, 1998.

Neste livro o leitor vai conhecer um pouco mais sobre a Conjuração Baiana, movimento do qual participou Luís Gonzaga das Virgens, personagem deste capítulo.

NEVES, Guilherme Pereira das. *As letras do enforcado*. Disponível em: <http://www.historia.uff.br/impressoesrebeldes/wp-content/uploads/2017/02/As-letras-do-enforcado-Revista-de-Hist%C3%B3ria.pdf>. Acesso em: 17 jul. 2018.

O texto analisa a condição social dos poucos indivíduos que sabiam ler, no período colonial do Brasil, através dos documentos encontrados em poder dos acusados na Conjuração Baiana de 1798.

O fim de um sonho

Os que escreveram os papéis achavam que o povo ia aderir imediatamente à revolta, mas o temor foi maior e a população nada fez. O sonho de alguns foi exterminado com estardalhaço pelas autoridades coloniais.

O governador da Bahia realizou a execução com pompa, um verdadeiro espetáculo para ser visto por todos. Mandou construir uma forca nova e maior do que a anterior, na praça da Piedade, em frente ao Convento de Nossa Senhora da Piedade, centro mais concorrido da cidade de Salvador. Para esse tipo de punição, as leis indicavam o lugar mais público possível. Era o castigo exemplar.

Luís Gonzaga das Virgens e Lucas Dantas de Amorim Torres, ambos soldados, o aprendiz de alfaiate Manuel Faustino dos Santos Lira e o mestre-alfaiate e dono de alfaiataria João de Deus do Nascimento foram enforcados e esquartejados na tarde de 8 de novembro de 1799. Presos desde o ano anterior, tiveram seus últimos dias acompanhados por um padre, que deixou um relato detalhado sobre eles.

Segundo o relato, dois deles tentaram o suicídio, sem sucesso, e outros dois, Luís Gonzaga das Virgens e o mestre alfaiate João de Deus do Nascimento, estavam enlouquecidos. Mais sete pessoas condenadas pelo mesmo delito foram obrigadas a assistir ao enforcamento, sendo depois desterradas para a África. Depois do enforcamento, partes dos corpos dos quatro foram penduradas em locais de passagem da população.

Apesar de muitos terem se envolvido nas articulações para a revolta, inclusive pessoas ricas e da elite, somente esses quatro homens tiveram a pena máxima: morte por enforcamento e esquartejamento, punição para crime de lesa-majestade.

Os quatro enforcados eram homens pardos, descendentes de escravos e pobres, mas sabiam ler e escrever, o que lhes permitiu perceber as injustiças existentes na sociedade em que viviam: uma sociedade desigual, que punia ainda mais os que tiveram a ousadia de conhecer a palavra escrita.

Ilustração dos "Heróis de Búzios" (Conjuração Baiana), século XX. Instituto Geográfico e Histórico da Bahia, Salvador, Bahia.

1799: Execução, em Salvador, na Bahia, de Luís Gonzaga das Virgens, Lucas Dantas de Amorim Torres, Manuel Faustino dos Santos Lira e João de Deus do Nascimento.

OUTRAS HISTÓRIAS MODOS DE VIVER

Leitura e livros no Brasil

A esmagadora maioria da população livre do Brasil no período colonial não sabia ler nem, muito menos, escrever. Era uma sociedade de tradição e cultura orais, ou seja, a palavra falada sendo a forma mais comum de transmitir conhecimento.

O governo português estava bem satisfeito com isso, pois realmente não queria uma população de letrados. Para isso, no Brasil era proibido existirem tipografias e universidades. No máximo, havia escolas para ensinar as primeiras letras. Na metrópole, as pessoas podiam publicar livros e gazetas, mas o autor tinha de submetê-los primeiro a um órgão responsável para avaliar as condições políticas, religiosas e morais do texto. Também era esse órgão responsável por listar livros que seriam proibidos. Entre eles estavam: as obras de pensadores iluministas e, depois de 1789, também as que tratavam dos fatos e das ideias francesas.

Mesmo os que não sabiam ler podiam ter conhecimento do conteúdo desses livros, pois era comum a leitura em voz alta de avisos dos governantes, de gazetas (periódicos ou jornais), de livros, etc.

Os historiadores conseguem ter uma noção sobre o que alguns habitantes liam através dos bens confiscados dos que foram acusados de algum crime, principalmente o de lesa-majestade. No caso da Conjuração Baiana, os mais enriquecidos, como o cirurgião Cipriano Barata, tinha mais de 20 livros. Na casa de Luís Gonzaga das Virgens foram encontradas 90 folhas de anotações escritas por ele, transcrições de trechos de livros, preces, tudo manuscrito, mas nenhum livro. Este era um artigo de luxo e bastante caro.

Tiago Caldas/Fotoarena

Busto de Luís Gonzaga das Virgens na Praça da Piedade, Salvador, Bahia. Fotografia de 2017.

- Formem grupos e, com seus colegas, elaborem uma lista dos possíveis motivos que levaram os administradores metropolitanos a pensar que era vantajoso proibir a existência de tipografias e de universidades no Brasil.

PUXANDO PELA MEMÓRIA

Após o estudo do capítulo, você manteria sua resposta à pergunta da página 80?

Créditos das imagens de baixo para cima: Reprodução/Palácio Nacional de Queluz, Sintra, Lisboa, Portugal.; Reprodução/Coleção particular; Reprodução/Casa da Moeda do Brasil/Ministério da Fazenda; Reprodução/IGHB - Instituto Geográfico e Histórico da Bahia, BA.; Reprodução/Arquivo da editora; Reprodução/Coleção particular; Reprodução/Casa da Moeda do Brasil/Ministério da Fazenda; Reprodução/Museu da Cidade do Recife, PE.

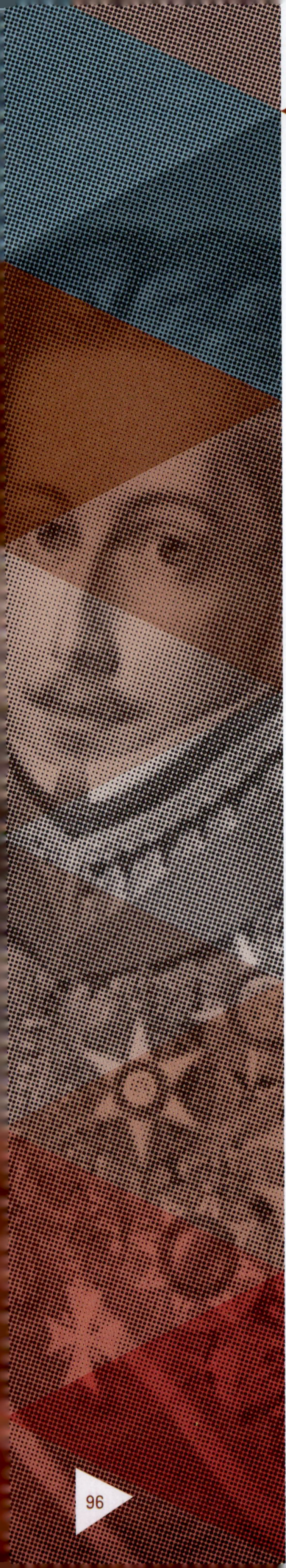

Reprodução/Museu Imperial de Petrópolis, RJ.

ROTEIRO DE ESTUDOS

O QUE APRENDEMOS?

1 | O que são as revoltas consideradas "fiscais" pelos historiadores?

2 | As penas para os crimes na sociedade portuguesa eram diferentes dependendo da condição social do acusado. Mas qual era o motivo de não haver distinção para o crime de inconfidência, em que se previa a pena máxima, a morte?

3 | O que foi a derrama?

4 | Qual foi o papel de Joaquim Silvério dos Reis na Conjuração Mineira de 1789?

5 | Indique quais relações é possível estabelecer entre os fatos históricos abaixo:

a) Inconfidência Mineira.

b) Revolução Francesa.

c) Independência dos Estados Unidos.

6 | O título de um artigo sobre a Inconfidência Mineira, do historiador Tarcísio de Souza Gaspar, é "Quem tem boca vai à forca". (Disponível em: <http://www.historia.uff.br/impressoesrebeldes/wp-content/uploads/2017/02/Quem-tem-boca-vai-%C3%A0-forca-Revista-de-Hist%C3%B3ria.pdf>. Acesso em: 17 jul. 2018.)

A quem o autor do título estava se referindo?

7 | A repressão violenta ao movimento de revolta, pelo governo da Bahia, tem explicação? Qual?

8 | Justifique o fato de a Conjuração Baiana também ser conhecida como Conjuração dos Alfaiates.

9 | Por que a frase a seguir é falsa?

A Inconfidência ou Conjuração Mineira foi vitoriosa, formando um governo republicano em Minas Gerais.

10 | O texto de um dos papéis afixados em prédios em Salvador, em 12 de agosto de 1798, dizia:

Animai-vos, povo bahinense, que está para chegar o tempo feliz da liberdade. O tempo em que todos seremos irmãos, o tempo em que todos seremos iguais.

Além de "liberdade", indique quais palavras do texto acima demonstram as duas outras máximas da Revolução Francesa: igualdade e fraternidade.

PESQUISA

Em dezenas de episódios entre os séculos XVII e meados do XVIII, pipocaram revoltas. Cada uma tinha motivos específicos, mas também tinham em comum a tentativa de se opor ao aumento dos impostos, a luta pelo controle desses impostos e militares querendo receber aumento ou o soldo atrasado.

Nenhuma delas, entretanto, tinha como objetivo a separação de Portugal. E nenhuma era contra o rei, continuaram a considerá-lo como autoridade máxima.

- Em grupo, façam uma relação dos nomes dos enforcados e esquartejados por crime de inconfidência citados no capítulo e reflitam sobre quem eles eram e o que tinham em comum.

IMAGENS CONTAM A HISTÓRIA

A imagem ao lado é de autoria do holandês Johann Moritz Rugendas, publicada em 1835. Ela representa a praça ou largo da Piedade, na cidade de São Salvador, onde o governador da Bahia, D. Fernando José de Portugal, mandou construir uma forca nova para executar os acusados de inconfidência. Entre eles estava nosso personagem Luís Gonzaga das Virgens.

- Com base nas informações do capítulo, que aspecto da imagem de Rugendas se relaciona com a concepção de castigo exemplar?

Reprodução/Coleção particular

Asilo de Nossa Senhora da Piedade na Bahia, gravura colorida de Johann Moritz Rugendas, 1835. Largo ou praça da Piedade, na cidade de São Salvador, capitania da Bahia, onde Luís Gonzaga das Virgens e mais três companheiros foram enforcados, em 1799. Coleção particular.

O PASSADO PRESENTE

Leia atentamente a lei inscrita nas Ordenações Filipinas, publicadas em Portugal em 1603:

> Qualquer pessoa que matar outra, ou mandar matar, morra por ele morte natural. [...] Porém, se algum Fidalgo de grande solar matar alguém, não seja julgado à morte, sem no-lo fazerem saber, para vermos o estado, linhagem e condição da pessoa, assim do matador, como do morto, qualidade e circunstâncias da morte, e mandamos o que for servido de Deus, e bem da República.
>
> Livro 5 Tit. 35: Dos que matam, ou ferem, ou tiram com Arcabuz ou Besta. Disponível em: <www1.ci.uc.pt/ihti/proj/filipinas/l5p1184.htm>. Acesso em: 28 maio 2018.

Morte natural: morte por enforcamento.
Solar: terra ou castelo de nobres que conferiam título às suas famílias e que eram transmitidos por herança aos descendentes.

As Ordenações Filipinas vigoraram no Brasil até depois da independência, sendo substituídas pelo Código de Processo Criminal e, depois, pelo Código Penal Brasileiro, criado em 1940.

Embora a legislação considere vários tipos de homicídio, leia abaixo a diferenciação feita pelo artigo 121, do atual Código Penal Brasileiro:

> **Homicídio simples:** por matar alguém – a pena é de reclusão, de seis a vinte anos.
> **Homicídio qualificado:** se o homicídio é cometido por encomenda de alguém, por motivo torpe ou fútil, por traição, emboscada, envenenamento, etc. – a pena é de reclusão de doze a trinta anos.
> **Homicídio culposo:** quando não há intenção de matar – pena de detenção de um a três anos.
>
> Fonte: Código Penal Brasileiro. Disponível em: <http://www.planalto.gov.br/ccivil_03/decreto-lei/Del2848compilado.htm>. Acesso em: 12 jul. 2018.

- Compare as semelhanças e as diferenças em relação à lei sobre homicídio inscrita nas Ordenações Filipinas de 1603 com o que você leu acima sobre o Código Penal Brasileiro.

Estátua em homenagem a Maria Quitéria, localizada na praça da Soledade, bairro da Liberdade, em Salvador, Bahia. O monumento foi inaugurado em 21 de agosto de 1953, por ocasião dos cem anos da morte da heroína baiana. Fotografia de 2015.

Edson Ruiz/Coofiav/Folhapress

CAPÍTULO 6

A CONSTRUÇÃO DO IMPÉRIO DO BRASIL

Foi no ano de 1822. As tropas de dom Pedro precisavam de homens para lutar contra as forças portuguesas aquarteladas na Bahia. Na casa de Gonçalo Alves de Almeida não havia filhos, só uma filha, com cerca de 30 anos de idade. Ela sabia usar armas, caçar e montar a cavalo. Quis se alistar, mas o pai não permitiu. Então a moça fugiu para a casa de uma meia-irmã casada, que a ajudou: cortou os cabelos, vestiu-se de homem e dirigiu-se à Vila de Cachoeira. Alistou-se no Regimento de Artilharia com o nome de soldado Medeiros.

O pai a encontrou logo depois, mas ela se recusou a acompanhá-lo. Mesmo sabendo se tratar de uma mulher, o comandante do Batalhão dos Voluntários do Príncipe a aceitou como soldado, somente incorporando ao seu uniforme um saiote, que indicava tratar-se de uma mulher.

Maria Quitéria de Jesus Medeiros, o soldado Medeiros, como ficou conhecida, participou de inúmeras batalhas com disciplina e coragem. Em março de 1823, foi promovida a cadete, podendo portar espada, capacete e penacho, forma como foi retratada décadas depois de sua morte.

PUXANDO PELA MEMÓRIA

A independência do Brasil ocorreu em 1822. Você sabe que forma de governo foi instaurada?

Créditos das imagens de baixo para cima: Reprodução/Museu Histórico Nacional, Rio de Janeiro, RJ.; Reprodução/Arquivo Nacional, Rio de Janeiro, RJ.; Reprodução/Biblioteca Nacional de Portugal, Lisboa.; Reprodução/Museu Paulista da Universidade de São Paulo, SP.; Reprodução/Museu Paulista da USP, São Paulo, SP.; Reprodução/Fundação Biblioteca Nacional, Rio de Janeiro, RJ.

Portugal invadido

O príncipe regente dom João governava o reino de Portugal desde 1792, no lugar de sua mãe, a rainha dona Maria I, considerada incapaz por causa de uma doença mental.

Mas ele não foi criado para ser rei, pois tinha um irmão mais velho, dom José. Entretanto, este morreu de varíola em 1788, com 27 anos. Dizem que dom João não gostou muito da nova tarefa.

Em 1807, exércitos da França já haviam conseguido ocupar vários reinos europeus, como a Espanha, vizinha de Portugal. Napoleão queria que o príncipe regente dom João rompesse sua aliança com a Inglaterra – aliança que já durava mais de um século – e aderisse ao Bloqueio Continental, decretado por ele no ano anterior. Como dom João não se decidia, Napoleão ameaçou invadir Portugal.

Bloqueio Continental: medida tomada pela França governada por Napoleão Bonaparte, em 1806, que visava impedir o acesso dos navios ingleses a portos de países dominados pela França.

Tratava-se, claro, de uma situação crítica para Portugal: se aceitasse as condições dos franceses, a Inglaterra se tornaria sua inimiga; se não aceitasse, os franceses invadiriam seu território.

No que esses acontecimentos influenciaram a história do Brasil?

Reprodução/Fundação Biblioteca Nacional, Rio de Janeiro, RJ.

Vista do largo do Paço no Rio de Janeiro, gravura colorida de Jean-Baptiste Debret, 1839. O antigo Paço dos Governadores, localizado na atual praça XV de Novembro, na cidade do Rio de Janeiro, sempre foi um símbolo do poder. Erguido em 1743 para abrigar os governadores da capitania do Rio de Janeiro, passou a se chamar Paço dos Vice-Reis em 1767, quando a cidade se transformou em capital da colônia. Com a chegada da Corte portuguesa ao Rio de Janeiro, em 1808, tornou-se Paço Real e, depois da independência do Brasil, em 1822, Paço Imperial. Foi palco das principais decisões políticas que marcaram a transformação do Brasil em um país independente. Coleção particular.

CÁ ENTRE NÓS

Os únicos comerciantes que estavam autorizados a fazer negócios no Brasil eram os próprios portugueses. A partir da chegada da Corte e da abertura dos portos, em 1808, foi permitido que países amigos, ou seja, que não estavam em guerra contra Portugal, entrassem nos portos brasileiros para realizar seus negócios.

A Corte no Brasil

Dom João demorou muito para decidir que lado apoiar: o dos ingleses ou o dos franceses. Depois de muitas negociações entre seus ministros e os representantes britânicos, e quando as tropas francesas já se encontravam em terras portuguesas, próximas a Lisboa, dom João, enfim, decidiu-se. Com o apoio da marinha inglesa, ele e toda a Corte portuguesa se mudaram para o Brasil.

Na noite de 29 de novembro de 1807, uma esquadra transportando toda a família real portuguesa deixou o porto de Lisboa em direção ao Brasil.

O navio que levava dom João dirigiu-se primeiro à cidade de Salvador, na Bahia. Dias após seu desembarque, em 8 de janeiro de 1808, dom João assinou um decreto que determinava a abertura dos portos brasileiros às nações amigas. Essa medida era fundamental para manter as finanças reais, pois a principal fonte de renda da monarquia eram os impostos cobrados sobre as transações comerciais.

Os demais navios seguiram sem desvios em direção ao Rio de Janeiro, onde dom João desembarcou um mês depois, em 7 de março de 1808.

Embarque do rei de Portugal, dom João, para o Brasil, em 29 de novembro de 1807. Pintura anônima, século XIX. Ministério das Relações Exteriores, Rio de Janeiro.

Um príncipe no Rio

No Rio de Janeiro, dom João foi recebido com grande festa pelas autoridades e pelo povo que se juntou no cais do porto: sinos badalaram, canhões deram salvas de tiros e flores foram jogadas na passagem do príncipe regente. Banquetes foram organizados e músicas tocadas por vários dias. E não só na capital da colônia, nas outras capitanias também.

CÁ ENTRE NÓS

No Rio de Janeiro estava o principal porto da América portuguesa. A cidade havia sido transformada em capital da colônia do Brasil em 1763, em substituição à cidade de Salvador, na Bahia.

QUE HÁ NA IMAGEM?

A vida conjugal de dom João e sua esposa dona Carlota Joaquina foi tensa. Ela era uma princesa espanhola e nada apreciada pela população portuguesa, acusada várias vezes de conspirar contra o marido. Entretanto, o retrato ao lado mostra outra coisa. A encomenda de retratos de governantes, como esse, tinha sempre um objetivo político, pois era para serem apresentados ao público.

Interprete a mensagem que essa obra quer passar.

Retrato de dom João VI e dona Carlota Joaquina, óleo sobre tela de Manuel Dias de Oliveira, século XIX. Museu Histórico Nacional, Rio de Janeiro.

Príncipe Regente ou Ponha-se na Rua?

A chegada da Corte portuguesa ao Rio de Janeiro provocou grandes mudanças na cidade. Os historiadores não sabem ao certo quantos portugueses desembarcaram com a família real, mas acreditam que foram muitos.

Uma das medidas tomadas pelo príncipe regente foi lançar mão de um sistema chamado "aposentadoria" (ou seja, dar aposento), que dava alojamento a quem estivesse a serviço do rei ou em sua companhia em um lugar diferente do de sua moradia – como era o caso dos funcionários reais e dos nobres que chegaram ao Rio. Os moradores das casas assinaladas com a sigla P.R. (Príncipe Regente), em geral famílias de comerciantes ricos, deveriam, sem resistência nem discussão, cedê-las aos membros da comitiva real. Por esse motivo, a população apelidou a sigla P.R. de "Ponha-se na Rua" ou "Prédio Roubado". Os proprietários não perdiam seus imóveis. Mas eram obrigados a alugá-los aos novos moradores.

O SEU LUGAR NA HISTÓRIA

Até hoje, algumas áreas das cidades brasileiras são designadas pelo nome original dos mangues, brejos ou morros que já não existem mais, como o morro do Castelo, no centro da cidade do Rio de Janeiro, que foi desmanchado em 1921, mas continua sendo referido como "morro do Castelo".

Você conhece algum lugar de sua cidade que mantém o nome de algo que já não existe mais? Se não conhece, pesquise ou pergunte a alguma pessoa mais velha. Depois, apresente o resultado de sua pesquisa aos colegas de sua classe.

Urbanizar a capital

Estrangeiros e cronistas sempre elogiaram as belezas naturais da cidade do Rio de Janeiro. Mas havia muitos problemas para que ela se adequasse ao seu novo papel: o de nova capital do império português, sede da Corte portuguesa, que até então fora Lisboa.

Por se tratar de uma cidade cercada por morros, mangues, brejos e praias, era difícil circular por ela. Assim, foram realizadas diversas obras para melhorar o tráfego e as condições de vida: canais artificiais, retificação de rios, drenagem de terrenos, desmonte de morros para cobrir áreas alagadas e calçamento de ruas. Foi o início de uma série de grandes obras, que se estenderam pelo século XIX adentro.

Com algumas exceções, os prédios da cidade eram pequenos, de somente um andar. Os novos moradores queriam viver em casas de mais de um andar, os sobrados, e mais luxuosas, na cidade. Construíram também palacetes cercados por jardins distantes do centro da cidade, semelhantes às quintas de Portugal, como as casas de campo eram chamadas por lá. Esse novo estilo de moradias também foi adotado pelos mais ricos em outras grandes cidades, como no Recife e em Salvador.

Os órgãos da administração portuguesa que funcionavam em Lisboa, como a Casa de Suplicação, o mais alto tribunal de Portugal, foram transferidos para o Rio de Janeiro. E outras instituições foram criadas, como o Jardim Botânico, a Biblioteca Real e a Academia de Belas-Artes.

E as mudanças não pararam por aí. Houve algumas de grande impacto, como a permissão para o funcionamento de uma imprensa e a criação de cursos superiores no Brasil.

Vista do morro do Castelo, no Rio de Janeiro, óleo sobre tela de Victor Meirelles, c.1885. Museu Nacional de Belas Artes, Rio de Janeiro.

1810: Assinatura dos Tratados de Aliança e Amizade e Comércio e Navegação entre o Brasil e a Inglaterra. Retirada das tropas francesas de Portugal.

1815: Elevação do Brasil à condição de Reino Unido a Portugal e Algarves.

Luzes para o Brasil

Até 1808, o governo português não permitia a existência de faculdades e de imprensa no Brasil. A partir da vinda da Corte, foi necessário criar uma elite letrada para ocupar os postos da administração portuguesa. Os primeiros cursos superiores foram inaugurados em Salvador, a Escola de Cirurgia; em São Paulo, a Faculdade de Direito; e no Rio, a Academia Médico-Cirúrgica.

Até a criação dessas escolas, os nascidos no Brasil que desejassem fazer um curso superior tinham de ir para a Europa. O destino preferido deles era a Universidade de Coimbra, em Portugal.

Em 13 de maio de 1808, foi criada a Imprensa Régia, e o primeiro periódico a ser impresso no Brasil foi a *Gazeta do Rio de Janeiro*. Ela comunicava principalmente os atos do governo de dom João e os últimos acontecimentos na Europa.

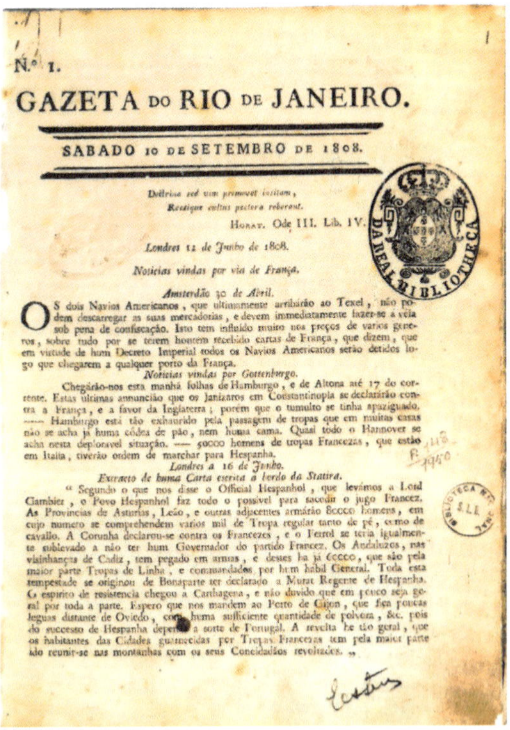
N.º 1.

GAZETA DO RIO DE JANEIRO.

SABADO 10 DE SETEMBRO DE 1808.

Delrina sed vim promovet insitam,
Rectique cultus pectora roborant.
HORAT. Ode III. Lib. IV.

Londres 12 de Junho de 1808.

Noticias vindas por via de França.

Amsterdão 30 de Abril.

OS dois Navios Americanos, que ultimamente arribárão ao Texel, não podem descarregar as suas mercadorias, e devem immediatamente fazer-se á vela sob pena de confiscação. Isto tem influido muito nos preços de varios generos, sobre tudo por se terem hontem recebido cartas de França, que dizem, que em virtude de hum Decreto Imperial todos os Navios Americanos serão detidos logo que chegarem a qualquer porto da França.

Noticias vindas por Gottenburgo.

Chegárão-nos esta manhã folhas de Hamburgo, e de Altona até 17 do corrente. Estas ultimas annuncião que os Janizaros em Constantinopla se declarárão contra a França, e a favor da Inglaterra; porém que o tumulto se tinha apaziguado. —— Hamburgo está tão exhaurido pela passagem de tropas que em muitas casas não se acha já huma côdea de pão, nem huma cama. Quasi todo o Hannover se acha nesta deploravel situação. —— 50000 homens de tropas Francezas, que estão em Italia, tiverão ordem de marchar para Hespanha.

Londres a 16 de Junho.

Extracto de huma Carta escrita a bordo da Statira.

"Segundo o que nos disse o Official Hespanhol, que levámos a Lord Gambier, o Povo Hespanhol faz todo o possivel para sacudir o jugo Francez. As Provincias de Asturias, Leão, e outras adjacentes armárão 80000 homens, em cujo numero se comprehendem varios mil de Tropa regular tanto de pé, como de cavallo. A Corunha declarou-se contra os Francezes, e o Ferrol se teria igualmente sublevado a não ter hum Governador do partido Francez. Os Andaluzes, nas visinhanças de Cadiz, tem pegado em armas, e destes ha já 60000, que são pela maior parte Tropas de Linha, e commandados por hum habil General. Toda esta tempestade se originou de Bonaparte ter declarado a Murat Regente de Hespanha. O espirito de resistencia chegou a Carthagena, e não duvido que em pouco seja geral por toda a parte. Espero que nos mandem ao Porto de Gijon, que fica poucas leguas distante de Oviedo, com huma sufficiente quantidade de polvora, &c. pois do successo de Hespanha depende a sorte de Portugal. A revolta he tão geral, que os habitantes das Cidades guarnecidas por Tropas Francezas tem pela maior parte ido reunir-se nas montanhas com os seus Concidadãos revoltados."

Primeiro jornal impresso no Brasil, a *Gazeta do Rio de Janeiro*, em 10 de setembro de 1808. Fundação Biblioteca Nacional, Rio de Janeiro.

Missão Francesa

Dom João contratou artistas para embelezar a cidade do Rio de Janeiro. Os melhoramentos visavam o que para a Corte significava civilizar a cidade, ou seja, torná-la parecida com as cidades europeias.

Depois que Napoleão foi derrotado, em 1815, os franceses deixaram de ser inimigos de Portugal e foram autorizados a entrar no Brasil. No ano seguinte, em 1816, vieram muitos artistas da França a convite de dom João. Um grupo de artistas ficou conhecido como Missão Francesa, que tinha como objetivo criar uma Academia de Ciências, Belas-Artes e Belas-Letras na capital do reino. Tudo para civilizar a capital.

Letrado: pessoa que sabe as letras, que tem estudo.

Civilizar: no Brasil, naquela época, significava adoção de costumes europeus, considerados "civilizados", corteses, urbanos, em relação aos costumes de outros povos considerados "bárbaros", grosseiros, rústicos.

Aceitação provisória da Constituição de Lisboa, gravura colorida de Jean-Baptiste Debret, um dos integrantes da Missão Francesa, publicada em 1839. Coleção particular.

Entre os artistas que integraram a Missão Francesa estavam Jean-Baptiste Debret e Nicolas-Antoine Taunay. Com suas obras, Debret tornou-se um dos maiores cronistas da cidade do Rio de Janeiro no início do século XIX.

Vista do Outeiro, Praia e Igreja da Glória, óleo sobre tela de Nicolas-Antoine Taunay, 1817. Museus Castro Maya, Rio de Janeiro.

Outras medidas do governo de dom João

Em 1810, dom João assinou dois tratados com a Inglaterra que ficaram conhecidos como **Tratados de 1810**: "Aliança e Amizade" e "Comércio e Navegação". Este segundo desagradou terrivelmente os comerciantes de Portugal: estabelecia em 15% a tarifa sobre o valor dos produtos ingleses que entrassem no Brasil, enquanto a tarifa sobre os produtos portugueses era de 16%, e sobre os de outras nações era de 24%. Esse imposto alfandegário resultou na importação dos mais variados produtos ingleses. Foi uma verdadeira invasão.

Em 1815, o Brasil (sede do império português) deixou de ser colônia e passou a ter o título de Reino Unido a Portugal e Algarves. Os comerciantes portugueses ficaram ainda mais insatisfeitos, e não era para menos, pois, assim, perdiam a exclusividade e o privilégio alfandegário sobre o comércio externo do Brasil, com a abertura dos portos, em 1808, e os Tratados de 1810, e agora isso.

A elevação do Brasil a Reino Unido foi interpretada em Portugal como um sinal de que a Corte ficaria definitivamente no Rio de Janeiro. Em resposta, os portugueses não pouparam esforços para fazê-la voltar. Demorou um pouco, mas conseguiram.

CÁ ENTRE NÓS

Não foram só franceses. Ingleses, austríacos e alemães também deixaram registros artísticos sobre o dia a dia, o cotidiano de várias regiões do Brasil, como o austríaco Thomas Ender, o germânico Johann Moritz Rugendas, o inglês Henry Chamberlain, entre dezenas de outros.

AO MESMO TEMPO

Modo de vida inglês

A maioria dos produtos importados para o Brasil eram ingleses, como também eram ingleses os comerciantes e as firmas que aqui se estabeleceram. Eles tiveram grande influência no modo de vida da população das maiores cidades do Brasil.

Costumes ingleses foram adotados, como construir moradias afastadas do centro urbano; utilizar vidro e ferro na construção das casas; vestir-se com roupas escuras; usar chapéu coco; utilizar relógio; comer com garfo (antes, comia-se com as mãos ou com colheres); usar barba, bigode e suíças, isto é, grandes costeletas; e mais um sem-número de costumes.

No bairro de Apipucos, na cidade do Recife, muito procurado por estrangeiros, havia uma clara influência inglesa nas construções e nos jardins de suas residências. Havia, inclusive, um hotel e linhas de diligências que ligavam o bairro ao centro urbano da cidade. Litografia de F. H. Carls, segunda metade do século XIX. Coleção particular.

Diligência: veículo puxado por cavalos, usado para transportar pessoas, correios e bagagens.

1 | Pesquise outros costumes ingleses adotados pelos brasileiros no século XIX que permaneceram.

2 | Retome o capítulo 3 e explique o motivo pelo qual o tecido de algodão produzido na Inglaterra era um produto de destaque daquele país.

Passos para a independência

Em Portugal, nada andava bem. A população, a nobreza e os funcionários reais estavam muito descontentes. A pressão para que a Corte voltasse a Lisboa havia começado em 1810, com a retirada das tropas francesas do reino. Desde então, só aumentara. Chegou-se, enfim, a uma situação difícil: a vitória da Revolução Constitucionalista do Porto, em 1820.

O que ela significava?

Significava que Portugal passava a contar com uma Constituição e que o país exigia a volta imediata do rei, bem como que ele fizesse seu juramento à nova Constituição. Dom João não era mais príncipe regente, mas rei de Portugal.

Pressionado pelos acontecimentos, e para não perder o trono de Portugal, dom João VI foi obrigado a voltar. Mas, para não perder o Brasil, deixou seu filho primogênito e herdeiro natural do trono, dom Pedro, como príncipe regente.

Dom Pedro ficou

Dom Pedro permaneceu no Brasil, mas sem recursos. Dom João levara consigo, para Portugal, todo o dinheiro dos cofres reais.

Encontrou-se em uma difícil situação. As Cortes haviam obrigado as províncias brasileiras a prestar contas políticas e financeiras a elas, e não ao príncipe regente.

Em uma carta que escreveu ao pai, dom Pedro disse: "Fiquei regente, e hoje sou capitão-general, porque governo só a província [do Rio de Janeiro]". Nessa mesma carta, dom Pedro chegou a pedir ao pai, inclusive, que o dispensasse "deste emprego".

Apesar dessa situação e das intensas pressões das Cortes para que também voltasse a Portugal, dom Pedro resistiu.

Quando recebeu uma representação com mais de 8 mil assinaturas de pessoas do Rio de Janeiro solicitando-lhe que ficasse no Brasil, ele decidiu ficar. Em 9 de janeiro de 1822, informou à população reunida no largo do Paço que pretendia se manter no Brasil e desobedecer às ordens de Lisboa. Esse dia ficou conhecido como o **Dia do Fico**.

Dom Pedro escolheu um novo ministério, liderado por José Bonifácio de Andrada e Silva, intelectual e político nascido no Brasil, mas educado na Universidade de Coimbra.

Em 3 de junho, dom Pedro convocou eleições provinciais para compor uma Assembleia Constituinte para o Brasil, demonstrando que estava disposto a enfrentar as Cortes de Lisboa, que continuavam a insistir que ele regressasse a Portugal.

Uma medida, em especial, marcou o rompimento definitivo de dom Pedro com Portugal: o decreto por ele assinado em 1º de agosto, que considerava inimigas todas as tropas portuguesas enviadas ao Brasil sem o seu consentimento. Era um grande passo.

VOCÊ JÁ OUVIU FALAR

... que foram enviados emissários para o interior em busca de voluntários para formar um "exército libertador" contra os interesses das Cortes Portuguesas? Um deles foi para a vila de Cachoeira, importante e rica área açucareira da Bahia, cuja Câmara Municipal havia apoiado a permanência de dom Pedro desde o início, aclamando-o "Regente Perpétuo" do Brasil. Essa vila foi o local de alistamento de Maria Quitéria, nossa personagem.

Cortes: Parlamento nacional português, que, em 1820, reuniu-se para discutir, votar e aprovar uma Constituição que estabelecia no país uma monarquia constitucional, em substituição à monarquia absolutista. As Cortes não se reuniam desde 1689.
Província: divisão administrativa do Brasil a partir de 1821, em substituição à denominação de capitanias.

7 de setembro de 1822: Independência do Brasil. Início das guerras de independência.

1822-1823: Guerras de independência na Bahia.

A partir daí, a independência do Brasil já era considerada por muitos um fato real.

Finalmente, em 7 de setembro de 1822, nas proximidades da cidade de São Paulo, dom Pedro proclamou a independência.

O Brasil se tornava um país independente governado por um imperador: dom Pedro I. Foram mantidas as províncias unidas – e a escravidão.

Missal: livro que contém as orações da missa e outras.
Aclamar: eleger por aclamação, por reconhecimento solene; proclamar.

OUTRAS HISTÓRIAS EPISÓDIOS

Um rei aclamado no Brasil

Dona Maria I, apesar de doente, ainda era a rainha de Portugal. Quando morreu, em 1816, seu filho, o príncipe regente dom João, passou a ser rei. Mas a cerimônia de aclamação de dom João só aconteceu dois anos depois, em 1818. No dia 6 de fevereiro de 1818, dom João desceu para a varanda recém-construída no Paço Real, vestido com um manto de veludo vermelho bordado em ouro e um chapéu de plumas brancas. Trombetas e tambores rufaram, seguidos dos aplausos do povo que assistia da rua.

Depois dessa entrada triunfal, ele sentou-se na cadeira real para receber o cetro de ouro. Começava a parte mais importante: o juramento. Dom João ajoelhou-se em uma almofada, pôs a mão direita sobre a cruz e o missal e fez o juramento de reger e governar bem os seus súditos. Estava aclamado, com o título de dom João VI.

Aclamação de dom João, gravura de Debret. A varanda com 18 arcos, tendo ao centro mais um maior e avançado em relação aos outros, foi especialmente construída para a cerimônia da aclamação de dom João VI. Fundação Biblioteca Nacional, Rio de Janeiro.

1 | Você saberia dizer quais outros monarcas, depois de dom João VI, foram coroados no Brasil?

2 | Na monarquia, a coroa e o cetro reais são os símbolos do poder. Hoje em dia, o Brasil tem uma forma de governo republicana e é governado por um ou uma presidente. Pesquise que símbolo representa o poder presidencial.

1823: Fim da resistência no Maranhão.
Dissolução da Assembleia Constituinte.

A HISTÓRIA NÃO ESTÁ SOZINHA

Arte

Uma obra de arte faz parte de seu tempo e tem sua própria história.

A obra *Independência ou morte*, do pintor Pedro Américo de Figueiredo e Melo (1843-1905), retrata um episódio que, na verdade, o autor não presenciou: o Grito do Ipiranga, considerado, há muito tempo, o momento em que o Brasil se tornou independente de Portugal.

Muito tempo depois do fato, na década de 1880, políticos do Partido Conservador propuseram a criação de um monumento que representasse o lugar do "Grito", na colina do Ipiranga, e reforçasse a imagem da monarquia. Um painel também foi encomendado, para dar maior destaque ao monumento e à Província de São Paulo.

Pedro Américo foi o autor do painel, elaborado entre 1886 e 1888, ainda durante o período monárquico. Publicou um folheto explicativo, no qual registrou os caminhos que percorreu para realizar a obra.

O painel foi colocado no maior salão do Monumento do Ipiranga e inaugurado em 7 de setembro de 1895, quando o Brasil já era uma república (desde 1889).

Reprodução/Museu Paulista da Universidade de São Paulo, SP.

Independência ou morte, óleo sobre tela de Pedro Américo, 1888. A obra é a imagem mais conhecida do Grito do Ipiranga, ocorrido em 7 de setembro de 1822. Museu Paulista da Universidade de São Paulo, São Paulo.

Com base no trecho abaixo, de autoria da historiadora Cecília Helena de Salles Oliveira, sobre o quadro de Pedro Américo, responda ao que se pede.

> [O pintor] alterou a topografia, para realçar o riacho do Ipiranga e a colina; escolheu raças equinas que dessem maior elegância ao príncipe e à comitiva; definiu características de trajes e chapéus; e promoveu a incorporação anacrônica da guarda de honra do imperador, regimento criado, como o próprio nome sugere, tempos depois do Sete de Setembro.

As muitas independências. *Revista Nossa História*. Rio de Janeiro: Biblioteca Nacional, set. 2004. n. 11. p. 14.

Anacrônica: fora de época, fora do tempo.

1 | O que foi o "Grito do Ipiranga"?

2 | O pintor não retratou o que viu nem, muito menos, o que havia acontecido, mas sim o que queria ressaltar. Não há certeza de que dom Pedro tenha realmente pronunciado a expressão "Independência ou morte". Observe a pintura em todos os seus detalhes. Depois, avalie se os cavalos e as roupas representados eram adequados a uma viagem como a que dom Pedro realizava.

1824: Reconhecimento da independência do Brasil pelos Estados Unidos da América. Portugal reconhece a independência em troca de compensação financeira.

Primeiro Reinado

Depois da independência, muitos problemas surgiram. Algumas províncias, que eram favoráveis às Cortes de Lisboa, recusaram-se a aceitar as ordens que vinham do Rio de Janeiro, que era de onde governava dom Pedro.

Mantiveram-se fiéis a Portugal: Grão-Pará, Maranhão, Piauí, Ceará, parte da Bahia e a Cisplatina. Mas foi na Bahia e no Maranhão que ocorreram os combates mais sangrentos.

Na Bahia, as tropas portuguesas contavam com o apoio das elites locais antes mesmo da proclamação da independência. A guerra civil começou em meados de 1822, quando a Vila de Cachoeira manifestou seu apoio ao príncipe regente. Lá, Maria Quitéria, nossa personagem, integrou um batalhão de artilharia que foi apelidado de "Batalhão dos Periquitos", por causa das cores do uniforme do Batalhão.

A guerra durou até o início de julho de 1823 e Maria Quitéria permaneceu até o final. Os brasileiros, ajudados por comandantes estrangeiros, bloquearam o porto de Salvador, e uma tropa tomou a cidade. Os portugueses e seus partidários se retiraram.

Também no Maranhão a esquadra brasileira pôs fim à resistência. Em agosto de 1823, o Império do Brasil estava em paz.

Outros problemas, entretanto, ainda estavam sem solução, entre eles o reconhecimento externo da independência e a elaboração de uma Constituição.

VOCÊ JÁ OUVIU FALAR

... que a independência da Bahia é comemorada no dia 2 de julho de 1823, e não no dia 7 de setembro de 1822?

QUE HÁ NA IMAGEM?

No retrato, que símbolo representa que ela era uma mulher, aceita como combatente pelas tropas dos que lutaram em favor da independência do Brasil?

Reprodução/Museu Paulista da USP, São Paulo, SP

Maria Quitéria em seu uniforme, óleo sobre tela de Domenico Failutti, 1920. Museu Paulista da Universidade de São Paulo, São Paulo.

O reconhecimento da independência

Para que um país se torne politicamente independente, é necessário que exista um reconhecimento diplomático por parte de outros países. Desse modo, ele pode continuar a fazer negócios externos e manter sua economia em funcionamento.

No caso do Brasil, como no das outras ex-colônias da América, era necessário que a antiga metrópole reconhecesse sua independência, para que os outros países, especialmente aqueles com os quais ela mantinha relações, fizessem o mesmo. O Brasil precisava, portanto, do reconhecimento de Portugal.

O governo dos Estados Unidos da América não via com bons olhos a forma monárquica de governo que fora adotada no Brasil. Ainda assim, a defesa do princípio de independência dos países da América acabou falando mais alto, e ele foi o primeiro a reconhecer a independência do Brasil, em julho de 1824.

Retrato de dom Pedro I, óleo sobre tela de Simplício Rodrigues de Sá, c. 1830. Museu Imperial de Petrópolis, Rio de Janeiro.

Dom Pedro I, então, buscou o apoio de diplomatas ingleses para conseguir o reconhecimento português. Ele sabia que, se Portugal reconhecesse o Brasil como um país soberano, outros o seguiriam.

Através dos intermediários ingleses, Portugal aceitou reconhecer a independência do Brasil em troca de um pagamento de 2 milhões de libras esterlinas. Grande parte desse dinheiro foi conseguido por meio de empréstimo com a Inglaterra, que, por sua vez, exigiu do Brasil a renovação dos Tratados de 1810.

Desse jogo diplomático, os britânicos saíram com enormes vantagens. E o Brasil, recém-independente, já tinha uma grande dívida com a Inglaterra.

Uma Constituição para o Brasil

Para organizar o governo, era necessário elaborar uma Constituição. A Assembleia Nacional Constituinte, convocada por dom Pedro em junho de 1822, só iniciou os trabalhos em maio de 1823. Ela era composta por quase cem deputados, eleitos pelas províncias.

Imediatamente dois grupos se formaram: o Partido Português, que defendia um governo centralizado na figura do imperador, e o Partido Brasileiro, que pretendia um governo descentralizado, com maior autonomia para as províncias, e uma Constituição que limitasse o poder do imperador.

Tudo indicava que a proposta liberal, que era a do Partido Brasileiro, seria a aprovada.

Esse não era o objetivo de dom Pedro e de seus partidários. Em 11 de novembro, ele dissolveu a Assembleia, ao ordenar que tropas fiéis a ele cercassem o prédio onde os constituintes estavam reunidos e prendessem vários deles. Alguns foram deportados, isto é, expulsos do país, como foi o caso dos três irmãos Andrada: Martim Francisco, Antonio Carlos e José Bonifácio de Andrada e Silva, este último até então um dos principais conselheiros de dom Pedro.

Dissolvida a Assembleia, dom Pedro escolheu um grupo de pessoas para elaborar a nova Constituição.

A primeira Constituição do Brasil foi outorgada em 25 de março de 1824.

Juro Manter a Religião Catholica, Apostolica, Romana; a Integridade e Indivisibilidade do Imperio; Observar e Fazer observar, como Constituição Politica da Nação Brazileira, o presente Projecto de Constituição, que Offereci, e a mesma Nação aceitou e pedio que fosse desde logo jurado, como Constituição do Imperio: Juro Guardar e Fazer guardar todas as Leis do Imperio, e Prover ao bem geral do Brazil, quanto em Mim couber. Rio de Janeiro vinte e cinco de Março de mil oitocentos e vinte quatro.

Imperador Constitucional, e Defensor Perpetuo do Brazil.

Juramento de dom Pedro I (que assina, em 25 de março de 1825, como "Imperador Constitucional, e Defensor Perpétuo do Brazil") à Constituição Imperial de 1824. Arquivo Nacional da Torre do Tombo, Lisboa, Portugal.

Outorgar: declarar, aprovar.

DOCUMENTO

Soberania nacional

Leia um trecho da carta que José Bonifácio de Andrada e Silva escreveu, em 1825, ao seu amigo Antônio de Menezes Vasconcelos de Drummond.

> Ao menos temos Independência reconhecida, bem que a soberania nacional recebeu um coice na boca do estômago, de que não sei se morrerá, ou se se restabelecerá com o tempo.
>
> Cartas Andradinas. Biblioteca Nacional. Acervo Digital. Disponível em: <https://www.bn.gov.br/acontece/noticias/2015/01/artigo-digital-correspondencia-jose-bonifacio-nas>. Acesso em: 28 jun. 2018.

- Explique o que José Bonifácio quis dizer com:
  a) "Ao menos temos Independência reconhecida".
  b) "a soberania recebeu um coice na boca do estômago".

A Constituição de 1824

Pela Constituição de 1824, o Brasil passava a ser uma monarquia hereditária, constitucional e representativa, e o catolicismo, reconhecido como religião oficial. A nova Constituição também estabelecia a existência de quatro poderes: o Legislativo, o Judiciário, o Executivo e o **Moderador**.

O poder Moderador era exercido exclusivamente pelo imperador e se sobrepunha aos outros. Isso significava que o imperador tinha o direito de vetar e anular quaisquer decisões dos outros poderes (do Legislativo e do Judiciário, no caso, já que o Executivo era exercido por ele mesmo e pelos ministros que ele nomeava).

As províncias passaram a ser governadas por um presidente nomeado pelo imperador. E os portugueses que optassem pelo Brasil poderiam se tornar súditos do Império. A Constituição estabelecia também a existência de eleições para os cargos públicos. O processo de eleição era censitário, ou seja, dependia da renda anual do indivíduo para escolher quem seriam os votantes, eleitores e elegíveis.

Só poderiam ser votantes homens livres e libertos, nascidos no Brasil, que tivessem 25 anos ou mais e renda anual equivalente ou superior a 100 mil réis. Para serem eleitores do poder Legislativo, teriam de ter 200 mil réis de renda anual. E para serem candidatos elegíveis, 400 mil réis. Para o Senado, os valores eram ainda mais altos: 400 mil réis de renda anual para serem votantes e 800 mil para serem candidatos a senador.

Os presidentes das províncias eram diretamente escolhidos pelo imperador. Não havia necessidade de os votantes – eleitores e elegíveis – serem alfabetizados.

Soberania: o que ou quem tem autoridade, autonomia.
Hereditária: função ou condição que passa de uma geração a outra, de pais/mães para filhos/filhas.
Súdito: pessoa que é sujeita ao pai, príncipe, rei.
Renda anual: valor por ano que a pessoa recebe por sua atividade, produção ou negócio.
Elegível: pessoa que tem condições legais de se eleger.

VOCÊ JÁ OUVIU FALAR

... que, ao retornar a Portugal, dom Pedro assumiu o comando dos homens que eram contra dom Miguel, derrotou seu irmão, restaurou a Constituição portuguesa de 1826 e assumiu o trono como dom Pedro IV? Em 1834, doente, passou a coroa para sua filha dona Maria da Glória, que se tornou a rainha dona Maria II. Dom Pedro I do Brasil e IV de Portugal faleceu dias depois, no palácio de Queluz. Ao pôr fim ao golpe de seu irmão e recuperar o trono para sua filha, ele entrou para a história portuguesa como um liberal que livrou o país do absolutismo. Na história brasileira, contudo, ele é avaliado como um monarca absolutista e centralizador.

A Confederação do Equador

A dissolução da Assembleia Constituinte de 1823 e a outorga de uma Constituição em 1824, que impunha a centralização do poder nas mãos do imperador, desagradaram as elites de muitas províncias, que não tinham liberdade para escolher seus presidentes.

Em Pernambuco, essas insatisfações resultaram em um movimento que ficou conhecido como **Confederação do Equador**. Seu principal objetivo era conquistar a separação do Império do Brasil e formar uma república com as províncias do Ceará, da Paraíba, do Rio Grande do Norte e, talvez, do Piauí e do Pará.

A rebelião foi derrotada pelas tropas do governo imperial, e seus líderes foram condenados à pena de morte, incluindo um frei carmelita chamado Frei Caneca.

A Guerra da Cisplatina

Ao sul do Brasil, a Província Cisplatina (atual Uruguai) foi anexada aos domínios portugueses durante o governo de dom João VI, em 1816. Seus habitantes se organizaram com um objetivo: separar-se do Brasil e se anexar às Províncias Unidas do Reino do Prata (atual Argentina). O Brasil não pretendia deixar isso acontecer, dando início à guerra, em 1825.

Dom Pedro imaginou que a vitória do Império do Brasil mostraria a superioridade do regime monárquico. Mas não teve êxito. A guerra consumiu quase todo o dinheiro público e custou a vida de cerca de 8 mil homens. O Brasil perdeu a Cisplatina.

Em 1828, com a mediação britânica, a Província da Cisplatina se transformou em um Estado independente: a **República Oriental do Uruguai**.

Mas a Guerra da Cisplatina não foi o único problema de dom Pedro I.

Combate entre rebeldes e legalistas na luta dos Afogados, aquarela de Leandro Martins, 1820-1830. No Recife, representação da entrada das forças imperiais do Brasil, enviadas para acabar com a Confederação do Equador. Coleção particular.

7 de abril de 1831: Dom Pedro I abdica do trono brasileiro. Fim do Primeiro Reinado.

A questão sucessória em Portugal

Dom João VI morreu em Portugal em 1826, quando a Guerra da Cisplatina ainda não havia terminado.

Dom Pedro era o herdeiro legítimo do trono português. Como era também o imperador do Brasil, ele precisava fazer uma escolha: Brasil ou Portugal.

Escolheu a coroa do Brasil, abdicando do trono do reino de Portugal em favor de sua filha mais velha, nascida no Rio de Janeiro: dona Maria da Glória, prometida ainda criança para ser esposa de seu tio dom Miguel, irmão de dom Pedro.

Dois anos depois, em 1828, esse mesmo irmão deu um golpe de Estado com o apoio de sua mãe, dona Carlota Joaquina, e assumiu o poder em Portugal.

A preocupação cada vez maior de dom Pedro com os problemas políticos de Portugal acabou desagradando vários grupos da sociedade brasileira. Seu governo parecia estar no fim

Dom Pedro abdica

O descontentamento com o imperador era crescente e generalizado. Vários jornais traziam artigos contra dom Pedro, acusando-o de se interessar mais por Portugal do que pelo Brasil. Entre a população, aqueles que o defendiam eram chamados de portugueses, e os seus oponentes, de brasileiros.

Os conflitos entre brasileiros e portugueses culminaram na chamada **Noite das Garrafadas**. Em 15 de março de 1831, os portugueses organizavam uma grande festa para recepcionar o imperador, que voltava de uma viagem a Minas Gerais, quando foram atacados com pedras e garrafas pelos brasileiros.

Dom Pedro I não resistiu.

Em 7 de abril, ele abdicou do trono brasileiro em favor de seu filho, dom Pedro de Alcântara. Como o príncipe tinha apenas 5 anos de idade, o imperador nomeou José Bonifácio de Andrada e Silva como seu tutor.

Era o fim do **Primeiro Reinado** e o início da **Regência** no Brasil.

Maria Quitéria, o soldado Medeiros, presenciou todos esses acontecimentos.

Com o fim das guerras pela independência na Bahia, em 1823, foi obrigada a sair do exército, que não aceitava mulheres em seus quadros permanentes. Mas foi recompensada: dom Pedro I lhe concedeu a insígnia da Imperial Ordem do Cruzeiro e um soldo vitalício, ou seja, um ordenado até sua morte.

De volta à casa do pai, casou-se e teve uma filha. Viveu até o Segundo Reinado, com o imperador dom Pedro II já no trono. Faleceu em 1853.

Em 1996, foi proclamada Patrona do Quadro Complementar de Oficiais do Exército, homenagem tardia, mas merecida.

PUXANDO PELA MEMÓRIA

Após o estudo do capítulo você manteria sua resposta à pergunta da página 98?

Créditos das imagens de baixo para cima: Reprodução/Museu Histórico Nacional, Rio de Janeiro, RJ.; Reprodução/Museu Paulista da USP, São Paulo, SP.; Reprodução/Biblioteca Nacional de Portugal, Lisboa.; Reprodução/Museu Paulista da Universidade de São Paulo, SP.; Reprodução/Arquivo Nacional, Rio de Janeiro, RJ.; Reprodução/Fundação Biblioteca Nacional, Rio de Janeiro, RJ.; Reprodução/Fundação Biblioteca Nacional, Rio de Janeiro, RJ.; Reprodução/Arquivo da editora

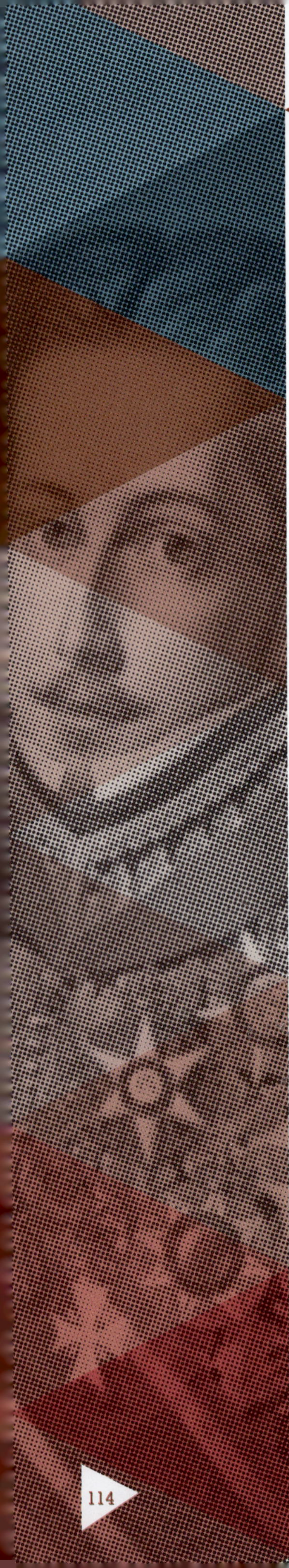

Reprodução/Museu Imperial de Petrópolis, RJ.

ROTEIRO DE ESTUDOS

O QUE APRENDEMOS?

1 | Observe a tabela e responda às perguntas a seguir.

Entrada de navios no porto do Rio de Janeiro entre os anos de 1805 e 1810

Ano	Portugueses	Estrangeiros
1805	810	-
1806	642	-
1807	777	-
1808	765	90
1809	822	83
1810	1214	422

Fonte: NEVES, Lúcia Maria B. P. das; MACHADO, Humberto F. *O Império do Brasil*. Rio de Janeiro: Nova Fronteira, 1999. p. 37.

a) Por que não há registro da entrada de navios estrangeiros no porto do Rio de Janeiro antes de 1808?

b) E o que explica a entrada deles a partir de 1808?

c) Em sua opinião, o comércio com negociantes estrangeiros tinha chances de crescer? Justifique.

d) Apesar de a tabela não especificar a nacionalidade dos navios estrangeiros, de que país a maioria desses navios era proveniente?

2 | Por que era tão importante para o governo criar ou aumentar impostos?

3 | Cite três mudanças causadas pela vinda da Corte portuguesa para o Brasil.

4 | Há alguma relação entre as Cortes de Lisboa e a independência do Brasil? Qual?

5 | O que significava o voto censitário determinado pela Constituição de 1824?

6 | Relacione a Constituição de 1824 e a insatisfação dos opositores de dom Pedro I.

7 | Relacione a mudança da família real para o Brasil com a expansão napoleônica na Europa.

8 | Relacione Bloqueio Continental e Inglaterra.

9 | Por que a afirmação a seguir é falsa?

O governo de dom Pedro I no Brasil é considerado liberal por conta do poder moderador.

10 | Qual é a relação entre o sul do Brasil e a República Oriental do Uruguai?

PESQUISA

- Como vimos neste capítulo, em 1824 foi outorgada a primeira Constituição do Brasil. Ela foi a primeira de muitas. Pesquise sobre outras Constituições que o Brasil já teve e cite pelo menos uma que foi votada por assembleia constituinte.

IMAGENS CONTAM A HISTÓRIA

A imagem a seguir é uma caricatura que representa dom Pedro e seu irmão dom Miguel lutando pela Coroa portuguesa. Cada um é apoiado por um personagem: o rei francês Luís Felipe e o czar Nicolau da Rússia. A França simboliza o liberalismo e a defesa da Constituição; a Rússia, o absolutismo.

1 | Em sua opinião, quem é dom Pedro na imagem e quem o apoia?

2 | O que a caricatura simboliza?

Caricatura de Daumier, 1833. Biblioteca Nacional de Portugal, Lisboa, Portugal.

O PASSADO PRESENTE

Na Constituição Política do Império do Brasil (Carta de Lei de 25 de março de 1824), o artigo 2º determina:

> O seu território é dividido em Províncias, na forma em que atualmente se acha, as quais poderão ser subdivididas, como pedir o bem do Estado.

Disponível em: <www.planalto.gov.br/ccivil_03/constituicao/constituicao24.htm>. Acesso em: 27 maio 2018.

Agora, leia um dos artigos da Constituição da República dos Estados Unidos do Brasil, de 24 de fevereiro de 1891:

> Art. 1º - A Nação brasileira adota como forma de Governo, sob o regime representativo, a República Federativa, proclamada a 15 de novembro de 1889, e constitui-se, por união perpétua e indissolúvel das suas antigas Províncias, em Estados Unidos do Brasil.
>
> Art. 63 - Cada Estado reger-se-á pela Constituição e pelas leis que adotar, respeitados os princípios constitucionais da União.

Disponível em: <www.planalto.gov.br/ccivil_03/constituicao/constituicao91.htm>. Acesso em: 27 maio 2018.

- O que se manteve e o que mudou na organização política do Brasil entre 1824 e 1891? O que permanece até hoje?

São Salvador, litografia aquarelada de Johann Moritz Rugendas, 1827-1835. A imagem retrata os arredores da cidade de São Salvador, capital da Bahia, na década de 1830, palco de duas grandes revoltas regenciais: a dos Malês, que envolveu negros islamizados, e a Sabinada, liderada por profissionais liberais e com participação de variados grupos urbanos. Pinacoteca do estado de São Paulo, São Paulo.

Reprodução/Pinacoteca do estado de São Paulo, SP.

CAPÍTULO 7

REBELIÕES NO BRASIL REGENCIAL

Em 1838 estourou uma grande revolta na província do Maranhão, conhecida pelo nome de Balaiada. Havia muitos quilombos pelo Brasil, e um deles estava na comarca de Itapecuru-Mirim, no Maranhão, denominado quilombo de Preto Cosme, referência a Cosme Bento das Chagas, um liberto que havia reunido na Fazenda da Lagoa Amarela 3 mil negros (alguns autores falam em 6 mil), entre escravos e libertos.

Durante a revolta, Cosme tentou se aliar aos líderes balaios, mas eles se recusaram. Tinham medo de perder o controle e provocar uma rebelião de escravos.

A Balaiada foi apenas uma das rebeliões que marcaram o período regencial do Brasil.

O padre Diogo Antônio Feijó, importante figura política da Regência, chegou a afirmar, em 1836, que "o vulcão da anarquia ameaça devorar o Império". Suas palavras representavam muito bem o medo dos governantes em relação às revoltas. Pensavam que tinham perdido o controle do governo do Brasil. E tinham razão em ter receio.

São algumas dessas revoltas que estudaremos neste capítulo.

PUXANDO PELA MEMÓRIA

Você sabe o que significou o período regencial da história do Brasil e o que ele tem a ver com o território do Brasil de hoje?

Créditos das imagens de baixo para cima: Reprodução/Museu Paulista da USP, São Paulo, SP.; Reprodução/Fundação Biblioteca Nacional, Rio de Janeiro, RJ.; Reprodução/Museu Imperial, Petrópolis, RJ.; Acervo Iconographia/Reminiscências/Fundação Biblioteca Nacional, Rio de Janeiro, RJ.; Reprodução/Coleção particular, Bahia, BA.; Reprodução/Coleção Luís Ernesto Moraes, Rio de Janeiro, RJ.

1825: Nasce o príncipe dom Pedro de Alcântara, filho de dom Pedro I e dona Leopoldina.

O "órfão da nação"

O príncipe Pedro de Alcântara era filho de dom Pedro I, imperador do Brasil, e de dona Leopoldina de Habsburgo, que morreu quando ele tinha apenas 1 ano de idade, em 1826. Pouco tempo depois, em 1831, seu pai abdicou do trono do Brasil e correu para Portugal para garantir o trono para sua filha mais velha, dona Maria da Glória. A segunda esposa de dom Pedro I, dona Amélia de Leuchtenberg, foi com ele.

Pedro, que tinha então apenas 5 anos de idade, passou a ser visto pelo povo como o "órfão da nação". Ele e suas irmãs foram criados por uma governanta – uma "aia", como se dizia na época – e por José Bonifácio de Andrada e Silva, nomeado seu tutor por dom Pedro I antes de partir.

Liberto: condição social de um indivíduo escravizado que havia conseguido sua liberdade.

Órfão: filho que perde os pais.
Tutor: pessoa que cuida dos interesses de um órfão.

Reprodução/Museu Paulista da USP, São Paulo, SP.

Dona Leopoldina de Habsburgo e seus filhos, óleo sobre tela de Domenico Failutti, 1922. Pedro de Alcântara aparece retratado no colo da mãe, ao lado das irmãs dona Maria da Glória, dona Januária, dona Paula e dona Francisca Carolina. Museu Paulista da Universidade de São Paulo, São Paulo.

O QUE HÁ NA IMAGEM?

Observe com atenção o retrato de dom Pedro de Alcântara menino. Apesar de a pintura apresentar elementos relacionados à infância do príncipe, como o tambor, ela também traz vários emblemas do Império do Brasil. A função da imagem era informar aos súditos do Império que o príncipe aprendia a ser um soberano. Observe também a bandeira do Império do Brasil: atente para suas cores e formato.

Você consegue identificar no retrato de dom Pedro os símbolos do Império do Brasil? Quais?

Reprodução/Museu Imperial, Petrópolis, RJ.

Dom Pedro, menino, óleo sobre tela de Armand Julien Pallière, c. 1830. Museu Imperial, Petrópolis, Rio de Janeiro.

Bandeira do Império do Brasil durante o Primeiro Reinado (1822-1831). Gravura colorida de Jean-Baptiste Debret. Biblioteca Municipal Mário de Andrade, São Paulo.

Reprodução/Biblioteca Municipal Mário de Andrade, São Paulo, SP.

VOCÊ JÁ OUVIU FALAR

... que o Brasil ficou sem imperador e governado por regentes entre a abdicação de dom Pedro I, 1831, e a aclamação de dom Pedro II, em 1840, motivo pelo qual essa época da História do Brasil é chamada de período regencial?

As Regências

Dom Pedro de Alcântara era uma criança, portanto não podia governar. A Constituição de 1824 estabelecia que, se não houvesse alguém na família imperial para exercer a regência, uma Assembleia Geral – formada pela Câmara dos Deputados e pelo Senado – elegeria uma junta de três regentes para governar até que o príncipe completasse 18 anos.

Mas, como os trabalhos da Câmara e do Senado estavam suspensos quando dom Pedro I abdicou, os políticos que estavam no Rio de Janeiro elegeram uma **Regência Trina Provisória**. Dois meses depois, em junho de 1831, foi eleita, conforme determinava a Constituição, uma **Regência Trina Permanente**, que governou o Brasil até 1835.

A formação de grupos políticos

CÁ ENTRE NÓS

Restaurador significa alguém que pretende restaurar, ou seja, restabelecer uma situação antiga. No caso dos políticos restauradores do período regencial, eles queriam restaurar o governo de dom Pedro I.

A situação do Brasil inspirava cuidados. Parecia um barril de pólvora pronto para explodir. De um lado, estavam os **restauradores** ou **caramurus**, cidadãos que queriam a volta de dom Pedro I ao Brasil; de outro, os **liberais radicais**, conhecidos como **exaltados** ou **jurujubas**, que pretendiam até instaurar uma república. Entre os dois extremos, encontravam-se os **liberais moderados** ou **chimangos**, grupo com tendências políticas variadas, mas que almejava manter a ordem do Império a qualquer custo, preservando a escravidão e a integridade territorial. Tarefa difícil, sem dúvida.

Uma questão que provocava debates acalorados entre eles era a autonomia das províncias. Os liberais radicais e os moderados queriam que as províncias tivessem mais liberdade para escolher seus presidentes e seus juízes, além de poderem elaborar suas próprias leis, desde que não fossem contra a Constituição do Brasil. Já os restauradores queriam que todas as decisões permanecessem centralizadas no governo imperial e nos órgãos que o constituíam, como o Senado e o Conselho de Estado.

Medidas da Regência Trina Permanente

Os liberais conseguiram algumas mudanças. Em 1831, foi criada a Guarda Nacional: uma corporação não militar que agregava os cidadãos ativos entre 25 e 60 anos. Como sua função era manter a "ordem", entre outras tarefas, a Guarda Nacional podia ser convocada em qualquer situação considerada de desordem, como insurreição, rebelião ou movimento popular. Ela era convocada até mesmo para resolver problemas com as forças policiais, como uma rebelião de soldados, por exemplo.

A Guarda Nacional proporcionou maior autonomia para as províncias, já que seus cidadãos ativos podiam legalmente portar armas para controlar a população, incluindo a população escrava.

Cidadão ativo: neste contexto, todos os homens com mais de 25 anos de idade que fossem habilitados para as eleições.

1831: Início do período regencial no Brasil. Eleição da Regência Trina Permanente. Criação da Guarda Nacional.

Outra medida importante da Regência Trina Permanente foi o **Ato Adicional** à Constituição de 1824. Por meio desse Ato, as províncias ganharam mais autonomia e a cidade do Rio de Janeiro, capital do Império, foi transformada em município neutro. Estabeleceu-se também a Regência Una, o que significava que haveria apenas um regente no governo do Império, que continuaria a ser eleito por Assembleia.

Acervo Iconographia/Reminiscências/Fundação Biblioteca Nacional, Rio de Janeiro, RJ.

Uniformes de major e coronel da Guarda Nacional, 1840. Inspirada na instituição francesa de mesmo nome, a Guarda Nacional só foi extinta no século XX. Fundação Biblioteca Nacional, Rio de Janeiro, RJ.

AO MESMO TEMPO

Morte de dom Pedro I, do Brasil, e IV, de Portugal

Dom Pedro I ainda era imperador do Brasil quando seu pai, dom João VI, faleceu em 1826. Herdeiro do trono de Portugal, dom Pedro abdicou em favor de sua filha, dona Maria da Glória, na época com 7 anos de idade, com o compromisso de casá-la com seu irmão mais novo, dom Miguel. Mas Miguel, apoiado por sua mãe, dona Carlota Joaquina, pela Igreja católica e pela Áustria, deu um golpe de Estado em 1828, anulando a Constituição de 1826.

Quando dom Pedro I abdicou do trono do Brasil em 1831, voltou para a Europa e declarou guerra a seu irmão. No conflito que se seguiu, dom Pedro garantiu a legalidade da Constituição portuguesa e expulsou dom Miguel de Portugal em 1834. Subiu ao trono como dom Pedro IV.

Pouco tempo depois, doente, passou a Coroa para sua filha dona Maria da Glória (que assumiu o trono como dona Maria II). Dom Pedro I do Brasil e IV de Portugal faleceu dias depois, em 24 de setembro de 1834, no palácio de Queluz.

A morte de dom Pedro I representou o fim do partido Restaurador no Brasil. Muitos membros desse partido passaram a ser conhecidos como conservadores.

Ao pôr fim ao golpe de seu irmão e recuperar o trono para sua filha, ele entrou para a história portuguesa como um liberal que livrou o país do absolutismo. Na história brasileira, contudo, ele é avaliado como um monarca absolutista e centralizador.

1 | Considerando o contexto em que viveu e reinou dom Pedro I, responda: qual é a diferença entre um liberal e um absolutista?

2 | Explique o motivo de os restauradores terem desaparecido como grupo político.

1833: Revolta de Carrancas.

1834: Ato Adicional à Constituição de 1824. Dom Pedro I morre, em Portugal.

Regência Una

O padre Diogo Antônio Feijó, de tendência liberal, foi eleito regente em 1835. Sua vitória foi apertada, ganhando com pouco mais da metade dos votos. Ele sabia que enfrentaria oposição em seu governo – e não se enganou.

Revoltas explodiram por toda a parte do Império, envolvendo grupos diferentes e com objetivos variados. Parecia que o Brasil estava a ponto de se dividir em vários países, como havia acontecido com a América espanhola na época das independências.

Era preciso muita cautela para enfrentar tantos problemas políticos. E o governo do padre Feijó não conseguiu resolvê-los. Doente e desprestigiado, renunciou a sua função em 1837.

O Regresso

Em 1838, foram realizadas novas eleições para regente, saindo vitorioso o político pernambucano conservador Araújo Lima. Como seu governo representou um regresso à política de centralização da época de dom Pedro I, ficou conhecido como **Regresso**.

Araújo Lima diminuiu o poder concedido às províncias para nomear juízes de paz, que passariam a ser indicados pelo governo central, sediado no Rio de Janeiro.

Como as revoltas se tornavam cada vez mais frequentes e duradouras, os políticos, tanto conservadores quanto liberais, aliaram-se a ele. Araújo Lima foi regente até 1840, quando o príncipe dom Pedro teve sua maioridade antecipada.

QUE HÁ NA IMAGEM?

O paulista padre Diogo Antônio Feijó, criador da Guarda Nacional, foi um dos principais articuladores do partido Liberal e um dos mais atuantes opositores de dom Pedro I, contribuindo para sua abdicação. Em 1835, tornou-se regente do Império do Brasil, mas o clima de rebelião constante levou-o a renunciar ao cargo.

Observe a caricatura de Feijó. Qual seria o motivo de seu desânimo? Por que pegava a estrada para São Paulo?

Caricatura feita por Manuel de Araújo Porto-Alegre, em que Feijó volta para São Paulo no dorso de um burro enchapelado, que vai deixando rastros de sua passagem. Coleção particular.

1835: Padre Diogo Antônio Feijó assume a Regência Una. Começa a Cabanagem, no Pará.

1835: Começa a Revolta Farroupilha, no Rio Grande do Sul. Estoura a Revolta dos Malês na cidade de Salvador, na Bahia.

As revoltas regenciais

Revoltas explodiram por todo o Brasil. A possibilidade de que alguma província se separasse do Brasil apavorava os governantes. Caso isso acontecesse em alguma província, eles não tinham dúvidas de que outras a imitariam. Seria o fim da integridade territorial do Império.

A elite política estava convencida de que "era preciso parar o carro da revolução". A questão era: como?

As revoltas envolveram os mais diferentes grupos sociais. Algumas revoltas pretendiam conseguir maior liberdade para suas províncias em relação ao poder centralizado no Rio de Janeiro; outras, a separação do Brasil e a criação de um novo país; outras, ainda, não tinham objetivo definido, mas demonstravam a insatisfação com a política que existia. Nenhuma delas, entretanto, pretendia mudar profundamente a estrutura da sociedade. E nenhuma propôs realmente acabar com a escravidão.

Muitos acreditavam que somente o pequeno imperador teria mantido o território unido até aquele momento. O regente Araújo Lima chegou a enviar retratos de Pedro de Alcântara para as repartições públicas, com a intenção de valorizar a figura do futuro monarca.

As revoltas mais duradouras foram a Farroupilha (na província do Rio Grande de São Pedro, atual Rio Grande do Sul) e a Cabanagem (no Grão-Pará). Mas houve muitas outras, reprimidas violentamente pelo governo, como a Sabinada (em Salvador, na Bahia) e a Balaiada (no Maranhão).

Grão-Pará: província imperial que abrangia, principalmente, os atuais estados do Pará e do Amazonas.

Revoltas regenciais e do Segundo Reinado (século XIX)

Ericson G. Luciano/Arquivo da editora

Fontes: elaborado com base em ARRUDA, J. J. *Atlas histórico básico*. São Paulo: Ática, 1993. p. 42; CAMPOS, F. e DOLHNIKOFF, M. *Atlas história do Brasil*. São Paulo: Scipione, 1994. p. 28 e 29.

1836: Os farroupilhas proclamam a República Rio-Grandense, no Rio Grande do Sul.

Cabanagem

O nome dessa revolta, que começou em 1835, faz referência às habitações em que a população mais pobre do Grão-Pará vivia, às margens dos numerosos rios: "cabanas". Os moradores das cabanas eram, sobretudo, indígenas, negros e mestiços.

A revolta foi iniciada por grupos mais enriquecidos da província, que queriam eleger seu próprio presidente. Entre os revoltosos, estavam fazendeiros e pequenos proprietários, como Félix Malcher, Manuel Vinagre e Eduardo Angelim. Tropas imperiais foram enviadas a Belém para conter as manifestações e acabaram por assassinar Manuel Vinagre, que contava com grande apoio da população pobre.

Inconformados, os rebeldes invadiram e tomaram a cidade de Belém e elegeram Félix Malcher presidente da província. Este, que não queria romper definitivamente com o governo imperial, mandou prender seu antigo aliado, Eduardo Angelim.

A divisão entre os líderes enfraqueceu o movimento, o que permitiu que as tropas imperiais recuperassem a cidade de Belém dez meses depois de ter sido ocupada pelos rebeldes. Mas o movimento de insurreição não acabou, como se esperava: ampliou-se pelo interior da província, com táticas de guerrilha.

Os combates no interior duraram até 1840, quando as tropas imperiais derrotaram os revoltosos. Calcula-se que quase 30% da população da província do Grão-Pará morreu nesse conflito. Foi um verdadeiro massacre.

Memorial da Cabanagem em Belém, Pará. Projetado por Oscar Niemeyer, foi inaugurado para as comemorações de 150 anos da revolta, em 1985. Fotografia de 2010.

Fernando Bueno/Pulsar Imagens

1837: Padre Feijó renuncia ao cargo de regente.
Começa a Sabinada, na Bahia.

Sabinada

Em novembro de 1837, na cidade de Salvador, rebeldes invadiram a Câmara Municipal e declararam que a Bahia estava separada do governo do Rio de Janeiro. O nome pelo qual o movimento ficou conhecido faz referência ao sobrenome de um de seus líderes, o médico e jornalista Francisco Sabino, que se tornou secretário do novo governo.

Havia opiniões diferentes entre os líderes. Após a euforia dos primeiros momentos, os rebeldes tornaram-se mais cuidadosos e decidiram que ficariam no poder só até a maioridade do futuro imperador dom Pedro, que completaria 18 anos em 1843. Quando ele assumisse o trono, a Bahia voltaria a fazer parte do Império do Brasil.

Vários escravos e libertos se apresentaram para servir nos batalhões, mas os sabinos só aceitaram os nascidos no Brasil (os crioulos, como eram denominados). Criaram um batalhão denominado "Libertos da Pátria" para agregar os negros. Os nascidos na África foram excluídos. Os sabinos não estavam preparados para se juntar a uma revolta africana, como a que havia ocorrido em Salvador em 1835, como veremos a seguir.

A repressão do governo regencial

As coisas se complicaram para os sabinos quando um major da milícia negra, José de Santa Eufrásia, declarou que eram os negros que deveriam governar a república. A partir daí os sabinos não conseguiram controlar os soldados e a multidão.

As forças do governo promoveram um verdadeiro massacre em Salvador. Em três dias, entre 13 e 15 de março de 1838, os sabinos foram despedaçados: mais de mil pessoas foram mortas e outras 3 mil presas. Elas eram, em sua grande maioria, da população pobre de Salvador.

Os líderes, como o médico Francisco Sabino, foram condenados à morte.

VOCÊ JÁ OUVIU FALAR

... que o vice-cônsul da Inglaterra, que esteve em Salvador em 1838, durante a Sabinada, declarou que a população que ele via nas ruas era "de cor", ou seja, não era branca, o que corroborava a participação popular no movimento?
A expressão "de cor" era a forma como os viajantes e as pessoas da época designavam preconceituosamente os que não eram brancos.

Crioulo/a: termo que era utilizado para denominar os/as filhos/as de mulheres escravas nascidos/as no Brasil, mesmo que o pai fosse livre ou liberto, e sem relação com a cor de sua pele.

Balaiada

Ocorrida em 1838, nas províncias do Maranhão e do Piauí, a Balaiada foi a revolta que mais envolveu diferentes grupos sociais. Teve início com uma disputa entre os grupos políticos conservadores, que estavam no poder, e os liberais.

Os liberais tinham um jornal chamado *Bem-te-vi*, daí serem chamados assim pelos conservadores. Os bem-te-vis, por sua vez, chamavam ironicamente os conservadores de "cabanos".

As brigas políticas entre conservadores e liberais dentro da Assembleia Provincial ganharam adeptos entre a população: os vaqueiros, os pequenos agricultores e os artesãos, por exemplo, declararam seu apoio aos liberais. Eles queriam acabar com o recrutamento forçado.

O conflito começou quando Raimundo Gomes, um vaqueiro que administrava a fazenda de um liberal, teve seus homens recrutados à força

Cabano: uma das formas pejorativas pelas quais os liberais designavam os conservadores. É provavelmente uma alusão ao boi que tem os chifres para baixo ou as orelhas caídas.
Recrutamento forçado: no Brasil imperial, obrigação de servir nas tropas oficiais do Império.

quando conduziam uma boiada. Raimundo, com um grupo de vaqueiros, invadiu a cadeia e soltou seus companheiros. Foram todos para o interior, onde organizaram uma ofensiva contra os conservadores.

Outro episódio aconteceu com Manuel dos Anjos, que teve seus filhos também recrutados à força e suas filhas atacadas por soldados das tropas provinciais. Manuel se revoltou e se tornou um dos principais líderes populares da rebelião contra o governo. O nome Balaiada faz referência à sua ocupação: artesão de cestos ou balaios.

Quilombo de Preto Cosme

Enquanto os balaios organizavam sua revolta, outra frente de luta surgiu: o quilombo de Preto Cosme.

Cosme Bento das Chagas nasceu na condição de escravo, na província do Ceará. Pouco se sabe sobre os primeiros anos de sua vida. Informações de 1830 o indicam como liberto e vivendo na comarca de Itapecuru-Mirim, no Maranhão.

Carta de alforria: liberdade concedida ao escravo através de um documento escrito.

Como vimos no início deste capítulo, lá ele havia reunido um enorme grupo de escravos e libertos. Conseguia agregar os escravos pela força, ao obrigar os senhores a conceder carta de alforria a eles.

No quilombo havia até mesmo uma escola. Cosme sabia ler e escrever, coisa rara no Brasil, e tinha fama de ser feiticeiro, motivo pelo qual era muito respeitado. Ele se autointitulava "Tutor, Imperador e Defensor das Liberdades".

Em cartas aos líderes bem-te-vis, Cosme propôs uma aliança, que não foi aceita. Governantes, proprietários e grande parte da população tinham pavor de levantes envolvendo escravos. Nas revoltas regenciais, escravizados e libertos foram usados como soldados; nunca lhes permitiram atuar como protagonistas com objetivos e vontades próprias.

Repressão imperial

O envolvimento de escravos e libertos na revolta mudou os rumos da Balaiada.

Essa ameaça de insurreição apavorou os bem-te-vis, que não queriam de forma alguma abolir a escravidão. Era preciso impedir que os negros pegassem em armas e aderissem à revolta, mas, a essa altura, eles já haviam perdido o controle da situação. A luta dos negros espalhou-se pelo interior do Maranhão.

Embora os balaios não falassem em se separar do Império, o governo central decidiu atacar violentamente o movimento. Em 1840, o coronel Luís Alves de Lima e Silva foi convocado para organizar a repressão. E, para tanto, foi nomeado presidente da província.

Anistia: perdão, especialmente o concedido pelo poder público em relação aos delitos políticos.

Com a chegada do general a situação mudou de rumo, e somente os negros passaram a ser perseguidos. Ele propôs anistia aos líderes bem-te-vis, caso se juntassem a ele para acabar com o movimento de Preto Cosme. Os líderes bem-te-vis, entre eles o vaqueiro Raimundo Gomes, aceitaram a proposta.

O resultado foi desastroso para os seguidores de Cosme Bento: em fevereiro de 1841, mais de 3 mil foram mortos e outros milhares, presos; entre eles, Cosme.

Foram negados a eles o reconhecimento de aliado dos balaios e o benefício da Lei imperial de 1840. Foi condenado pelo crime de insurreição e enforcado em 1842.

Revoltas escravas

As elites tinham verdadeiro pavor das revoltas escravas. Não era para menos: os escravizados eram maioria da população em muitas regiões do Brasil naquela época. O risco de uma rebelião geral era real, como havia acontecido no Haiti no final do século anterior. Senhores e autoridades imperiais sabiam disso.

Por isso, as rebeliões em que os negros estiveram envolvidos foram reprimidas violentamente, como a dos Malês, na Bahia, a de Manuel Congo, no Rio de Janeiro, a de Carrancas, em Minas Gerais, e a que acabamos de estudar, a de Preto Cosme.

A Revolta de Carrancas

Em 1833, no município de Carrancas, na província de Minas Gerais, um grupo de escravos se reuniu sob a liderança de Ventura Mina, escravo do deputado Gabriel Junqueira. A ideia era criar um quilombo em alguma região de Minas. Para tanto, dirigiram-se a outras fazendas da família Junqueira, uma das mais poderosas da província, para arregimentar mais pessoas para o movimento. No caminho, entretanto, acabaram por matar vários membros da família Junqueira.

As forças policiais foram implacáveis e, no conflito, o líder Ventura e outros rebeldes foram mortos. Dos sobreviventes presos, 16 foram condenados à morte por enforcamento. Cada um deles foi enforcado em um dia diferente, na cidade de São João del-Rei, em Minas Gerais, com grande presença de público. Tratava-se de um castigo exemplar, com o qual o governo queria demonstrar que revoltas desse tipo não seriam toleradas.

VOCÊ JÁ OUVIU FALAR

... que, assim que assumiu o trono, o imperador dom Pedro II assinou um decreto, em 22 de agosto de 1840, que previa a anistia aos rebeldes políticos, com o objetivo de acabar com as revoltas?

FIQUE DE OLHO

MOREL, Marco. *O período das regências (1831-1840)*. Rio de Janeiro: Zahar, 2003.

Livro que aborda o período das regências, um momento-chave para a consolidação do Brasil como um país independente que conseguiu manter unido seu território.

Acervo Iconographia/Reminiscências

Escravos cesteiros, litografia de Victor Frond, 1861. Coleção particular.

Vendeiras com bolsa de mandinga, aquarela de Carlos Julião, século XVIII. Muitos escravos traziam ao pescoço um colar e um amuleto. O amuleto era chamado de mandinga. Nele eram colocados talismãs de proteção. No caso dos malês, trechos do *Alcorão*. Coleção particular.

Uma especificidade importante dessa revolta é que ela não foi noticiada em jornais. Eles a ignoraram. O objetivo era evitar o pânico entre a população livre e, ao mesmo tempo, não permitir que ela se tornasse um exemplo para outros movimentos. Conforme mencionado anteriormente, a quantidade de pessoas na condição de escravo era enorme no Brasil, quase metade da população do Império, assim como era enorme o medo das elites de que elas ficassem descontroladas.

A Revolta dos Malês

Malê: muçulmano, na língua ioruba. Deriva do nome *imale*.

No dia 25 de janeiro de 1835 estourou uma rebelião na cidade de Salvador, na Bahia, que envolveu em torno de 600 revoltosos. Os líderes eram pessoas nascidas na África, de religião muçulmana, conhecidas como malês. Entre os revoltosos, havia escravos e libertos. Nenhuma pessoa nascida no Brasil tomou parte da revolta.

Em suas reuniões, os malês organizaram um levante que deveria ocorrer às cinco horas da manhã do dia 25 de janeiro. O estopim para a revolta foi a insatisfação com as autoridades, que reprimiam suas manifestações religiosas, inclusive tendo queimado uma mesquita na freguesia da Vitória. Um dos objetivos dos malês era escravizar os crioulos e os brancos.

Antes do horário previsto, entretanto, forças policiais invadiram uma casa onde cerca de 60 africanos se reuniam. Eles resistiram à invasão e saíram pelas ruas da cidade vestindo roupas e amuletos islâmicos (como abadás, túnicas brancas usadas pelos muçulmanos) e portando papéis contendo rezas, passagens do *Alcorão* e bênçãos. A esses, juntaram-se, aproximadamente, 600 pessoas. As armas que portavam (facas, facões e outros objetos cortantes), no entanto, não foram suficientes para enfrentar as armas de fogo utilizadas pelos soldados. Foram derrotados.

Resultado: 73 rebeldes foram mortos e dezenas de africanos receberam penas de prisão, degredo e açoite. Quatro foram sentenciados à morte e enforcados.

A Revolta de Manuel Congo

Essa revolta ocorreu no município de Paty do Alferes, na província do Rio de Janeiro, em 1838. Como a dos Malês, ela foi violentamente reprimida pelo governo regencial.

O objetivo dos mais de 200 escravos que se reuniram era fugir e criar um quilombo nas matas. A Guarda Nacional e o Exército se uniram e, sob o comando do coronel Luís Alves de Lima e Silva, caçaram, mataram e capturaram os rebeldes. Manuel Congo, líder do movimento, foi condenado à morte por enforcamento. Daí ela ter ficado conhecida como a Revolta de Manuel Congo.

Farroupilha

Revolta liderada pelos ricos proprietários de estâncias de gado da região sul do Brasil, a Farroupilha foi a única que colocou realmente em risco a unidade do Império, pois os revoltosos queriam mesmo se separar do Brasil. Foi também a revolta que durou mais tempo: 10 anos.

Quem eram os revoltosos, os farroupilhas? A maior parte estava ligada aos pecuaristas, criadores de gado e mulas e produtores de charque.

O charque era importantíssimo para a população do Brasil, pois era alimento muito apreciado e uma forma de conservar a carne. Mas seus produtores eram obrigados a pagar um imposto por toda venda que fosse realizada entre as províncias do Império. Além disso, os pecuaristas do Uruguai vendiam seu charque pelo mesmo preço e com as mesmas taxas que os gaúchos, o que os charqueadores brasileiros consideravam uma afronta.

Além dos charqueadores, havia os criadores de mulas. Somente as resistentes mulas davam cabo da tarefa de transportar mercadorias em seus lombos por regiões muito acidentadas, como morros, montanhas e serras. Os estancieiros gaúchos eram os principais fornecedores de mulas para todo o Brasil. E, assim como os charqueadores, tinham de pagar tarifas internas para vendê-las a outras províncias do Império.

Esse foi um dos principais motivos da revolta: os gaúchos achavam que o governo do Rio de Janeiro os explorava com esses impostos. Por esse motivo, pode-se dizer que a Farroupilha foi uma revolta contra a política fiscal do Império do Brasil, contra o governo do Rio de Janeiro.

Charque: carne bovina salgada e seca ao sol.
Política fiscal: é a que determina as taxas a serem cobradas para o exercício de alguma atividade produtiva ou comercial.

Tropa de muares atravessando rio, aquarela de Jean-Baptiste Debret, século XIX. As mulas foram um meio de transporte importante no Brasil durante os séculos XVIII e XIX. Vila do Espírito Santo del Serrito, atual Jaguarão, no Rio Grande do Sul. Fundação Biblioteca Nacional, Rio de Janeiro.

1840: Dom Pedro II concede anistia aos líderes da Sabinada.

1841: Fim da Balaiada.

As repúblicas de Piratini e Juliana

Chefiados pelo fazendeiro Bento Gonçalves, os rebeldes tomaram a cidade de Porto Alegre, capital da Província do Rio Grande de São Pedro (atual Rio Grande do Sul), em 20 de setembro de 1835. No ano seguinte, eles proclamaram a República Rio-Grandense, cuja capital, devido às lutas na região de Porto Alegre, foi instalada na pequena cidade de Piratini – daí a origem da denominação República de Piratini. Proclamado seu presidente, Bento Gonçalves foi preso pelas tropas regenciais nesse mesmo ano de 1836 e enviado para o Forte do Mar, na cidade de Salvador, na Bahia.

Mas os farroupilhas não desistiram. Eles tinham armas e homens (livres, libertos e escravos) e podiam enfrentar as forças do Império do Brasil. E assim a revolta durou muitos anos. Os rebeldes chegaram a conquistar a Província de Santa Catarina, onde fundaram a efêmera República Juliana na cidade de Laguna.

Efêmero: temporário, que dura pouco.

Como ocorrera em outras revoltas desse período, os líderes da Farroupilha entraram em conflito entre si. Alguns, como Bento Gonçalves, queriam a separação total entre o Rio Grande e o Brasil e almejavam a criação de uma república independente, a República Rio-Grandense. Outros, mais moderados, como David Canabarro, queriam somente mais autonomia e a abolição das tarifas alfandegárias entre as províncias.

As divergências entre os líderes farroupilhas os enfraqueceram e permitiram que um negociador do governo fizesse uma proposta de paz.

A proposta do Império, de taxar o charque do Uruguai em 25%, foi aceita pelos farroupilhas. Era o fim do governo republicano farroupilha e da revolta que mais ameaçou a integridade territorial do Império.

Carga de cavalaria, óleo sobre tela de Guilherme Litran, 1893. Pintura que homenageia a cavalaria farroupilha. Museu Júlio de Castilhos, Porto Alegre, Rio Grande do Sul.

Dom Pedro assume o trono

A Constituição do Brasil de 1824 determinava que o príncipe só poderia assumir o governo do Império quando completasse 18 anos de idade, o que aconteceria em 1843. Mas, em 1840, a situação estava muito complicada. As revoltas ocorridas no governo regencial haviam consumido muito dinheiro, e o tesouro imperial estava quebrado.

Os liberais, que se encontravam na oposição desde a renúncia de Feijó em 1837, em 15 de abril de 1840 fundaram o Clube da Maioridade para que dom Pedro assumisse o trono e o governo do Império.

Ao ser perguntado se queria assumir o trono em dezembro ou imediatamente, sua resposta foi: "Quero já". Era o começo do Segundo Reinado no Brasil, com um imperador de 14 anos de idade: dom Pedro II.

René Moreaux/Museu Imperial de Petrópolis, RJ.

Sagração de dom Pedro II, óleo sobre tela de François René Moreaux, 1842. Na imagem, dom Romualdo Antônio de Seixas, superior da Igreja católica do Brasil, coloca a coroa na cabeça de dom Pedro. No segundo plano, estão as irmãs do imperador. Museu Imperial, Petrópolis, Rio de Janeiro.

A HISTÓRIA NÃO ESTÁ SOZINHA

Língua Portuguesa

Geringonça: coisa malfeita ou de curta duração.

Foram muitas as quadrinhas populares que apoiavam a antecipação da maioridade de dom Pedro, como esta: "Queremos dom Pedro II, / Embora não tenha idade, / A nação dispensa a lei, / E viva a maioridade!". Algumas, entretanto, não eram tão positivas assim. Veja.

Quem põe governança
Na mão de criança
Põe geringonça
No papo da onça

Por subir Pedrinho ao trono
Não fique o povo contente
Não pode ser coisa boa
Servindo com a mesma gente

SCHWARCZ, Lilia Moritz. *As barbas do imperador*. 2. ed. São Paulo: Cia das Letras, 1998. p. 74.

- O que a primeira quadrinha quer dizer? E a segunda?

CÁ ENTRE NÓS

Uma das formas de assegurar a continuidade da escravidão foi não conceder anistia ao líder Cosme Bento das Chagas, chefe do quilombo da Balaiada, no Maranhão. Como outros ex-escravos ou descendentes de escravos que ousaram saber ler e escrever e a se rebelar, ele não alcançou a graça concedida pelo jovem imperador a outros rebeldes: o perdão. Foi preso e enforcado, em 20 de setembro de 1842. Era um castigo exemplar.

Segundo Reinado: o início

Dom Pedro II enfrentou muitos problemas no início de seu reinado. Primeiro, nomeou um gabinete, que ficou conhecido como Gabinete da Maioridade, por ser composto pelos políticos liberais que o haviam apoiado.

Depois, convocou eleições para a Câmara dos Deputados. Os liberais ganharam com folga, mas foram acusados de fraudar as eleições, utilizando-se de meios violentos. Por esse motivo, elas ficaram conhecidas como as "eleições do cacete". Em resposta, o imperador organizou outro gabinete, dessa vez com os conservadores, e anulou aquelas eleições.

Todo o Segundo Reinado foi assim: ora o imperador convocava os liberais, ora os conservadores. Essa foi sua estratégia para conseguir equilibrar a política do Império.

Uma das medidas de conciliação de dom Pedro II para conseguir a paz e manter o Império territorialmente unido foi negociar com os líderes das revoltas, propondo o perdão por seus crimes. Anistiou os líderes da Sabinada, entre eles o próprio médico Sabino, cuja pena de morte foi suspensa. E negociou, por intermédio do barão de Caxias, a rendição dos líderes da Farroupilha, que não haviam sido presos.

Agindo dessa forma, dom Pedro II conseguiu aliados e fez com que sua política de governo desse certo. O Brasil manteve a unidade de seu território e assegurou a continuidade da escravidão.

A Farroupilha não foi a última revolta desse período. O governo de dom Pedro II ainda teve de enfrentar as revoltas liberais de 1842, que aconteceram em São Paulo e em Minas Gerais, motivadas pelo descontentamento dos liberais com a anulação das eleições de 1840. Elas foram facilmente derrotadas. Mas houve outra mais difícil de ser enfrentada: a Revolução Praieira.

Gabinete: neste caso, nome dado ao conjunto de ministros escolhidos pelo imperador.
Fraudar: iludir, agir de má-fé, prejudicar, enganar.
Conciliar: fazer com que haja acordo entre as partes; conseguir estar em concordância com outras pessoas.

D. Pedro sagrado por indígenas da terra e divindades, litogravura de autoria desconhecida, c. 1840. Fundação Biblioteca Nacional, Rio de Janeiro.

Praieira: um risco para o Império

Em Pernambuco, como em todas as províncias do Império, conservadores e liberais disputavam o controle político.

Mas algo novo aconteceu quando entraram em cena novos elementos, como comerciantes, novos proprietários de engenho, lavradores, intelectuais, advogados, etc.

Criou-se um "terceiro partido", o dos liberais radicais, que fundaram o Partido Nacional de Pernambuco, com tendência republicana. Eles organizaram um jornal de oposição, o *Diário Novo*, impresso em uma tipografia localizada na rua da Praia, no Recife. Por esse motivo, o nome dado a essa revolução foi "Praieira".

Os adversários do "partido da Praia" foram denominados "guabirus" – como escreviam na época "gabiru": uma espécie de rato. Os praieiros os consideravam ladrões dos cofres governamentais. O Partido Nacional de Pernambuco elegeu ampla maioria na Assembleia Provincial de 1844, dominando a política por três anos. Mas as reações começaram.

Outro problema estava nas cidades, onde as grandes casas mercantis estavam nas mãos de comerciantes portugueses e ingleses. Lembram da Constituição de 1824? Uma de suas determinações foi a de tornar cidadãos brasileiros todos os portugueses que tivessem permanecido no Brasil depois da independência. Ocorreram, em fins de 1847 e no ano seguinte, movimentos contra esses portugueses, movimentos antilusitanos.

Eram muitos interesses diferentes em conflito, os grupos não se entendiam. A situação ficou dramática quando, em apenas sete meses, foram nomeados e destituídos cinco diferentes presidentes para o governo da província. A gota d'água foi a nomeação de um político conservador de Minas Gerais para a presidência da província.

Rua da Cruz, gravura de Emil Bausch, 1852. Quatro anos antes da confecção desta gravura, a capital do Recife havia sido tomada pelos revoltosos praieiros, insatisfeitos com a política imperial. Instituto Ricardo Brennand, Recife, Pernambuco.

Em resposta, em 1848 os praieiros organizaram um movimento que contou com a participação de pequenos lavradores, vaqueiros, grupos populares e intelectuais.

Achando que a população do Recife os apoiaria, os praieiros chegaram a se organizar para atacar: um grupo de 1 500 homens, liderados pelo capitão Pedro Ivo Veloso da Silveira, invadiu a cidade e chegou perto do palácio do governo.

Mas a ajuda da população local não veio.

O ataque foi um fracasso. As tropas imperiais derrotaram os revoltosos, que foram obrigados a abandonar o Recife. Muitos foram mortos, outros, presos, e os demais, que se dirigiram para o interior, derrotados.

DOCUMENTO

Manifesto ao mundo

Na cidade de Olinda, durante a Revolução Praieira, os rebelados publicaram um *Manifesto ao Mundo* com suas exigências. Entre elas, podia-se ler:

> Acabar com o Poder Moderador e o direito de agraciar;
> [...]
> Expulsar definitivamente os portugueses da Província;
> Dar exclusividade aos brasileiros no comércio varejista;
> Instituir o voto livre e universal;
> Abolir o recrutamento militar obrigatório;
> Estabelecer o sistema federativo de governo para garantir a autonomia das províncias;
> Plena liberdade de imprensa;
> Trabalho como garantia de vida para o cidadão brasileiro;
> Completa reforma do poder judicial para assegurar as garantias dos cidadãos.
>
> *Autos do Inquérito da Insurreição Praieira*, Recife, 1849. Brasília: Senado Federal, 1979. p. 107-109.

1 | Pesquise o significado da expressão "voto universal" e que tipo de voto ele deveria substituir no Brasil, na opinião dos praieiros.

2 | Pesquise o que é um sistema federativo de governo. Em seguida, responda: qual é a diferença entre o sistema federativo e a forma como o governo administrava o Brasil naquele período histórico?

A consolidação do regime imperial

A derrota da Praieira marcou definitivamente a vitória do poder imperial sobre o poder regional. O Império estava em paz, e o Brasil consolidado como país independente: sua integridade territorial e a escravidão estavam asseguradas.

Entre o fim da Revolução Praieira, em 1848, e o início da Guerra do Paraguai, em 1864, o Império do Brasil ficou em paz. Dom Pedro II governava o Brasil e se consolidava como um monarca culto, ligado às ciências e às viagens. Sua popularidade estava em alta.

Os cafezais, trabalhados por mão de obra escrava, se espalhavam cada vez mais por regiões do Sudeste e garantiam a saúde financeira do Império. O Brasil se tornou o maior produtor de café do mundo.

Mas tudo iria mudar após o fim da Guerra do Paraguai, em 1870. Essa, entretanto, é uma história para outro capítulo.

World History Archive/Fotoarena

Imagem que retrata dom Pedro II em sua intimidade, em uma situação cotidiana, comum, representando a pacificação do Brasil imperial após as revoltas regenciais. Litografia de Sébastien Auguste Sisson, 1861. Biblioteca Brasiliana Guita e José Mindlin, Universidade de São Paulo, São Paulo.

PUXANDO PELA MEMÓRIA

Após o estudo do capítulo você manteria sua resposta à pergunta da página 116?

Créditos das imagens de baixo para cima: Reprodução/Museu Paulista da USP, São Paulo, SP.; Reprodução/Fundação Biblioteca Nacional, Rio de Janeiro, RJ.; Reprodução/Museu Imperial, Petrópolis, RJ.; Acervo Iconographia/Reminiscências/Fundação Biblioteca Nacional, Rio de Janeiro, RJ.; World History Archive/Fotoarena; Reprodução/Coleção Luís Ernesto Moraes, Rio de Janeiro, RJ.; Reprodução/Museu Paulista da USP, São Paulo, SP.; Reprodução/Coleção particular, Bahia, BA.

ROTEIRO DE ESTUDOS

O QUE APRENDEMOS?

1 | Por que o período regencial do Brasil pode ser definido como um "Império sem cabeça"?

2 | As revoltas regenciais trouxeram muitos problemas para o governo, fosse ele conservador ou liberal. Quais interesses essas correntes políticas tinham em comum?

3 | O que foi o Golpe da Maioridade? Qual a intenção dessa manobra política?

4 | A repressão do governo para acabar com várias revoltas regenciais foi violenta. Muitas delas tiveram até mesmo a pena de morte decretada aos envolvidos. A repressão à Farroupilha, entretanto, foi diferente. Por quê?

5 | Quais problemas foram enfrentados pelo jovem imperador assim que ele assumiu o trono do Brasil?

6 | A Revolução Praieira foi a última revolta no Império. O que representou a derrota desse movimento?

7 | As revoltas escravas tiveram como resultado a morte de seus líderes. O que o governo e as elites queriam demonstrar com essa medida extrema?

8 | Qual é a relação entre o Golpe da Maioridade e as revoltas no Brasil estudadas neste capítulo?

9 | Por que esta afirmação é falsa?

Luís Alves de Lima e Silva recebeu o título de duque de Caxias porque controlou pacificamente as revoltas.

10 | Qual é a relação entre a legitimidade popular dos dois imperadores do Brasil e seus locais de nascimento?

PESQUISA

Duque de Caxias

Luís Alves de Lima e Silva foi nomeado por dom Pedro II governador da província do Rio Grande de São Pedro, que hoje corresponde ao atual estado do Rio Grande do Sul, e incumbido de oferecer a paz aos farroupilhas. Ele já havia participado do controle e da repressão de outras revoltas, como a Cabanagem e a Balaiada.

No Rio Grande, procedeu com calma e conquistou a Paz de Poncho Verde em 1845, quando os farroupilhas finalmente se renderam. Todos os líderes farroupilhas foram anistiados, isto é, perdoados pelo imperador dom Pedro II.

Luís Alves chegou a participar da Guerra do Paraguai na década de 1860. Por sua atuação, recebeu o título de duque de Caxias em 1869, único título de duque concedido no Império do Brasil. Não era pouca coisa, mesmo que tenha chefiado grandes massacres para estabelecer a "ordem" no Império brasileiro.

1 | Pesquise o significado da palavra "Caxias" nos títulos de nobreza de Luís Alves de Lima e Silva.

2 | O que o duque de Caxias representa para a história do Exército brasileiro? E por que ele é conhecido como o "soldado pacificador"?

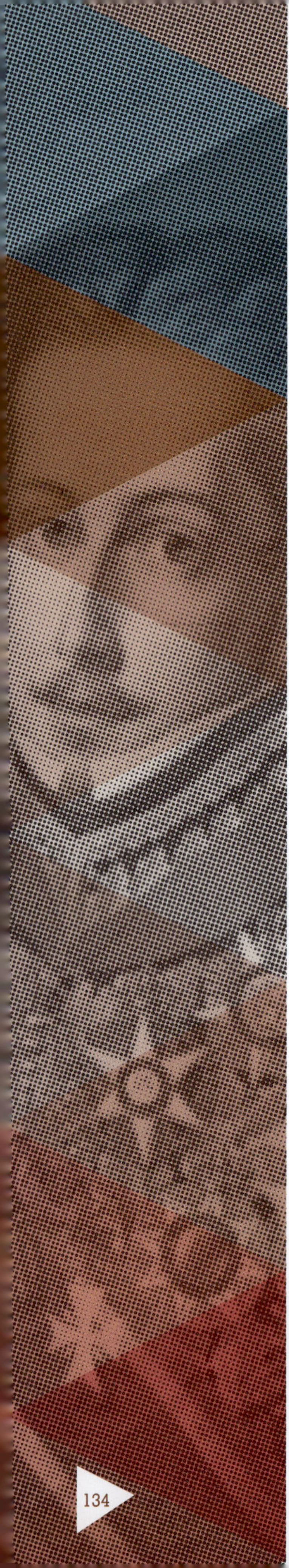

IMAGENS CONTAM A HISTÓRIA

Todas as imagens oficiais de governantes, sejam elas pinturas ou fotografias, são encomendadas para transmitir determinadas mensagens.

As duas imagens abaixo foram produzidas na mesma época, no momento da coroação e sagração de dom Pedro II como imperador do Brasil. A imagem 2 é a oficial, enviada para todos os jornais estrangeiros. A imagem 1 quase não foi divulgada.

Reprodução/Fundação Biblioteca Nacional, Rio de Janeiro, RJ.

Dom Pedro II na época da sagração. Autoria desconhecida, século XIX. Fundação Biblioteca Nacional, Rio de Janeiro.

Reprodução/Fundação Biblioteca Nacional, Rio de Janeiro, RJ.

Dom Pedro II, imperador do Brasil. Autoria desconhecida. Fundação Biblioteca Nacional, Rio de Janeiro.

O manto era de veludo, com forro de cetim; o cetro, de ouro maciço, media dois metros e meio de altura, tendo na ponta uma serpe, símbolo da família Bragança.

Com base nessas informações, responda:

1 | Em sua opinião, qual das duas imagens seria a mais fidedigna, isto é, mais próxima da realidade? Por quê?

2 | Você acredita que a imagem 1 não tenha sido divulgada por algum motivo especial? Qual?

O PASSADO PRESENTE

- Veja ao lado uma imagem da bandeira do Brasil atual. O que ela tem em comum com a bandeira do Império, que você viu na página 117 deste capítulo? O que essa semelhança significa?

iStockphoto/Getty Images

Bandeira do Brasil.

Missa realizada em 17 de maio de 1888, no Campo de São Cristóvão, na cidade do Rio de Janeiro, em comemoração à abolição da escravidão no Brasil, com a presença de uma multidão de pessoas. As festividades ocorridas no Brasil para comemorar o fim da escravidão duraram dias. O grande escritor Machado de Assis, que registrou esse episódio em 1893, assim escreveu na *Gazeta de Notícias*: "Verdadeiramente, foi o único dia de delírio público que me lembro ter visto". Fotografia de Antonio Luiz Ferreira. Fundação Biblioteca Nacional, Rio de Janeiro, RJ.

Reprodução/Fundação Biblioteca Nacional, Rio de Janeiro, RJ.

VAMOS ESTUDAR

- CAFEICULTURA NO BRASIL ESCRAVISTA
- TRÁFICO ATLÂNTICO DE ESCRAVIZADOS
- PROJETOS DE IMIGRAÇÃO NO BRASIL
- O BRASIL NA MODERNIDADE
- GUERRA DE SECESSÃO NOS ESTADOS UNIDOS DA AMÉRICA
- A KU KLUX KLAN E O RACISMO NOS ESTADOS UNIDOS DA AMÉRICA
- AS FERROVIAS NA AMÉRICA
- A GUERRA DO PARAGUAI
- A MONARQUIA E OS REPUBLICANOS NO BRASIL
- LEIS ABOLICIONISTAS E A ABOLIÇÃO DA ESCRAVIDÃO NO BRASIL

Créditos das imagens de baixo para cima: Reprodução/Fundação Biblioteca Nacional, Rio de Janeiro, RJ; Andre Dib/Pulsar Imagens; Ullstein Bild/Getty Images/Museu Histórico Alemão, Berlim, Alemanha.

3

UNIDADE

ESCRAVIDÃO E LIBERDADE

A Lei da abolição da escravidão no Brasil foi assinada em 13 de maio de 1888.

A escravidão de seres humanos foi comum em quase todo o mundo durante milênios. Na América, entre os séculos XVI e XIX, ela se tornou um enorme e lucrativo comércio: homens e mulheres eram comprados na África e vendidos no continente americano, pelo tráfico atlântico.

No final do século XVIII, entretanto, a escravidão passou a ser duramente criticada. Pelos cem anos seguintes, foi abolida em vários países. Na América, os três últimos países a abolir a escravidão foram Estados Unidos, Cuba e, finalmente, Brasil. Era o fim do sistema que tornava uma pessoa propriedade de outra.

A liberdade que a abolição da escravidão na América parecia criar, contudo, teve consequências, e até hoje muitos países sofrem com a herança de um passado escravista.

Fazenda São Clemente, localizada no município de Cantagalo, no Vale do Paraíba fluminense. Este óleo sobre tela de Albert Henry Walder, datado de 1895, pertenceu ao comendador Francisco Clemente Pinto. Acervo particular de Marcello Cardoso Monnerat, na Fazenda São Clemente, Cantagalo, RJ.

CAPÍTULO 8

A CAFEICULTURA NO BRASIL ESCRAVISTA

João Clemente Pinto nasceu na cidade de Bobadela, arcebispado de Braga, em Portugal. Veio para o Brasil ainda no século XVIII, certamente à procura de ouro e de uma vida melhor, como várias outras pessoas. No início do século XIX, ele havia se casado e morava na cidade do Rio de Janeiro, onde nasceu seu filho Francisco, em 1803.

Ao menos cinco sobrinhos seus também imigraram para o Brasil. Um deles chamava-se Antônio Clemente Pinto. Os primos Antônio e Francisco Clemente Pinto investiram na lavoura de café, enriqueceram e formaram uma das mais ricas e prestigiadas famílias do Império do Brasil, dona de fazendas e de centenas de escravos. Foram agraciados com títulos e comendas: Francisco recebeu a comenda da Ordem de Cristo e Antônio tornou-se barão de Nova Friburgo.

Vamos conhecer um pouco da história do café, dos barões e de homens e mulheres que trabalharam nos cafezais no Brasil do século XIX?

Comenda: insígnia de comendador.
Barão: título menos graduado na hierarquia nobiliárquica.

PUXANDO PELA MEMÓRIA

Você sabia que, no período colonial, a primeira refeição do dia era chamada de "almoço"? No decorrer do século XIX, já na época do Império, ela passou a ser conhecida como "café da manhã". Você sabe por quê?

Um país em transformação

Entre os séculos XVI e XVIII, a cana-de-açúcar foi a principal lavoura do Brasil, e o açúcar o seu principal produto. Mas já no século XIX ele foi superado pelo café como primeiro produto nas exportações do Império. Com o café, as finanças do governo começavam a se equilibrar, depois de anos.

Não era só a situação financeira do Brasil que se transformava. O país também estava a caminho da modernidade, embora fosse uma modernidade baseada na mão de obra escrava. Muitos, especialmente os europeus, consideravam que a manutenção do sistema escravista não tinha nada de moderno ou "civilizado".

VOCÊ JÁ OUVIU FALAR...

... que os cafeicultores passaram a ter mais prestígio que os senhores de engenho e que alguns conseguiram até mesmo títulos de nobreza? Eram os chamados **barões do café**.

A expansão da escravidão

Quem cultivava, colhia, secava e ensacava o café eram os escravos. Sem eles, não havia café. E sem café não havia comendador, muito menos barão. O mesmo acontecia com as outras atividades econômicas do Brasil, como a da produção do açúcar.

Muitas províncias e quase todas as grandes cidades do Brasil, como Salvador e Recife, estavam repletas de escravos e libertos. Eles compunham, sem dúvida, a maioria da população do Brasil. Um exemplo de como a escravidão era visível e de como estava incorporada à vida cotidiana era a capital do Império, a cidade do Rio de Janeiro.

Na década de 1840, quase metade da população do Rio de Janeiro era composta de pessoas na condição de escravos. Quase 80% deles eram nascidos na África, ou seja, chegaram ao Brasil pelo tráfico atlântico. Entre a população livre, mais da metade era liberta ou descendente de escravos.

FIQUE DE OLHO

Brasiliana Iconográfica

Imagens de autoria de diversos artistas que retrataram o Brasil no século XIX podem ser observadas em alta resolução e em detalhes no *site* Brasiliana Iconográfica. Disponível em: <http://www.brasilianaiconografica.art.br/>. Acesso em: 13 jul. 2018.

O QUE HÁ NA IMAGEM?

Não era só na cidade do Rio de Janeiro, mas em todas as cidades brasileiras a escravidão era visível aos olhos dos observadores estrangeiros, como os que retrataram esta rua na cidade do Recife, em 1863. Observe os tipos da gravura e identifique dois personagens e as características que podem indicar tratar-se de pessoas na condição de escravo.

Rua do Crespo, no Recife, litografia colorida de Luis Schlappriz e F. H. Carls, 1863-1865. Coleção Brasiliana.

A HISTÓRIA NÃO ESTÁ SOZINHA

Demografia senhorial

O tráfico de pessoas cativas da África para o Brasil era a única forma de manter o sistema escravista, por vários motivos. Um deles era que o tráfico trazia mais homens do que mulheres, o que diminuía a possibilidade de nascimentos no Brasil. Eram quase dois homens para uma mulher negociados no tráfico atlântico.

Outro, de cunho econômico, era que valia mais a pena para os senhores comprar um adulto do que estimular o nascimento de crianças para explorarem sua mão de obra. As mães poderiam morrer no parto; mais da metade das crianças morria antes mesmo de completar um ano de idade; o trabalho da criança começava a partir de cerca de sete anos de idade, atingindo sua maior produtividade entre os 14 ou 15 anos e os 30 anos de idade.

Desembarque de escravos negros na ilha de Santa Ana, nanquim, aquarela e guache sobre papel de Paul Harro-Haring, c. 1840. A imagem retrata a demografia do tráfico: mais homens do que mulheres sendo transportados de barco do navio em que vieram da África para uma praia. Instituto Moreira Salles, São Paulo, SP.

Sabendo que em um sistema escravista, como era o do Brasil, a escravidão acompanha o ventre, ou seja, filhos de escrava sempre nascem na condição de escravos, mesmo se o pai for livre ou liberto, responda:

1 | Por que a entrada de muito mais homens do que mulheres no Brasil por meio do tráfico dificultava o crescimento da mão de obra escrava?

2 | Partindo das informações do texto, responda: quais eram as desvantagens econômicas, segundo a visão de um senhor, em criar os filhos de suas escravas como futura mão de obra?

O café no Vale do Paraíba

O café mudou a vida de muitos que, como Antônio e Francisco Clemente Pinto, investiram em sua expansão no Vale do Paraíba.

O Vale do Paraíba localiza-se nas províncias do Rio de Janeiro e de São Paulo. É assim denominada por estar na bacia do rio Paraíba do Sul. Até o início do século XIX, era apenas uma das rotas de passagem entre o porto do Rio de Janeiro, a cidade de São Paulo e a região de Minas Gerais, pontilhada de ranchos para o descanso dos viajantes e animais.

Rancho: estabelecimento de pequenos lavradores que vendiam alimentos para os viajantes e seus animais e ofereciam pousada para passar a noite.

Saca: inicialmente, significava uma quantidade ou peso de mercadoria exportada. Os pesos e volumes das mercadorias variavam muito entre as regiões e países. No caso do Brasil, o termo "saca" passou a ser usado como medida de peso (mais ou menos 60 quilos) para os grãos exportados, principalmente para o café.

Vale do Paraíba (século XIX)

Fonte: elaborado com base em CALDINI, Vera; ÍSOLA, Leda. *Atlas geográfico Saraiva*. São Paulo: Saraiva, 2013. p. 82 e 83.

Na década de 1820, o Brasil, em particular a região do Vale do Paraíba, vendeu para o exterior 3 milhões de sacas de café. Na década de 1880, esse número aumentou muito, passando para 53 milhões de sacas. Mas não era mais o café do Vale do Paraíba. Era o café da próspera região do Oeste paulista, onde foi encontrada a "terra roxa", excelente para o cultivo do café.

O QUE HÁ NA IMAGEM?

Observe atentamente a gravura ao lado, depois responda às questões.

1. Qual é o meio de transporte usado pelos viajantes? Justifique.
2. Identifique a posição social dos personagens.
3. Onde eles dormiam?

Descanso de uma caravana, representação de um rancho no Vale do Paraíba. Gravura de Johann Moritz Rugendas, viajante germânico que esteve no Brasil na década de 1830. Fundação Biblioteca Nacional, Rio de Janeiro, RJ.

FIQUE DE OLHO

MARTINS, Ana Luiza. *Império do café*. A grande lavoura no Brasil. São Paulo: Atual, 1996.

Por meio da reprodução comentada de documentos de fazendeiros, colonos e cronistas estrangeiros, o leitor vai descobrir como ocorreu a introdução da cultura cafeeira no Brasil e suas consequências.

Mais café, mais mão de obra escravizada... da África

No século XIX, o café passou a liderar as exportações brasileiras, e as lavouras de café expandiram-se, exigindo cada vez mais mão de obra.

Para atender a essa demanda, entrou no país um número de africanos maior do que em qualquer outro período de sua história. Entre 1800 e 1850, mais de um milhão e meio de cativos vindos da África chegaram ao Brasil. A maioria deles foi para as lavouras de café.

Antônio Clemente Pinto, um de nossos personagens, foi um dos maiores traficantes de escravizados da época e contribuiu muito para esse enorme volume de pessoas negociadas na primeira metade do século XIX. Entre os anos de 1827 e 1828 comercializou mais de 2 500 escravos originários de Moçambique, na África oriental (região recentemente aberta ao fornecimento de cativos para a América).

The Bridgeman Art Library/Easypix

Paris às seis horas da manhã, capa da revista semanal parisiense *Le Petit Journal*, 14 jul. 1895. O café se tornou tão popular que passou a ser vendido nas ruas. Coleção particular.

O café devora terras e homens

Para que um cafezal seja lucrativo, a terra, o clima e a altitude têm de ser favoráveis para essa lavoura. Tudo isso existia no vale do Paraíba. Mas os cafezais sugam o nutriente da terra caso não seja feita a sua reposição e, assim, a terra fica pobre. No século XIX não havia técnicas para evitar que isso acontecesse, como existe hoje. Quando um cafezal ficava velho, já não era possível replantá-lo no mesmo lugar. Por isso, os cafeicultores abandonavam a área e plantavam em outra adiante.

Os puris na floresta, aquarela de Giulio Ferrario, com base na obra de Maximilian zu Wied-Neuwied, gravado por Fumagalli, 1821. Pinacoteca do Estado de São Paulo, SP.

CÁ ENTRE NÓS

Um pé de café demora cerca de quatro anos para ficar carregado de frutos e costuma produzir por 20 ou 30 anos. Depois desse tempo, ele fica velho e o número de frutos diminui muito. Por isso os cafezais velhos eram abandonados.

Portanto, a lavoura cafeeira precisava de muitas terras virgens para se expandir. Sabendo disso, os cafeicultores tentavam ampliar suas lavouras pela maior extensão de terras que conseguissem e compravam o maior número de escravos possível. Esse é um dos motivos que fez a entrada de africanos escravizados aumentar muito na primeira metade do século XIX.

Antes da expansão da cafeicultura, o Vale do Paraíba era ocupado por diversos pequenos produtores de alimentos e, principalmente, por vários grupos indígenas, como os coroados, os puris e os goitacases. Esses grupos foram expulsos de suas terras para dar lugar às grandes fazendas de café.

Plantação de café, Basileia, água-tinta e aquarela sobre papel, Friedrich Salathé e Johann Steinmann, 1836. Esta é uma fazenda criada nos primeiros tempos de plantação de café no Vale do Paraíba. Observe que as construções têm um só andar, sem grandes detalhes arquitetônicos. Na década de 1830, os cafeicultores estavam mais preocupados em enriquecer do que em ostentar sua riqueza. Alguns anos depois, as casas dos cafeicultores se tornaram verdadeiros palacetes no campo. Acervo da Pinacoteca do Estado de São Paulo, SP. Coleção Brasiliana.

VOCÊ JÁ OUVIU FALAR...

... que o **Diretório pombalino de 1755** foi um conjunto de medidas que pretendia integrar os indígenas à sociedade portuguesa do Brasil? A determinação mais importante foi proibir expressamente a escravização dos indígenas, mas outro objetivo era buscar a miscigenação através do estímulo ao casamento entre indígenas e brancos, pois pressupunham que filhos dessas uniões seriam mais capacitados do que os brancos para ocupar cargos administrativos nas antigas aldeias indígenas, transformadas pelo Diretório em vilas nos modelos coloniais.

Indígenas do Brasil no século XIX

Apesar de formalmente livres desde o Diretório pombalino de 1755 (que proibia sua escravidão), os indígenas não foram citados na Constituição do Brasil de 1824 como cidadãos do império. Ao contrário, após a independência foi criada uma "política civilizatória" que planejava utilizá-los como mão de obra. Para isso, em 1845 foi aprovado o Regulamento das Missões, com determinações parecidas com as do Diretório, que previa o aldeamento dos indígenas para prepará-los para sua completa inserção na sociedade brasileira.

O Regulamento previa a criação de escolas para crianças, no intuito de que a geração jovem fosse transformada de "selvagens brutos em cidadãos polidos". Defendia-se a ideia de que era melhor para as crianças não terem a influência de seus pais, daí a escola funcionar em sistema de internato. Mas essa política não deu certo.

Na política, portanto, a interpretação em voga na época era de que os indígenas eram originalmente "selvagens" e "brutos" ou, então, eram "povos na infância". De qualquer forma, a cultura indígena era menosprezada e se propunha sua extinção por meio da assimilação aos costumes dos brancos. Isso não ocorreu, claro.

Já na literatura, a abordagem era outra.

Romancistas, dramaturgos e poetas defendiam que os indígenas eram os primeiros habitantes do Brasil, mas os separavam em "índios bons" e "índios bravos". Deve ser ressaltado que, na época, século XIX, a identidade brasileira estava em processo de formação e os letrados consideravam que os indígenas eram os fundadores, os primeiros habitantes do Brasil.

Essa era uma interpretação influenciada pelo romantismo, literatura em voga na época, que imaginava um ideal, uma situação perfeita. O indígena "ideal" seria amigo e parceiro dos brancos. Mas, na verdade, não era um indígena real.

Menosprezar: diminuir as qualidades de algo ou de alguém; não dar valor.
Dramaturgo: autor de peças teatrais.

Aldeia de Tapuios, litografia de Johann Moritz Rugendas, 1835. A obra representa aldeamento indígena no Brasil central, na primeira metade do século XIX. Biblioteca Municipal Mário de Andrade, São Paulo, SP.

Tanto o discurso político (com suas diversas leis) quanto o literário, entretanto, não davam conta da realidade. Em locais como o Amazonas, por exemplo, os indígenas continuaram a ser escravizados. Em áreas onde os interesses mercantis eram fortes, como no sudeste em plena expansão de lavouras de exportação, suas terras foram tomadas e ocupadas com cafezais. Inicialmente, os indígenas foram utilizados como mão de obra para a derrubada das matas para as plantações de café, mas, com o tempo, eles foram se afastando.

Os indígenas, de maneira geral, não se curvavam ao domínio econômico e "civilizatório", mas a força física e das armas os aniquilavam. Os sobreviventes se distanciaram dos brancos.

Alguns historiadores consideram que a questão indígena, no século XIX, foi basicamente uma questão de terras.

Da plantação ao consumo do café

Primeiro, derrubava-se a mata e punha-se fogo para queimar os galhos. Depois da terra limpa, plantavam-se as mudas de café. Um cafezal tinha, em média, 2 ou 3 mil pés de café.

Nos quatro anos que se seguiam ao plantio, o trabalho consistia em limpar a terra para que o mato não tomasse conta do cafezal. E aí era uma questão de tempo para que os frutos começassem a aparecer, verdinhos e redondos.

Quando muitos grãos já estavam maduros, com cor de cereja, era o momento de os trabalhadores escravos fazerem a colheita. Crianças colhiam o café dos galhos mais baixos; mulheres, dos galhos do meio; homens, dos galhos mais altos, utilizando, muitas vezes, escadas.

Cenas como a mostrada ao lado, de derrubada de floresta para o plantio de café, foram extremamente comuns no século XIX, no Sudeste. O resultado foi a destruição da Mata Atlântica.

Reprodução/Coleção do Instituto de Estudos Brasileiros da USP, São Paulo, SP.

Derrubada de uma floresta, litografia sobre papel de Johann Moritz Rugendas, 1835. Acervo do Instituto de Estudos Brasileiros, USP, São Paulo.

Ensacamento e transporte

Os grãos de café eram colocados em balaios feitos de cipó e carregados até o lavador em carroças puxadas por bois ou em lombo de mulas. Depois de lavado, o café era despejado no terreiro, onde era deixado para secar.

Por fim, era preciso transportar o café para a estação ferroviária e depois ao porto. As sacas eram carregadas em lombo de mulas, os animais mais resistentes para transportar carga por trilhas e estradas de terra, ou nas costas dos escravos.

O tráfico atlântico em xeque

Conservadores e liberais, apesar de suas diferenças de opinião, concordavam em um ponto: queriam manter a escravidão. O café, produto que estava em grande alta no mercado internacional, não podia ser prejudicado, e cafeicultores e governantes não viam outra solução a não ser manter a escravidão e o tráfico atlântico de escravizados.

Quando dom Pedro I recorreu à Inglaterra para ajudá-lo no processo de reconhecimento internacional da independência do Brasil, em 1825, uma das exigências inglesas tinha sido o compromisso do Império em abolir o tráfico atlântico de escravos em 1830. O imperador, que enfrentou muitos problemas internos e externos, nada fez sobre o assunto.

Fotografia de colheita em fazenda no Oeste paulista, autoria desconhecida, início do século XX. O café era apanhado na lavoura e levado em sacos de juta para secar ao sol, em terreiros. Coleção particular.

Uma lei para inglês ver

Depois da abdicação de dom Pedro I, em 1831, os ingleses pressionaram os regentes para que o acordo fosse cumprido. No mesmo ano, a Lei de 7 de novembro de 1831 do Império do Brasil aboliu o tráfico atlântico de escravizados.

A lei, entretanto, não adiantou. Os traficantes continuaram a trazer pessoas da África, mas, em vez de entrarem nos portos, desembarcavam os africanos em praias do litoral, longe das vistas das autoridades.

Apesar de ter conhecimento desse comércio clandestino, as autoridades nada fizeram para impedi-lo. Por esse motivo, a lei de 1831 foi apelidada de "lei para inglês ver".

1850: abolição definitiva do tráfico

Historiadores estimam que cerca de um milhão e 200 mil de cativos entraram no Brasil entre 1831 e 1850. Os ingleses, que sabiam que os brasileiros encobriam os desembarques ilegais, não estavam nada satisfeitos.

Em 1845, parlamentares ingleses votaram uma lei, conhecida como *Bill Aberdeen* (Lei Aberdeen). Essa lei autorizava os almirantes ingleses a capturar os navios que tivessem escravizados a bordo e levar seus comandantes para serem julgados por tribunais ingleses.

Tratava-se de uma verdadeira afronta ao Brasil. A situação ficou ainda pior quando os ingleses capturaram um navio dentro de um porto brasileiro. Aí foi a gota d'água para o governo: ou entrava em guerra contra a Inglaterra ou fazia com que a lei de 1831, que havia abolido o tráfico, fosse cumprida de fato.

Navio inglês persegue navio negreiro brasileiro na costa do Brasil, perto do Rio de Janeiro. Gravura de autor desconhecido publicada em jornal inglês, 1850. Coleção particular.

Cumprimento da lei

O governo escolheu a segunda opção. A lei de 4 de setembro de 1850, conhecida como Lei Eusébio de Queirós, determinava a apreensão de embarcações brasileiras que tivessem africanos a bordo, conforme determinava a lei de 1831.

O tráfico negreiro havia sido mais uma vez abolido no Brasil, mas, dessa vez, contava com a fiscalização das autoridades brasileiras. Demorou um pouco para que os comerciantes de escravos percebessem que não se tratava de mais uma "lei para inglês ver". Os que foram pegos traficando foram presos e julgados.

Por alguns anos, ainda, os traficantes tentaram manter o comércio de escravos, mas muitos foram pegos. O tráfico não era mais tolerado.

Apreensão: ação de tomar legalmente alguma coisa.

Retrato de Eusébio de Queirós Coutinho Matoso da Câmara, gravura de S. A. Sisson, 1858. O jurista foi autor de uma das mais importantes leis do Império. Coleção particular.

OUTRAS HISTÓRIAS ARTES

O tráfico de escravos no teatro

Reprodução/ Assessoria de comunicação Unibrasil

Encenação da peça *Os dois ou O inglês maquinista*, de Martins Pena. Montagem realizada pelo Grutun! Grupo de Teatro UniBrasil, sob direção de Alex Wolf. Festival de Teatro de Curitiba, 2014.

O trecho a seguir foi extraído da comédia de teatro *Os dois ou O inglês maquinista*, escrita por Martins Pena, que estreou em 1845. Leia o texto com atenção, lembrando que a Fortaleza de Santa Cruz está localizada na entrada da baía da Guanabara, no Rio de Janeiro. Em seguida, responda às questões.

> FELÍCIO – Sr. Negreiro, a quem pertence o brigue *Veloz Espadarte*, aprisionado ontem junto quase à fortaleza de Santa Cruz pelo cruzeiro inglês, por ter a seu bordo trezentos africanos?
>
> NEGREIRO – A um pobre diabo que está quase maluco... Mas é bem feito, para não ser tolo. Quem é que neste tempo manda entrar pela barra um navio com semelhante carregação? Só um pedaço de asno. Há por aí além uma costa tão longa e algumas autoridades tão condescendentes!

PENA, Martins. *Os dois ou O inglês maquinista*. Disponível em: <www.dominiopublico.gov.br/download/texto/bn000154.pdf>. Acesso em: 6 nov. 2018.

1 | Por que o personagem Negreiro acha que o comandante do brigue não deveria ter entrado com cativos africanos no porto do Rio de Janeiro?

2 | Que direito tinham os navios ingleses de aprisionar um navio brasileiro?

3 | Por que um dos personagens chama-se Negreiro?

Brigue: veleiro de dois mastros.
Cruzeiro: navio que cruza os mares.
Condescendente: tolerante.

Imigrantes, uma solução?

Depois da lei de 1831, um cafeicultor do Vale do Paraíba paulista, Nicolau Pereira de Campos Vergueiro, mais conhecido como senador Vergueiro, organizou uma empresa para trazer imigrantes europeus para o Brasil. Não se tratava de uma experiência inédita. No governo de dom João VI e no de dom Pedro I, famílias de colonos europeus já haviam sido estimuladas a emigrar para o Brasil, onde haviam recebido pequenos lotes de terras para produzir alimentos.

A diferença era que os cafeicultores não queriam colonos desse tipo, que eram donos de suas próprias terras e produziam seus próprios alimentos. A ideia do senador Vergueiro era trazer colonos europeus para trabalhar sob o comando dos fazendeiros de café. Ele queria utilizar esses colonos em suas fazendas e cobrar para fornecê-los aos outros cafeicultores.

Em 1847, o primeiro grupo de colonos desembarcou no porto de Santos, em São Paulo, e foi levado para a fazenda do senador.

Dívidas acumuladas

O acordo determinava que as passagens de navio das famílias seriam financiadas pela empresa de Vergueiro. No entanto, o valor das passagens, que sofria acréscimo de 6 a 12% de juros ao ano, deveria ser pago pelos colonos com seu próprio trabalho. Ou seja: os colonos já chegavam endividados ao Brasil.

Nas fazendas, eles eram obrigados a comprar seus mantimentos e outros bens para consumo próprio no armazém local, cujos preços eram normalmente mais altos do que em um armazém comum. Além disso, eles só poderiam se ausentar das fazendas com a autorização do proprietário e estavam sujeitos a castigos, caso fossem pegos embriagados ou ociosos.

Ocioso: desocupado.

As dívidas acumuladas pelos colonos seriam pagas com a parte que lhes cabia da safra do café. O valor do café colhido deveria ser dividido igualmente entre colonos e proprietários, mas estes descontavam da parte dos colonos o peso do café colhido depois da secagem mais o transporte até o porto. Resultado: os colonos ficavam com menos de 40% do valor da safra. Como não podiam consultar os livros de contabilidade, tinham de confiar na palavra dos proprietários.

Thomas Davatz e o fracasso das colônias de parceria

Em 1856, um grupo de colonos suíços, liderado pelo mestre-escola Thomas Davatz, entregou ao senador Vergueiro uma lista de reivindicações. Como o senador achou que estava sendo atacado, porque nunca tinha sido abordado daquela maneira por seus trabalhadores, ordenou a prisão de Davatz e chamou as tropas da província. Embora não tenha sido uma revolta propriamente dita, esse episódio ficou conhecido como Revolta de Ibicaba, que era o nome da fazenda do senador Vergueiro.

As tropas da província, contudo, foram recebidas com alegria pelos colonos, que pensaram que elas os protegeriam. O próprio comandante das tropas escreveu um parecer favorável aos colonos. No final, até o embaixador suíço foi chamado para intervir.

Davatz foi deportado para a Suíça, onde escreveu um livro para expor a humilhação e os problemas pelos quais os colonos passavam no Brasil. Ele divulgou que os colonos eram tratados como escravos pelos fazendeiros.

Depois dessa experiência, o sistema de parceria, como ficou conhecido, foi abandonado.

Vista geral da fazenda Ibicaba, do senador Vergueiro, no município de Limeira, SP. Desenho litografado de autoria desconhecida, século XIX. Coleção particular.

O tráfico de escravos dentro do Brasil

Na década de 1850, Antônio Clemente Pinto, barão de Nova Friburgo, tinha 11 fazendas de café no município de Cantagalo (Vale do Paraíba fluminense) e mais de 2 mil escravos. Suas fazendas tinham quase 6 milhões de pés de café. Na cidade do Rio de Janeiro, ele era proprietário de um palacete na rua do Catete, que se transformou, depois da Proclamação da República, em sede do governo federal e onde hoje funciona o Museu da República.

Francisco Clemente Pinto, primo do barão de Nova Friburgo, também era um homem muito rico. Era proprietário da fazenda São Clemente e de outras cinco fazendas de café, que abrigavam centenas de escravos.

Mas, como os primos Clemente Pinto conseguiram escravos depois da abolição do tráfico, em 1850, época em que seus cafezais estavam em plena produção?

Entre as províncias e entre ricos e pobres

Os primos Clemente Pinto e os demais cafeicultores do Império sabiam que o nascimento de novos escravos, filhos de escravas, não daria conta da necessidade que tinham de mão de obra. E a experiência com colonos europeus também não havia dado certo.

Marc Ferrez/Acervo do Instituto Moreira Salles

Partida para a colheita do café, fotografia de Marc Ferrez, 1881. Instituto Moreira Salles, São Paulo, SP.

Como o preço dos escravos ficava cada vez mais alto, tornou-se muito interessante para os pequenos e médios produtores venderem seus escravos para os mais ricos. E foi isso o que aconteceu: os fazendeiros mais ricos compraram escravos de médios e pequenos produtores locais e dos de outras províncias.

O tráfico entre as províncias, também chamado de interprovincial, concentrou a mão de obra escrava em uma área rica: o sudeste cafeeiro.

Ser senhor de escravo, antes possível a um grande número de pessoas, acabou ficando ao alcance somente dos mais ricos. A legitimidade da escravidão foi severamente questionada, possibilitando que a ideia da abolição da escravidão começasse a ser aceita por vários setores da sociedade.

Caminhos de ferro do café

A primeira estrada de ferro no Brasil foi inaugurada em 1854. Ela ligava um pequeno trecho que ia do porto de Estrela, na baía de Guanabara, à raiz da serra dos Órgãos, onde se localiza a cidade de Petrópolis. Foi uma iniciativa do industrial brasileiro Irineu Evangelista de Souza, mais conhecido como barão de Mauá.

Ferrovias nas regiões produtoras de café (século XIX)

Ericson G. Luciano/Arquivo da editora

Fonte: elaborado com base em VICENTINO, Cláudio. *Atlas histórico geral e do Brasil.* São Paulo: Scipione, 2011. p. 129.

Depois de Mauá, outros empresários conseguiram autorização para construir estradas de ferro no Brasil. Antônio Clemente Pinto, barão de Nova Friburgo, foi um deles. Ele foi responsável pela construção da Estrada de Ferro Cantagalo que ligava Porto das Caixas, no extremo da baía de Guanabara, ao município de Cantagalo, cuja estação se vê na imagem, passando por Nova Friburgo.

As ferrovias se espalharam pelas províncias do Rio de Janeiro, de São Paulo e de Minas Gerais, as mais importantes regiões produtoras de café. A maioria delas foi construída com empréstimos tomados na Inglaterra ou com o investimento direto de empresários ingleses.

Reprodução/Coleção particular

Estação de trem da Estrada de Ferro Cantagalo, concessionária de propriedade de Antônio Clemente Pinto, barão de Nova Friburgo, e sócios, depois incorporada à Estrada de Ferro Leopoldina. Cartão-postal, c. 1910. Coleção particular.

1907: O herdeiro de Francisco Clemente Pinto vende a fazenda São Clemente para pagar dívidas.

Histórias de ricos

Ser barão era o sonho de todo grande cafeicultor. O recebimento do título representava o reconhecimento de sua importância na sociedade. E muitos conseguiram. Antônio Clemente Pinto, por exemplo, apesar de ter nascido em Portugal, recebeu do imperador dom Pedro II o título de barão de Nova Friburgo em 1854.

O título de nobreza era como um símbolo que representava o quanto ele era importante. Dom Pedro II foi especialmente generoso ao dar títulos, tanto para produtores quanto para políticos. Seu avô, dom João VI, concedera 119 títulos de nobreza; seu pai, dom Pedro I, 134; ele, dom Pedro II, 1065 títulos.

Isso significava que dom Pedro II precisava do apoio dos cafeicultores e dos políticos do Império para se fortalecer e se manter no poder. E ele sabia disso. Tratava-se, portanto, de uma troca: apoio político por prestígio.

As casas dos barões

Os ricos cafeicultores também estavam preocupados em mostrar seu poder e seu prestígio na construção de suas casas. Antes bastante rústicas e quase sem móveis, as casas passaram a receber os "recheios", como eles diziam na época, de influência europeia.

Os cafeicultores encheram suas casas de mesas, cadeiras, tapetes, cortinas, louças finas, etc. As camas, que antes muitas vezes eram só uma esteira ou uma rede, passaram a ser de madeira com dossel e adornadas com panos rendados. Se antes comiam só com colheres ou com as mãos, agora compraram garfos. Contrataram artistas para retratar as mais variadas imagens nas paredes de seus sobrados e palacetes.

Dossel: armação ornamental, forrada, saliente e com franjas, que se coloca sobre altar, leito, trono, etc.

O palacete, construído entre 1858 e 1867, é símbolo da riqueza dos cafeicultores do Segundo Reinado. Foi obra encomendada por nosso personagem, Antônio Clemente Pinto, que ganhou o título de barão de Nova Friburgo em 1854. A família vendeu o prédio que, em 1897, virou a sede do governo republicano brasileiro, transferido para a cidade de Brasília, em 1960. No mesmo ano, foi modificado para abrigar o Museu da República. Fotografia de 1959. Arquivo Nacional, Rio de Janeiro, RJ.

Toda casa tinha de ter um piano inglês ou francês, pois era de bom tom que as mulheres soubessem tocar esse instrumento. Festas, saraus, bandas de música, tudo passou a ser importante para os cafeicultores. Suas roupas também se tornaram mais ricas, assim como os arreios de suas montarias.

Sarau: como era chamado o baile noturno nas casas de pessoas de posses, enriquecidas.

O café além do Vale

Como vimos, a lavoura cafeeira precisava de terras virgens para se expandir. E as terras do Vale do Paraíba já não tinham condições de produzir café de qualidade.

A partir da metade do século XIX, para dar continuidade à expansão cafeeira, os investidores começaram a procurar outras terras. Acabaram por encontrar uma das melhores, a **terra roxa**, abundante no Oeste paulista, onde hoje estão as cidades de Campinas, Rio Claro, Bauru e Ribeirão Preto.

Reprodução/Coleção Particular

Lavagem de café na fazenda Santa Gertrudes, no município de Rio Claro, próximo a Campinas, São Paulo, área da "terra roxa". Cartão-postal, c. 1910. Coleção particular.

Novo contexto

A produção de café do Oeste paulista, entretanto, aconteceu em um momento muito diferente do contexto em que ocorreu a produção no Vale do Paraíba. O Brasil havia abolido o tráfico atlântico de escravos, de modo que novos cafeicultores tiveram de recorrer ao tráfico interprovincial.

Assim, esses cafeicultores do Oeste paulista tiveram de pensar em outra forma de conseguir trabalhadores, mas trabalhadores livres. Foi o que fizeram, mas somente depois que o Brasil se transformou em república, como veremos no capítulo 10.

VOCÊ JÁ OUVIU FALAR

... que os reis de Portugal costumavam premiar com títulos de nobreza (sem direito a ser passado para os descendentes) e comendas àqueles que auxiliavam o reino, principalmente nas épocas de guerra? A monarquia do Brasil, com dom Pedro I e dom Pedro II, adotou prática parecida, mas em outro contexto, pois não havia mais guerras. Os premiados eram os ricos ou poderosos e o título nobiliárquico também não era hereditário: para que um filho de barão fosse barão, teria de pedir novamente o título ao monarca.

O SEU LUGAR NA HISTÓRIA

O Brasil se caracterizou por exportar produtos agrícolas, e assim continua até hoje.

Seu município produz ou produziu algum produto para exportação? Que mão de obra é ou foi utilizada?

"Tudo aqui já foi café"

A esmagadora maioria dos barões, viscondes e comendadores cafeicultores do Vale do Paraíba tiveram de se desfazer de suas terras e de seus bens no fim do século XIX e início do século XX. Faliram. A frase acima, "tudo aqui já foi café", foi expressa com saudosismo por um dos descendentes desses cafeicultores, olhando uma área que a erosão havia tornado imprópria para qualquer tipo de cultivo.

Vamos conhecer alguns motivos que arruinaram esses proprietários?

Plantio e vida útil do cafezal

A forma como o café foi plantado em muitas áreas do Rio de Janeiro foi um dos motivos da ruína dos cafeicultores, porque provocava erosão do solo. Como o café era plantado em linhas, no morro, de cima para baixo, as chuvas faziam crateras entre os pés de café. Desse modo, eles eram carregados pela água da chuva morro abaixo.

O tempo de vida útil de um cafezal foi outro motivo. Mesmo quando os pés de café são plantados com a técnica adequada para evitar a erosão, um cafezal pode viver mais ou menos 40 anos. Se, no Vale do Paraíba, os pés de café foram plantados entre 1830 e 1840, eles já estavam velhos entre 1870 e 1880, e as terras desgastadas e pobres de nutrientes foram abandonadas.

Acervo dos autores/Arquivo da editora

Fazenda Água Quente, antiga propriedade cafeicultora localizada na freguesia de Santa Rita (atual Euclidelândia), no município de Cantagalo, RJ, de propriedade de Antônio Clemente Pinto, barão de Nova Friburgo. Pelo seu inventário, de 1873, tinha 137 escravos. Hoje está abandonada, como pode ser visto na imagem. Acervo dos autores, 2017.

Mão de obra e abolição

Um terceiro motivo da ruína dos cafeicultores foi a mão de obra. Quando começaram a plantar café no Vale do Paraíba, o tráfico de escravos da África para o Brasil estava em grande expansão. Era fácil e barato para os empresários comprar homens e mulheres africanos para trabalhar na lavoura.

A partir de 1850, entretanto, quando o governo imperial aboliu definitivamente o tráfico negreiro, os produtores tiveram de recorrer aos escravos que já estavam no Brasil. Os mais ricos, como vimos, passaram a comprar dos pequenos e médios produtores e de outras províncias, o que encareceu muito o valor dessa mão de obra.

Em resumo, escravos e terras virgens, os dois principais itens necessários para manter uma fazenda, estavam em falta. O resultado desse processo foi a falência da nobreza do café do Vale do Paraíba.

Um quarto e último fator coroou o desastre dos cafeicultores do vale, que ainda eram proprietários de muitos escravos: a abolição da escravidão em 1888.

O café sumiu do Vale do Paraíba, e com ele os barões e os viscondes.

Acervo dos autores/Arquivo da editora

Morro sem vegetação e erodido no município de Cantagalo, estado do Rio de Janeiro. Neste local, no século XIX, havia uma grande plantação de café de propriedade da família Clemente Pinto. Acervo dos autores, 2016.

Francisco Clemente Pinto, um de nossos personagens, dono da fazenda São Clemente, não se casou nem teve filhos. Morreu em 1872, deixando em testamento seus bens para um sobrinho, de mesmo nome, filho de um irmão. O herdeiro conseguiu manter a fazenda São Clemente até 1907, quando teve de vendê-la para pagar as grandes dívidas que tinha. Faliu, como outros de seu tempo.

O café continuou a ser a principal atividade econômica do Brasil, com outra mão de obra, a do trabalhador livre, e com os cafeicultores do Oeste paulista se tornando o principal grupo econômico da Primeira República. Mas essa é uma outra história.

PUXANDO PELA MEMÓRIA

Após o estudo do capítulo, você manteria sua resposta à pergunta da página 138?

Créditos das imagens de baixo para cima: Reprodução/IBGE - Instituto Brasileiro de Geografia e Estatística, PE; Reprodução/Fundação Biblioteca Nacional, Rio de Janeiro, RJ; The Bridgeman Art Library/Easypix; Reprodução/Acervo do Instituto Moreira Salles; Reprodução/Coleção Particular; Reprodução/Coleção particular; Reprodução/Biblioteca Municipal Mário de Andrade, São Paulo, SP; Reprodução/Arquivo da editora

Reprodução/Fundação Biblioteca Nacional, Rio de Janeiro, RJ.

ROTEIRO DE ESTUDOS

O QUE APRENDEMOS?

1 | Por que a lei da abolição do tráfico de escravos de 1831 foi apelidada de "lei para inglês ver"?

2 | Como se explica a recusa do governo e dos proprietários de terras em acabar com o tráfico atlântico de escravos no século XIX?

3 | No século XIX, criou-se a expressão: "O Brasil é o Vale". Você saberia dizer por quê?

4 | Que diferenças existem entre as fazendas de café do Vale do Paraíba e as do Oeste paulista?

5 | Associe a produção de café à construção de ferrovias no século XIX.

6 | Relacione a vida útil de um cafezal ao declínio da lavoura cafeeira no Vale do Paraíba.

7 | O que o barão de Mauá tem a ver com os transportes no Brasil do século XIX?

8 | Relacione escravidão, tráfico atlântico e cafeicultura.

9 | Por que a afirmação a seguir é falsa?

O açúcar sempre foi e ainda é o principal produto de exportação do Brasil.

10 | Leia o trecho do Regulamento das Missões, de 1845, e a seguir responda o que se pede:

§18. "Propor à Assembleia Provincial a criação de Escolas de primeiras Letras para os lugares, onde não baste o Missionário para este ensino."

a) A que grupo o artigo se refere?

b) Qual é o objetivo da proposta?

PESQUISA

O rio Paraitinga nasce na serra da Bocaina, no atual estado de São Paulo. Quando esse rio se encontra com o rio Paraibuna, ganha o nome de Paraíba do Sul e deságua em Atafona, distrito do município de São João da Barra, no norte fluminense.

Sua extensão, da nascente até Atafona, é de cerca de 1130 quilômetros. Passa pelos atuais estados de São Paulo, Rio de Janeiro e Minas Gerais, antes denominados províncias.

A região em torno do rio Paraíba é chamada de Vale do Paraíba.

A expansão do café foi iniciada na parte fluminense do vale e seguiu na direção de São Paulo. Foi ganhando terreno e produzindo riquezas.

- Faça uma pesquisa para descobrir:
  a) cinco municípios localizados no Vale do Paraíba;
  b) se no município onde você vive já se praticou ou ainda se pratica a cafeicultura.

IMAGENS CONTAM A HISTÓRIA

Observe com atenção a imagem abaixo. É um detalhe da pintura reproduzida no início do capítulo, realizada em 1895. Em seguida, responda às questões.

1 | Você já sabe que a sede da fazenda mostrada na pintura era de um cafeicultor. O que falta nela?

2 | No detalhe, você observa um morro atrás da casa. O que teria ocorrido ali?

Detalhe da pintura representando a fazenda São Clemente, no município de Cantagalo, no Vale do Paraíba fluminense. Óleo sobre tela de Albert Henry Walder, 1895. Acervo particular de Marcello Cardoso Monnerat, Fazenda São Clemente, Cantagalo, RJ.

O PASSADO PRESENTE

A lavoura cafeeira não foi a única responsável pela degradação de terras no Brasil. Em várias partes do país existem áreas em que a exploração agrícola, mineral ou pecuária acabou com a fertilidade do solo. Segundo dados da Embrapa Solos, sediada no Rio de Janeiro, a erosão causa a perda de 822,7 milhões de toneladas de terra e prejuízo de 4 bilhões de dólares por ano ao país.

- Na região onde você vive existem terras erodidas? Caso haja, pesquise os motivos de sua degradação.

Vista aérea de área em estágio avançado de erosão devido à exploração do solo, Manoel Viana, Rio Grande do Sul, Brasil. Fotografia de 2018.

A Batalha de Gettysburg, julho de 1863, gravura anônima publicada por Currier & Ives, c. 1865. Biblioteca do Congresso, Washington, D.C., Estados Unidos.

Currier e Ives/Biblioteca do Congresso, Washington, EUA.

CAPÍTULO 9

OS ESTADOS UNIDOS ENTRE O LIBERALISMO E A ESCRAVIDÃO

A imagem acima mostra dois exércitos em combate. O exército vestido com uniforme azul, à esquerda, está com a bandeira dos Estados Unidos da América. O exército com o uniforme cinza, à direita, empunha a bandeira dos Estados Confederados da América. Os primeiros lutaram para manter o país unido pelo triunfo da liberdade. Os segundos lutaram pela sua independência e pela manutenção da escravidão. Esse combate "azul contra cinza" foi a guerra mais sangrenta e custosa da história daquele país.

Nenhuma guerra na história mundial até então tinha mobilizado tantos homens. O exército azul lutou com mais de 2 milhões de soldados contra cerca de 1 milhão do exército cinza. Cerca de 365 mil "azuis" morreram, 100 mil a mais que os mortos em combate do exército cinza. Feridos e mutilados? Cerca de 275 mil do exército azul e 137 mil do cinza.

Quem venceu a guerra? É o que você vai descobrir neste capítulo.

PUXANDO PELA MEMÓRIA

Você sabe dizer que guerra colocou em risco a unidade territorial dos Estados Unidos da América no século XIX e qual foi seu resultado?

Créditos das imagens de baixo para cima: Alexander Gardner/Biblioteca do Congresso, Washington, EUA; Currier e Ives/Biblioteca do Congresso, Washington, EUA; The Granger Collection, New York/Other Images; Paris Pierce/Alamy/Fotoarena; Reprodução/Centro de pesquisa Mooland-Spingarn, Universidade Howard, Washington D.C., EUA.

William: de escravo a sargento

William nasceu em 1840. Era um dos vários filhos de uma família escrava da Virgínia, o estado sulista mais tradicional dos Estados Unidos da América. O pai já não vivia com eles, pois tinha fugido há tempos para o norte industrial do país.

No sul dos Estados Unidos existia uma certa "ferrovia subterrânea", que não era bem uma ferrovia, mas uma senha usada pelos escravos. Eles tinham organizado uma rede de fugas muito eficiente. Calcula-se que cerca de 100 mil escravos tenham fugido do sul para o norte entre 1820 e 1850.

William cresceu trabalhando em uma plantação de tabaco. Ainda não tinha completado 20 anos quando seguiu o exemplo do pai e fugiu para o norte, onde conseguiu encontrá-lo. Foi então que ganhou um sobrenome e passou a se chamar William Carney. Pai e filho trabalharam como homens livres e juntaram dinheiro para libertar o resto da família. Conseguiram comprar a liberdade de todos.

No início da década de 1860, quando da fuga de William, o clima político estava pesado no país: os estados do sul ameaçavam romper com o governo nacional e formar um novo país independente. Em 12 de abril de 1861, tropas do sul atacaram o Forte Sumter, localizado na Carolina do Sul: era o início da guerra civil americana.

FIQUE DE OLHO

Tempo de glória (EUA). Direção de Edward Zwick, 1989. 85 min.

O filme mostra a emocionante história do primeiro regimento negro durante a Guerra Civil Americana.

The Bridgeman Art Library/Easypix

O bombardeio do Forte Sumter, no porto de Charleston, litografia anônima, publicada por Currier & Ives, 1861. Coleção particular.

Tempos de guerra

Mas por que os estados do sul queriam romper com o governo dos Estados Unidos da América? A Constituição de 1787 não tinha consagrado a união de todos os estados que lutaram contra a Inglaterra pela independência?

Muita coisa havia mudado desde então. Os estados do sul não queriam fazer parte de um país cuja maioria da população condenava a escravidão. Começaram a se organizar, fundaram um governo próprio, montaram um exército, criaram uma bandeira. Em fevereiro de 1861, quatro estados sulistas declararam a secessão. Nos meses seguintes, outros aderiram à Confederação.

Em abril do mesmo ano, já eram 15 os estados que formavam a Confederação, contra os 19 que se mantinham leais à União, conforme estabelecia a Constituição de 1787.

Secessão: separação, por isso essa guerra é também chamada de Guerra de Secessão.
União: nos EUA, é o governo federal representativo dos estados integrantes da Federação.

Um regimento de soldados negros

William queria muito lutar na guerra provocada pelo ataque sulista, mas o exército da União não admitia soldados negros. Ele não conseguia entender por quê. Afinal, não era a União que lutava contra o sul para acabar com a escravidão?

Uma coisa era acabar com a escravidão, outra bem diferente era reconhecer a cidadania dos negros libertos. O preconceito contra os afro-descendentes era enorme em todos os Estados Unidos da América.

A guerra já entrava em seu terceiro ano quando o governo de Massachusetts, onde vivia William, autorizou a formação de um regimento só para negros. Surgia, assim, o 54º Regimento de Voluntários da Infantaria de Massachusetts.

Infantaria: unidade militar treinada para o combate a pé.

O 54º regimento passou por poucas e boas durante a guerra. Os voluntários negros eram castigados com máximo rigor no caso de alguma indisciplina e constantemente insultados e humilhados pelos soldados brancos de outros regimentos.

William Carney certamente não imaginava que seria tão maltratado em um exército que lutava contra a escravidão. Mas, com seu espírito de liderança, ele se tornou sargento. Estava decidido a provar aos brancos de seu exército que ele e seus camaradas eram dignos de vestir o uniforme dos EUA.

OUTRAS HISTÓRIAS LUTAS SOCIAIS

Preconceito racial e hierarquia militar

Escravos fugidos – como William – e libertos se alistaram no regimento negro de Massachusetts para lutar contra a escravidão.

Observe a imagem ao lado, que retrata William.

Rodval Matias/Arquivo da editora

O sargento William Carney. Ilustração atual feita com base em fotografia de 1863.

- O alistamento de ex-escravos no exército estadunidense pode ser considerado uma forma de ascensão social para os negros do país? Discuta em grupo.

1834: Abraham Lincoln elege-se deputado, então com 25 anos de idade.

1848: Anexação do Texas após guerra com o México.

Os motivos da guerra civil

A Guerra de Secessão ocorreu porque os estados do sul defendiam a escravidão e seus dirigentes temiam que os estados do norte a extinguissem.

A economia dos estados do sul se baseava no sistema de *plantation* (produção agrícola voltada para a exportação) e escravidão. Além de tabaco, o sul produzia algodão, que era exportado para as fábricas têxteis da Inglaterra e também comprado pelos estados do norte.

Os estados do norte viviam em um regime capitalista: trabalho assalariado, produção industrial, transporte ferroviário, mercado interno forte.

O norte concentrava a esmagadora maioria das manufaturas e das ferrovias do país. A população dos estados do norte era de cerca de 22 milhões de habitantes, enquanto a dos estados do sul era de aproximadamente 9 milhões de brancos e quase 4 milhões de negros escravos.

QUE HÁ NA IMAGEM?

Compare as imagens e descreva o contraste entre a economia dos estados do sul e a dos estados do norte.

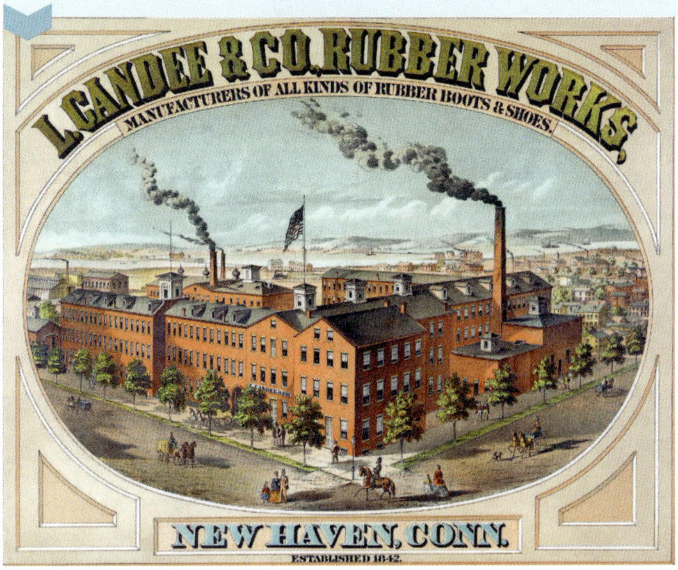

À esquerda, fábrica de calçados de borracha em Connecticut, estado do norte dos Estados Unidos. Imagem de c. 1900. À direita, uma plantação de algodão no Mississípi, estado do sul do país, litografia de William Aiken Walker, de 1883. Coleção particular.

Cresce a tensão entre norte e sul

Durante muito tempo, capitalismo e escravidão compartilharam o mesmo país. Nos Estados Unidos, o tráfico atlântico de escravos africanos foi abolido no início do século XIX, em 1807. Como no Brasil, tal proibição fez com que o tráfico interno entre os estados aumentasse. Alguns senhores estimularam a reprodução de seus escravos, gerando, assim, futura mão de obra.

Os filhos nascidos desses escravos eram vendidos para fazendas produtoras de algodão. Os estados do norte não se intrometeram. Os problemas entre eles começaram com a expansão territorial do país em direção ao oeste.

Os estados do norte eram contra a escravidão nas terras anexadas aos Estados Unidos da América. Nesses novos territórios, eles pretendiam estimular a agricultura, sobretudo o plantio de trigo, centeio e milho, e a criação de gado (bovino, suíno, equino, etc.).

A ideia era que os territórios do oeste vendessem sua produção agrícola para as cidades industriais do leste, e delas comprassem seus produtos manufaturados. Essa associação ficou conhecida como **casamento do ferro com o centeio** – o ferro simbolizando a indústria, e o centeio, a agricultura.

Os estados do sul, por sua vez, exigiam da União o direito de estender a escravidão aos novos territórios, onde pretendiam plantar mais algodão – com base no trabalho escravo, como sempre. Um tremendo dilema político.

A HISTÓRIA NÃO ESTÁ SOZINHA

Geografia

A **demografia**, que é a geografia das populações, e a **geografia econômica**, que é a distribuição e a organização espacial das atividades econômicas nas diversas superfícies do planeta ou em diferentes regiões de um mesmo país, contribuem muito para o estudo da história.

Os dados apresentados no quadro a seguir, por exemplo, revelam os contrastes regionais na economia dos Estados Unidos na segunda metade do século XIX.

	Os Estados Unidos em 1860			
	Estados do norte		Estados do sul	
	Total	% em relação ao conjunto dos Estados Unidos	Total	% em relação ao conjunto dos Estados Unidos
População total	22 milhões	71%	9 milhões	29%
População livre	22 milhões	80%	5,5 milhões	20%
População escrava			3,5 milhões	100%
Produção manufatureira		90%		10%
Exportações antes da guerra		30%		70%
Fardos de algodão em 1860			4,5 milhões	

Fonte: THE CIVIL WAR HOME PAGE. Results from the 1860 Census.
Disponível em: <www.civil-war.net/pages/1860_census.html>. Acesso em: 29 maio 2018.

- Considerando os dados do quadro, quem estava mais preparado para vencer a guerra civil entre os estados do norte e os estados do sul? Justifique.

1854: Aprovação da lei que permitia aos futuros estados do Nebraska e do Kansas decidir se haveria ou não escravidão, fato que rompia o Compromisso de Missouri.

Oeste livre ou escravista?

A expansão territorial, portanto, foi decisiva para azedar as relações entre o norte e o sul. Durante décadas, contudo, os deputados de cada região tentaram negociar.

Em 1820, foi assinado o acordo que ficou conhecido como **Compromisso do Missouri**, que autorizava a escravidão em todos os territórios localizados abaixo de uma linha traçada no extremo sul do território do Missouri, recém-incorporado à União, como observamos no mapa a seguir. Os territórios acima dessa linha, onde a escravidão estava proibida, foram considerados "livres", embora o estado do Missouri tenha sido incorporado à União na condição de estado escravista.

O acordo funcionou até 1848, quando os Estados Unidos tomaram um pedaço do México e o Compromisso do Missouri precisou ser refeito. Os nortistas reclamaram que o "território do sul" ficaria muito maior do que era.

Pelo novo acordo aprovado pelo Congresso em 1850, Texas e Novo México foram considerados escravistas, mas a Califórnia, atravessada pelo paralelo que coincidia com a linha traçada, foi considerada livre. Os sulistas reclamaram, mas negociaram. Em troca da Califórnia, os nortistas se comprometiam a devolver aos estados do sul os escravos fugidos.

Os Estados Unidos na década de 1860

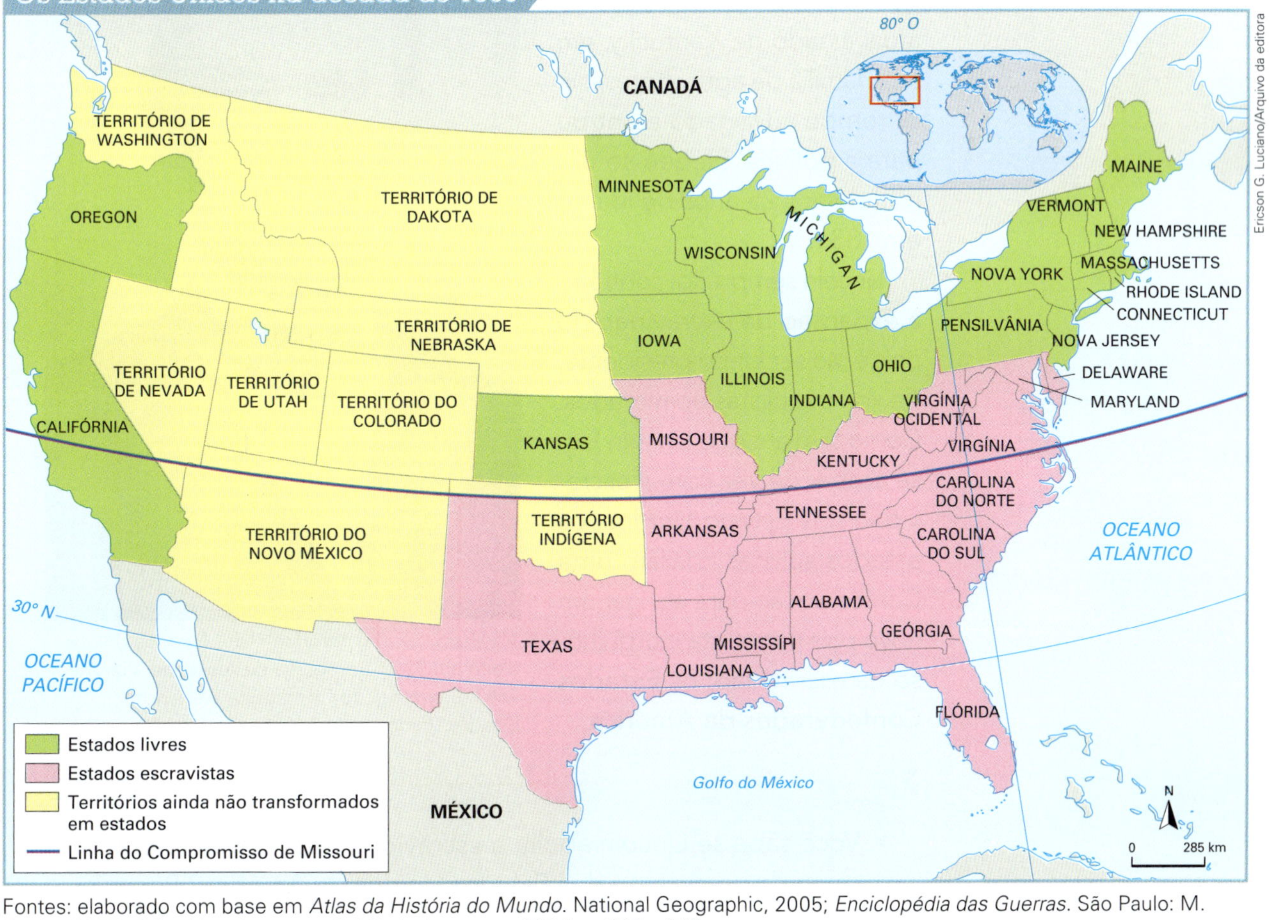

Fontes: elaborado com base em *Atlas da História do Mundo*. National Geographic, 2005; *Enciclopédia das Guerras*. São Paulo: M. Books, 2005; *Atlas historique mondial*. Paris: Larousse, 2004. p. 302 e 340.

1854: Fundação do Partido Republicano.

1860: Abraham Lincoln eleito presidente dos EUA.

CÁ ENTRE NÓS

Nos EUA, até a fundação do Partido Republicano, havia dois principais partidos políticos: o **Liberal** e o **Democrata**. O Democrata defendia os interesses dos estados escravistas. Nos dias de hoje, ele se destaca por defender os interesses das classes populares e das minorias étnicas nos EUA.

A fundação do Partido Republicano

Quem saiu ganhando em 1850? Difícil dizer, já que certamente nem o norte nem o sul ficaram satisfeitos com o acordo.

Em 1854, o conflito, adiado por décadas, começou a se acirrar. Os estados do sul conseguiram que o Congresso aprovasse uma lei que estabelecia que, nos futuros estados do Nebraska e do Kansas, quem decidiria se a escravidão estava ou não autorizada seria a própria população.

Ora, esses estados estavam acima da linha do Missouri, onde a escravidão era proibida. A lei, então, mudou as regras do jogo. Diante disso, os políticos do norte resolveram fundar um novo partido para enfrentar as manobras do sul, e assim surgiu o Partido Republicano, cujo programa era abolicionista.

OUTRAS HISTÓRIAS PERSONAGENS

Abraham Lincoln

Foi pelo Partido Republicano que Abraham Lincoln ganhou as eleições presidenciais de 1860. Nascido em 1809, no atual estado de Kentucky, em uma família de agricultores, ele se tornou advogado e entrou para a política. Elegeu-se deputado aos 25 anos de idade, em 1834.

Lincoln sempre foi contrário à expansão da escravidão no país e, ao ser eleito presidente, deixou os sulistas apavorados. Como temiam que Lincoln fosse acabar de vez com a escravidão nos Estado Unidos, os estados sulistas criaram uma Confederação para abrigar um novo país escravista e orgulhoso da escravidão: os **Estados Confederados da América**.

Alexander Gardner/Biblioteca do Congresso, Washington, EUA.

Abraham Lincoln, presidente dos Estados Unidos, eleito em 1860. Fotografia de Alexander Gardner, 1863. Biblioteca do Congresso, Washington, Estados Unidos.

- Você sabe se Lincoln aboliu a escravidão depois que tomou posse como presidente dos Estados Unidos da América? Pesquise.

O norte: avanço do abolicionismo

Os conflitos entre o norte e o sul eram graves, como vimos. Talvez a guerra pudesse ter sido evitada, talvez um novo acordo pudesse ter sido assinado entre eles, caso não desconfiassem tanto uns dos outros. O próprio Lincoln, ao tomar posse, declarou que, para manter o país unido, ele não libertaria sequer um escravo.

Àquela altura, contudo, já não era possível conciliar as duas partes do país e a guerra era inevitável. A campanha abolicionista atingia seu ápice no norte, fazendo acusações de todo tipo contra os escravistas do sul. Estes, por sua vez, respondiam aos nortistas com dureza, defendendo a escravidão como um regime excelente – até para os escravos, diziam.

FIQUE DE OLHO

STOWE, Harriet. *A cabana do Pai Tomás*. São Paulo: Ediouro, 2002.

O livro traça a emocionante história de um velho e bondoso escravo negro, o Pai Tomás, e os sofrimentos passados por ele e seus companheiros.

A HISTÓRIA NÃO ESTÁ SOZINHA

Literatura e telenovela

A cabana do Pai Tomás

Um ponto alto da campanha abolicionista foi a publicação, em 1852, do livro *A cabana do Pai Tomás*, escrito por Harriet Elizabeth Beecher Stowe. A história narra os horrores da escravidão e mostra os senhores de escravos como gente sem coração, interessada apenas em ganhar dinheiro com a exploração violenta dos cativos. O personagem Pai Tomás do título é um velho escravo sulista.

Reprodução/Biblioteca de Virgínia, Boston, EUA.

Uma das imagens que ilustrou a primeira edição do livro *A cabana do Pai Tomás*, de 1852, de autoria da escritora estadunidense Harriet Beecher Stowe. Foi o romance mais vendido nos Estados Unidos no século XIX. Na cena, uma escrava trata do Pai Tomás depois de ele ter sido chicoteado. Gravura de Hammatt Billings, 1852. Biblioteca da Virgínia, Washington, Estados Unidos.

- O romance foi roteiro de uma novela de televisão brasileira que fez grande sucesso em 1969. O escravo Tomás foi representado por Sérgio Cardoso, que era branco e teve seu rosto pintado de preto, além de usar peruca com cabelo crespo. Em sua opinião, por que razão um ator branco foi escolhido para representar um escravo negro? Discuta em grupo.

1862: *Homestead Act*, nos EUA, que garantia a propriedade de até 160 hectares nos novos territórios a oeste a quem a cultivasse por cinco anos.

O sul defende uma nação escravista

Os sulistas passaram a divulgar que os escravos viviam muito bem e que suas famílias eram bem tratadas pelos senhores. Por esse motivo, a grande maioria dos escravos era leal a seus donos e preferia viver sob a proteção deles; poucos fugiam.

As lideranças do sul reagiram à campanha dos abolicionistas e passaram a publicar livros em defesa da escravidão, em que denunciavam – vejam só – a selvageria das relações de trabalho nas cidades industriais do norte, onde predominava o trabalho livre assalariado. E diziam, claro, que a narrativa sobre o Pai Tomás era uma grande mentira.

OUTRAS HISTÓRIAS CRENÇAS

Em defesa da escravidão sulista

O escritor sulista George Fitzhugh foi um dos defensores do sistema escravista nos Estados Unidos. Em seu livro *Sociologia do Sul*, publicado em 1854, afirmou que o sul escravista era um modelo de civilização. Para ele, os escravos eram bem tratados desde o nascimento. Quando morriam, suas famílias não ficavam desamparadas: os senhores cuidavam delas. O capitalismo, sim, era para ele um mal, e os nortistas eram hipócritas, pois os trabalhadores da indústria estavam sujeitos ao desemprego e à miséria, sem ter quem os amparassem.

- Em grupo, discuta em que medida os argumentos do escritor sulista defendem a escravidão quando comparada ao tratamento dado aos trabalhadores nas indústrias do norte.

Hipócrita: fingido, ou seja, alguém que age de forma contrária ao que diz ser e fazer.

Nunca morreram tantos soldados!

O governo da União dispunha de mais meios para a guerra, pois contava com os recursos humanos e financeiros dos estados do norte e do oeste. A população desses estados ultrapassava 20 milhões de pessoas, enquanto a população livre dos estados sulistas mal passava de 5 milhões. O exército da União possuía o dobro de soldados que o da Confederação – 2,2 milhões contra pouco mais de um milhão de confederados – e produzia 97% das armas do país.

Por outro lado, os melhores oficiais dos Estados Unidos eram sulistas. Em uma guerra, essa vantagem era importante. O principal militar do país, o general Robert Lee, era natural da Virgínia, do velho sul. Ele assumiu o comando geral dos confederados e impôs várias derrotas ao exército da União.

Em todo caso, a superioridade econômica dos estados do norte parecia garantir a vitória da União, caso a guerra fosse longa. A estratégia dos confederados era simples: defender a todo custo suas posições e, se possível, atacar com tudo no início da guerra para forçar o governo de Lincoln a um acordo. Qual acordo? O reconhecimento da independência dos estados confederados como novo país.

1862: Vitória da Confederação na Batalha de Fredericksburg.

1863: Abolição da escravidão nos EUA.

Mas a guerra durou de 1861 a 1865, condenando os confederados à derrota. Essa é considerada a primeira "guerra industrial": comunicações por telégrafo, uso de metralhadoras nas batalhas, transporte ferroviário de tropas. No final do conflito, morreram, de um lado, 365 mil soldados da União e, de outro, 260 mil confederados.

Nunca haviam morrido tantos soldados em uma guerra.

VOCÊ JÁ OUVIU FALAR...?

... que a palavra **ianque** era usada para designar os moradores da Nova Inglaterra no período colonial? Durante a guerra civil, os confederados passaram a chamar toda a população do norte de "ianque" – que, por sua vez, chamava os sulistas de "rebeldes".

Os Estados Unidos e a Guerra de Secessão

Fontes: elaborado com base em *Atlas da História do mundo*. National Geographic, 2005; *Enciclopédia das guerras*. São Paulo: M. Books, 2005; *Atlas historique mondial*. Paris: Larousse, 2004. p. 302 e 340.

O sul começou ganhando... mas o norte empatou!

Apesar de sua desvantagem econômica, o sul saiu na frente: defendeu as primeiras investidas do inimigo e moveu um contra-ataque espetacular. No início de 1863, a estratégia do general Lee parecia vitoriosa.

Animados com as vitórias de seu exército, os confederados resolveram ousar: por que não invadir o norte e forçar Lincoln a negociar? Pensando nisso, o general Lee organizou a invasão da Pensilvânia.

A Batalha de Gettysburg

Os confederados partiram com tudo: 75 mil homens bem armados e confiantes na vitória. O exército da União, como sempre, era superior e contava com 88 mil soldados. A batalha começou no dia 1º de julho de 1863 e só terminou no dia 3. Todos os ataques do general Lee fracassaram. O exército da União aguentou o cerco.

No final da batalha, houve 23 mil baixas entre as tropas da União e 28 mil entre as confederadas. O exército da União conseguia repor rapidamente as suas baixas, a Confederação não. Por esse motivo, a derrota em Gettysburg foi fatal para os confederados. Dali em diante, só restava, para eles, defender o sul.

CÁ ENTRE NÓS

Em 1862, Abraham Lincoln propôs o *Homestead Act*. Trava-se de uma lei que garantia uma propriedade de até 160 hectares nos novos territórios a oeste a quem a cultivasse por cinco anos. Essa lei estimulou a vinda de imigrantes europeus para os Estados Unidos e um grande deslocamento populacional para o oeste, o que contribuiu para fortalecer a agricultura e a pecuária dos novos estados da União.

DOCUMENTO

O discurso de Gettysburg

O discurso a seguir foi proferido por Abraham Lincoln em 19 de novembro de 1863, na cerimônia de inauguração do Cemitério Militar de Gettysburg, no local onde tinha acontecido a batalha de mesmo nome.

> Há 87 anos, os nossos pais deram origem neste continente a uma nova Nação, concebida na Liberdade e consagrada ao princípio de que todos os homens nascem iguais.
>
> [...] Mas, numa visão mais ampla, não podemos dedicar, não podemos consagrar, não podemos santificar este local. Os valentes homens, vivos e mortos, que aqui combateram já o consagraram, muito além do que nós jamais poderíamos acrescentar ou diminuir com os nossos fracos poderes.
>
> [...] que todos nós aqui presentes solenemente admitamos que esses homens não morreram em vão, que esta Nação com a graça de Deus venha gerar uma nova Liberdade, e que o governo do povo, pelo povo e para o povo jamais desaparecerá da face da Terra.
>
> Disponível em: <www.arqnet.pt/portal/discursos/novembro01.html>. Acesso em: 29 maio 2018.

1 | A qual acontecimento Lincoln se referiu ao exaltar o surgimento de uma nação "concebida na Liberdade" 87 anos antes?

2 | Lincoln consagra o discurso à memória dos que morreram na Batalha de Gettysburg. É certo dizer que o presidente se referia a todos os soldados que morreram em combate?

3 | O que Lincoln queria dizer com "nova Liberdade" que a Nação deveria gerar, "com a graça de Deus"?

O combate do regimento negro

Com a vitória em Gettysburg, foi a vez de os ianques atacarem. O alvo foi o forte Wagner, que protegia o porto de Charleston, na Carolina do Sul, e o objetivo foi impedir o abastecimento por mar dos estados do sul para terminar logo com a guerra.

Mas o forte era muito bem defendido. O primeiro ataque, em 11 de julho de 1863, foi desastroso para os ianques: 400 mortos ou feridos contra apenas 12 baixas entre os confederados.

Os ianques não desistiram. Uma semana depois fizeram nova tentativa, convocando o 54º Regimento de Infantaria para liderar o combate, composto de soldados negros sob o comando do coronel Robert Shaw, oficial branco. Tropas de ianques brancos seguiram atrás do regimento negro. O forte não caiu, mas o regimento negro deu prova de grande coragem no campo de batalha.

Batalha do forte Wagner, gravura de Kurz & Allison, 1890. Biblioteca do Congresso, Washington, D.C., Estados Unidos.

Os soldados do regimento negro lutaram com garra. Mas a tentativa de tomar o forte fracassou. Morreram 246 ianques, soldados negros em sua maioria. O coronel Shaw também morreu em combate. O sargento William Carney foi ferido várias vezes na luta, mas sobreviveu. Do lado confederado, apenas 36 mortos. Em setembro, os confederados abandonaram o forte porque a água potável estava contaminada. Os ianques tomaram o forte sem luta.

O norte massacrou!

Depois da tomada desastrada do forte Wagner, o exército da União invadiu o sul. Os confederados não tinham como repor armas, munições ou uniformes, pois não tinham fábricas para produzi-los. Nos últimos meses da guerra, os soldados confederados andavam descalços, com os uniformes rasgados, sujos e ensanguentados. Mesmo assim, o sul aguentou a ofensiva ianque até o início de 1865.

A ofensiva do exército ianque foi comandada pelo general William Sherman. Ele liderou a tomada de Atlanta, capital do estado da Geórgia, em setembro de 1864, abrindo caminho para o avanço final dos ianques, com a tomada de Savanah, no litoral sul da Geórgia, e a vitória sobre as últimas tropas sulistas, em abril de 1865. A Geórgia era a última linha de defesa dos confederados.

O general Sherman ordenou a seus soldados que destruíssem as poucas manufaturas e ferrovias do sul. Mandou incendiar Atlanta e saquear as fazendas da região. Fez o que hoje se chama "guerra total": contra soldados e civis. Em 9 de abril de 1865, o general Lee reconheceu a derrota dos confederados e assinou a rendição do sul.

O SEU LUGAR NA HISTÓRIA

Você conhece algum fato, na história do seu bairro, que indique a presença de preconceitos raciais, com ações violentas ou discriminatórias? Puxe pela memória, pergunte em casa ou aos vizinhos, e relate o caso em sala de aula.

A escravidão acabou, mas o racismo aumentou

Com a derrota do sul, o Congresso aprovou a Décima Terceira Emenda à Constituição: "Não haverá, nos Estados Unidos ou em qualquer lugar sujeito à sua jurisdição, nem escravidão, nem trabalhos forçados, salvo como punição de um crime pelo qual o réu tenha sido devidamente condenado". A escravidão estava definitivamente abolida.

O governo dos Estados Unidos da América iniciou, então, a reconstrução do sul, devastado pela guerra. Cassou os direitos políticos de todos os homens que haviam lutado contra a União – quase toda a população branca e masculina do sul – e concedeu o direito de voto aos negros.

A reação foi terrível. Temendo que políticos do norte fossem eleitos para o governo dos estados do sul com o voto dos ex-escravos, sulistas brancos formaram uma organização secreta que reunia veteranos do exército confederado. Chamaram-na de **Ku Klux Klan**. Seu objetivo era humilhar e amedrontar os negros, espancá-los e até matá-los.

Mike Stewart/Associated Press/Glow Images

Na imagem, membros da KKK ateiam fogo em uma cruz e uma suástica após manifestação pelo "orgulho branco", na Geórgia, Estados Unidos. Fotografia de 2016.

Fundada no estado do Tennessee em 1865 por um general confederado, o nome Ku Klux Klan vem do grego *kuklos*, que significa círculo, anel, e de *klan*, ou clã, em português, que significa grande família. A KKK pretendia agregar um círculo familiar amplo para a defesa das tradições sulistas. Os integrantes se vestiam com mantos e máscaras principalmente brancos.

Na década de 1870, os sulistas recuperaram seus direitos políticos, mas a KKK, apesar de proibida pelo governo da União, continuou a agir.

O assassinato de Lincoln

Dias depois da rendição confederada, um fanático sulista deu um tiro na cabeça de Abraham Lincoln, enquanto ele assistia a um espetáculo teatral em Washington. O plano do assassino, John Booth, era sequestrar o presidente e exigir como resgate a libertação dos prisioneiros confederados. Mas resolveu matá-lo, depois de ouvir um discurso em que Lincoln prometia o direito de voto para os negros. Booth acabou morto em um tiroteio com a polícia, 12 dias depois.

O capitalismo avançou...

Com o fim da guerra, o capitalismo se expandiu por todo os EUA. Entre 1865 e 1900, a economia cresceu 400%. E a produção industrial deu um salto de quase 50% logo nos primeiros cinco anos. O número de fazendas, sobretudo no oeste, saltou, entre 1860 e 1905, de 2 milhões para 6 milhões. O "casamento do ferro com o centeio", enfim, se consolidou.

Terminada a guerra, os Estados Unidos caminhavam a passos largos para se tornar uma potência econômica mundial. Em 1870, a economia estadunidense já concentrava cerca de 23% das fábricas de todo o mundo. Só perdia para a Grã-Bretanha, que abrigava 31%.

Impacto das ferrovias

A malha ferroviária estadunidense já era extensa antes da Guerra Civil, sobretudo nos estados do norte. Mas houve um salto quantitativo depois de 1865, decorrente do projeto de ligar a costa leste à oeste.

Em 1869 foi inaugurada a ferrovia transcontinental, que estendeu os caminhos de ferro até Sacramento, na Califórnia. Além de estimular o mercado interno, o transporte de mercadorias por meio das ferrovias era um grande negócio em si.

Honra negra

Para encerrar o capítulo, voltemos ao sargento William Carney, ex-escravo e herói da infantaria dos Estados Unidos na Guerra de Secessão. Na batalha do forte Wagner, Carney comandou os recrutas debaixo de fogo cerrado e alcançou o parapeito do forte, onde fincou a bandeira dos Estados Unidos. O regimento foi obrigado a recuar, mas William, mesmo ferido, lutou com bravura. Os próprios camaradas brancos reconheceram sua coragem.

E o que fez o governo dos Estados Unidos? Nada. Não deu nem uma medalha para o bravo sargento, porque ele era negro. Somente no início dos anos 1900, quando William já contava com 60 anos de idade, o governo resolveu condecorá-lo com uma medalha de honra.

William foi o primeiro afro-americano a receber essa honra militar nos EUA. Não seria o único. Por muito tempo ainda a população negra do país sofreria as consequências do ódio racial provocado pela escravidão.

Reprodução/Centro de pesquisa Mooland-Spingarn, Universidade Howard, Washington D.C., EUA.

Sargento William Carney condecorado com a medalha de honra. Fotografia de James E. Reed, início do século XX. Mooland-Spingarn Research Center, Universidade Howard, Washington, D.C., Estados Unidos da América.

PUXANDO PELA MEMÓRIA

Após o estudo do capítulo, você manteria sua resposta à pergunta da página 170?

Créditos das imagens de baixo para cima: Alexander Gardner/Biblioteca do Congresso, Washington, EUA.; Currier e Ives/Biblioteca do Congresso, Washington, EUA; The Granger Collection, New York/Other Images; Paris Pierce/Alamy/Fotoarena; Reprodução/Centro de pesquisa Mooland-Spingarn, Universidade Howard, Washington D.C., EUA.

ROTEIRO DE ESTUDOS

O QUE APRENDEMOS?

1 | Qual foi a importância da lei de 1854 para o início da guerra civil?

2 | A eleição de Abraham Lincoln para a presidência dos Estados Unidos, em 1860, significou a abolição imediata da escravidão no país?

3 | Qual era a estratégia dos estados do sul ao iniciar uma guerra contra a União?

4 | Relacione o significado da expressão "casamento do ferro com o centeio" com a expansão territorial dos Estados Unidos no século XIX.

5 | Como explicar a derrota dos confederados na Guerra de Secessão?

6 | É possível afirmar que a reconstrução do sul, logo após a guerra civil, estimulou o preconceito racial nos Estados Unidos?

7 | O que o sargento William Carney tem a ver com a guerra civil nos EUA?

8 | Qual é a relação entre a conquista estadunidense da Califórnia e a Guerra de Secessão?

9 | Por que a afirmação a seguir é falsa?

A guerra civil era inevitável nos Estados Unidos, exceto pela escravidão, assunto que os estados do sul estavam dispostos a negociar.

10 | Por que o território do Missouri foi importante nas divergências entre os estados do norte e os do sul no século XIX?

PESQUISA

A expansão dos trilhos pelo oeste não foi inocente, pois avançou sobre o território indígena. Junto com os trens, seguiam os colonos e o exército para protegê-los contra os nativos. Soldados da cavalaria invadiam as aldeias e matavam homens, mulheres e crianças.

A imagem mostra que os indígenas lutaram contra as ferrovias e o avanço dos brancos em suas terras. Por vezes, conseguiram destroçar a cavalaria estadunidense, como na batalha de Little Big Horn, vencida pelos Sioux aliados aos Cheyennes, em 1876. Qual foi a importância dessa batalha na história das guerras dos Estados Unidos contra as populações indígenas do país? Pesquise.

Indígenas do grupo Cheyenne atacam trabalhadores da ferrovia transcontinental, em 1867. Litografia colorida de Jacob Gogolin, século XX. Coleção particular.

IMAGENS CONTAM A HISTÓRIA

A imagem abaixo indica, sem dúvida, a intolerância da KKK contra os negros. Acima da águia está escrito: "A União como ela era". Abaixo da águia: "Este é um governo de homens brancos". Acima da caveira: "A causa perdida". Abaixo da caveira, sobre as cabeças do casal negro: "Pior do que a escravidão". No bolso do homem, à esquerda: "Liga dos brancos". Vê-se também um livro no chão, em frente ao casal de negros.

Granger/Fotoarena

A União como ela era, gravura de Thomas Nast. Charge racista de 1874. Coleção particular.

- Vamos interpretar a imagem? Converse com seus colegas a respeito dos elementos que a compõem, procurando relacioná-los com as frases nela escritas.

O PASSADO PRESENTE

De acordo com sociólogos e especialistas em estudos das camadas populares na América do Norte, os índices sociais – que incluem emprego, saúde e educação – entre os afrodescendentes norte-americanos são os piores em 25 anos. [...] um homem negro que não concluiu os estudos tem mais chances de ir para prisão do que conseguir uma vaga no mercado de trabalho. [...] E o dado mais assombroso: há mais negros na prisão atualmente do que escravos nos EUA em 1850, de acordo com estudo da socióloga da Universidade de Ohio, Michelle Alexander.

CALIXTO, Dodô. Sem tempo para sonhar: EUA têm mais negros na prisão hoje do que escravos no século XIX. *Opera Mundi*, 28 ago. 2013. Disponível em: <http://operamundi.uol.com.br/conteudo/noticias/30858/sem+tempo+para+sonhar+eua+tem+mais+negros+na+prisao+hoje+do+que+escravos+no+seculo+xix.shtml>. Acesso em: 29 maio 2018.

- Em grupo, discuta o texto e responda às seguintes questões.
  a) Se nos EUA há mais negros presos hoje do que havia escravos em 1850, é possível dizer que a condição da população afrodescendente naquele país piorou depois da abolição da escravidão?
  b) O predomínio de afrodescendentes nas prisões estadunidenses indica, necessariamente, a continuidade da discriminação racial contra os negros nos EUA?

O major Frederico Solon de Sampaio Ribeiro entrega a dom Pedro II a ordem do Governo Provisório da "República dos Estados Unidos do Brazil", que expulsa do Brasil a família imperial. Autor anônimo, c. 1940. Coleção particular.

CAPÍTULO 10

CRISE DA ESCRAVIDÃO E DA MONARQUIA NO BRASIL

PUXANDO PELA MEMÓRIA

O século XIX no Brasil foi de profundas transformações. De uma colônia portuguesa escravista, tornou-se uma república federativa com população livre. Você sabe os principais marcos históricos desse longo processo?

"A escravidão é um roubo. Todo dono de escravo é ladrão", definiu o jornalista José do Patrocínio. Quando nasceu, em 1853, na cidade de Campos dos Goytacazes, província do Rio de Janeiro, o tráfico negreiro já havia sido abolido, mas não a escravidão.

José do Patrocínio, ou "Zé do Pato", como era chamado pelo povo, combateria a escravidão escrevendo artigos em jornais e falando em conferências e reuniões abolicionistas. Ele era um grande e entusiasmado orador, e a população gostava de seus discursos.

A história desse jornalista, que viveu de 1853 a 1905, coincide com o período da história do Brasil em que a escravidão tornou-se cada vez menos aceita e os ideais republicanos triunfaram sobre a monarquia. A escravidão foi abolida e a república, proclamada.

República: a palavra república vem do latim e significa coisa pública. No regime republicano, os cidadãos são responsáveis pela condução das políticas públicas, elegendo representantes e delegando poderes ao Chefe de Estado.

A monarquia e o Paraguai

A região do rio da Prata foi, durante o século XIX, disputada pelos países que se tornaram independentes, entre eles o Brasil, o Uruguai, o Paraguai e a Argentina.

A disputa pelo controle sobre a região era antiga e já havia sido travada entre as metrópoles ibéricas, Portugal e Espanha. Contudo, quando a região foi disputada pelos novos países que haviam se formado na área platina, o conflito resultou em uma guerra que durou seis anos, de 1864 a 1870: a Guerra do Paraguai, como ficou conhecida no Brasil.

A região do rio da Prata

O rio da Prata era a principal via de acesso entre o oceano Atlântico e o interior da América do Sul. Como os rios que desembocam no estuário do rio da Prata são quase todos navegáveis, era por eles que os navios das antigas colônias espanholas e, depois, dos novos países transportavam as mercadorias que atravessavam o oceano Atlântico.

Acontece que as embarcações que navegam por rios eram, e são, diferentes das que navegam por oceanos. Então, para que um país interiorano como o Paraguai transportasse mercadorias pelo oceano Atlântico, era preciso um porto marítimo para a troca de navios. Esses portos pertenciam a dois países: Argentina e Uruguai.

QUE HÁ NO MAPA?

Observe o mapa da Bacia do Prata.

1. Para enviar mercadorias para o exterior, os navios paraguaios precisariam percorrer quais rios?
2. Quais países poderiam impedir a navegação dos navios paraguaios para o oceano Atlântico?
3. Por que era importante para o Brasil controlar ou se aliar aos países banhados pelo Prata?

Bacia do rio da Prata

Fonte: elaborado com base em *Atlas geográfico escolar*. Rio de Janeiro: IBGE, 2007. p. 40 e 41.

A Guerra do Paraguai

Francisco Solano López tornou-se presidente do Paraguai em 1862. Para garantir a participação de seu país na navegação do rio da Prata, meteu-se na disputa política interna do Uruguai. Dois partidos uruguaios, o Blanco e o Colorado, disputavam o governo.

Solano López acreditava que, ao se aliar ao Uruguai, a livre navegação no rio da Prata estaria assegurada. Apoiou, então, o Partido Blanco, que estava no poder, e enviou um aviso ao Brasil para que não se metesse nos problemas internos do Uruguai.

A resposta brasileira foi invadir o Uruguai e apoiar o Partido Colorado, que acabou tomando o poder. Solano López rompeu relações diplomáticas com o Império e, em dezembro de 1864, declarou guerra ao Brasil. A Argentina e o Uruguai, este liderado pelo Partido Colorado, se uniram ao Brasil contra o Paraguai na chamada Tríplice Aliança, em 1865.

Voluntários da Pátria

Voluntário: aquele que se apresenta por vontade própria.
Soldo: pagamento concedido ao militar.

Logo depois do início da guerra, o governo imperial brasileiro criou os batalhões que foram denominados Voluntários da Pátria. Ele assegurava aos que se alistassem voluntariamente um soldo, e, aos que sobrevivessem, recompensas, como terras, empregos públicos ou pensões. Acreditando que a guerra seria breve, voluntários de várias províncias do Império alistaram-se.

Mas a guerra se prolongou além do previsto. Cada vez menos voluntários se alistavam. O Império, então, lançou mão dos recrutadores, que forçavam os homens a se alistar. Não eram mais "voluntários". Se fossem de família rica, ofereciam um escravo para servir em seu lugar. Todo escravo que fosse para a guerra substituindo uma pessoa livre era considerado liberto. Os acusados de desordem e crime, fossem livres ou escravos, eram obrigados a seguir para a guerra. Assim, muitos fizeram de tudo para ser recrutados, como praticar delitos, não trabalhar, participar de rebeliões, etc.

Quando a guerra acabou, nada do que havia sido prometido aos voluntários foi cumprido: não ganharam terras, nem empregos públicos, nem pensões. Os escravos que foram libertados, entretanto, continuaram livres.

O 26º Batalhão de Voluntários da Pátria em ação ocorrida entre 1867 e 1868 na Guerra do Paraguai. Fotografia de autoria desconhecida. Esse batalhão era originário da província do Ceará, muito distante do inimigo Paraguai. Fundação Biblioteca Nacional, Rio de Janeiro, RJ.

1862: Francisco Solano López se torna presidente do Paraguai.

1864: Solano López declara guerra ao Brasil.

As enormes perdas geradas pelo conflito

O resultado da guerra foi ruim para todos os envolvidos. O Paraguai perdeu grande parte de seu território e de sua população, principalmente masculina. Estima-se que cerca de 75% dos homens paraguaios morreram na guerra.

O Uruguai foi o menos atingido, tanto em número de baixas, em torno de 5 mil homens, quanto em valores, pois não investiu muito em sua força bélica. A Argentina e o Brasil perderam 30 mil e 50 mil homens, respectivamente, e gastaram muito para equipar suas forças militares.

Prisioneiros paraguaios durante a ocupação da capital, Assunção. Na sacada estão soldados brasileiros. Fotografia de autoria desconhecida, c. 1865. Fundação Biblioteca Nacional, Rio de Janeiro, RJ.

AO MESMO TEMPO

Bandas de música

Durante a Guerra do Paraguai, as bandas de música eram parte integrante dos batalhões e tocavam inclusive durante as batalhas.

As bandas dos batalhões dos Voluntários da Pátria não tocavam hinos ou músicas militares, mas composições populares. Seus músicos, como a grande maioria de seus soldados, vinham das camadas populares e não tinham formação militar. Aprenderam a ser soldados e a usar uniformes e tocaram seus instrumentos marchando no campo de batalha.

Ao retornar da guerra, os músicos dessas bandas mantiveram costumes militares, como o uso de uniforme, costume que se mantém nas bandas de música popular no Brasil até hoje.

- Faça uma pesquisa sobre as bandas de música de seu bairro ou de seu município e, se possível, traga para a sala de aula uma gravação da apresentação de uma delas. Caso haja uma banda de música em sua escola, você pode optar por pesquisar sobre ela. Nessa pesquisa, procure destacar costumes de influência militar, como o uso de uniforme.

A monarquia e a abolição da escravidão no Ceará

Depois da abolição do tráfico atlântico de escravizados, em 1850, a província do Ceará foi uma das que passaram a vender mais escravos para as fazendas de café do sudeste do país. O tráfico interprovincial, como ficou conhecido, rendeu muito para os cearenses.

As províncias do Rio de Janeiro, de São Paulo e de Minas Gerais eram as principais áreas cafeicultoras que compravam pessoas do Ceará. No começo da década de 1880, contudo, as leis dessas províncias estipularam um enorme imposto para a entrada de escravos em seus territórios, prejudicando, assim, o tráfico interprovincial.

Em 1879, foi criada em Fortaleza a Sociedade Libertadora Perseverança e Porvir, inspirada no movimento abolicionista e na observação do sofrimento dos que eram embarcados para outras províncias. Entre os que frequentavam as reuniões, estava o jangadeiro Francisco José do Nascimento, prático do porto de Fortaleza.

Prático: piloto, timoneiro.

Detalhe de *Perspecto da Villa da Fortaleza*, gravura de Franscisco Antônio Marques Giraldes, 1811. Não havia em Fortaleza um porto propriamente dito (construído somente em final do século XIX), motivo pelo qual eram utilizadas jangadas e barcos pequenos para fazer o transporte de mercadorias e passageiros entre as praias e os navios através de pontes sobre o mar, como mostra a imagem.

The Picture Art Collection/Alamy/Fotoarena

Jangadeiros abolicionistas

Os jangadeiros eram os responsáveis por transportar, da costa até os navios, mercadorias e escravos. Em 27 de janeiro de 1881, no entanto, os jangadeiros que haviam se unido aos abolicionistas se recusaram a continuar transportando escravos. Eram liderados por Francisco José, conhecido como Dragão do Mar, e pelo ex-escravo José Luís Napoleão.

Em 30 de agosto do mesmo ano, comerciantes tentaram mais uma vez enviar escravos para Belém, na província do Pará. Entretanto, novamente os jangadeiros se recusaram a realizar o transporte. A eles se juntaram mais de 6 mil pessoas, entre abolicionistas e simpatizantes.

1870: Fim da Guerra do Paraguai. Lançamento do Manifesto Republicano.

Do Ceará ao Rio de Janeiro

O próprio José do Patrocínio viajou para Fortaleza, capital do Ceará, em outubro de 1882, para apoiar o movimento dos jangadeiros. Foi recebido com festas por eles e pelos abolicionistas cearenses. Em 25 de março de 1884 a escravidão foi legalmente abolida na província do Ceará.

O líder jangadeiro Francisco José do Nascimento foi convidado pelos abolicionistas para ir ao Rio de Janeiro como representante da abolição da escravidão no Ceará, em abril de 1884. Foi saudado e acabou sendo protagonista de um episódio envolvendo militares. O tenente-coronel Sena Madureira o recebeu na Escola de Tiro de Campo Grande e, por isso, foi acusado de indisciplina e punido com sua transferência para o Rio Grande do Sul.

Os políticos do Império não estavam nada satisfeitos com o apoio dos militares à causa abolicionista.

Capa da *Revista Illustrada* de 12 de abril de 1884. O desenho de Angelo Agostini elogia o mestre jangadeiro Francisco José do Nascimento, líder do movimento dos jangadeiros no Ceará, que se recusou a transportar escravizados destinados a outras províncias do Império. Fundação Biblioteca Nacional, Rio de Janeiro, RJ.

FIQUE DE OLHO

GRINBERG, Keila; PEABODY, Sue. *Escravidão e liberdade nas Américas.* Rio de Janeiro: Editora FGV, 2014.

O livro analisa em detalhe casos da América espanhola, portuguesa, francesa e inglesa, possibilitando a compreensão da formação e dos meandros do processo de abolição da escravidão por todo o Atlântico.

Crise de mão de obra

A monarquia era considerada responsável por vários problemas. Com a falta de escravos vindos do tráfico atlântico, abolido com eficácia a partir de 1850, os cafeicultores de São Paulo tiveram de encontrar novas formas de conseguir mão de obra. Por alguns anos, os cafeicultores do Sudeste tiveram a oferta de escravos vindos de outras províncias. Mas não era suficiente. As lavouras de São Paulo, especialmente onde havia a terra roxa ideal para o plantio do café, precisavam de muito mais gente.

O governo de dom Pedro II não aceitou financiar a vinda de imigrantes para trabalhar no cultivo de café, como solicitavam os cafeicultores do Oeste paulista. Isso porque a monarquia não queria desagradar a um grupo expressivo de cafeicultores que só trabalhava com escravos, os do Vale do Paraíba. Afinal, os escravistas eram o grande suporte do governo imperial.

1871: Lei do Ventre Livre.

1872: Fazendeiros paulistas fundam em São Paulo o Partido Republicano.

A monarquia e o abolicionismo

Na Europa, desde o fim do século XVIII, o movimento abolicionista vinha se fortalecendo. Já no Brasil, os políticos liberais achavam que a escravidão era injusta, mas acreditavam que, se fosse abolida, a economia do país entraria em uma profunda crise. Foi somente a partir de 1850 que a crítica da escravidão estimulou o aparecimento de movimentos abolicionistas em quase todas as províncias do Império.

Os debates foram intensos. Havia os que defendiam a abolição radical, imediata, sem indenização aos proprietários. Também havia aqueles que propunham que ela fosse realizada aos poucos, para que a economia pudesse se adaptar à mão de obra livre. Outros, ainda, manifestavam-se a favor da manutenção da escravidão ou da indenização dos proprietários pelo governo.

OUTRAS HISTÓRIAS ECONOMIA

Liberdade de propriedade × Escravidão

As principais reivindicações do Partido Republicano eram a extinção do Poder Moderador, do Senado vitalício e do Conselho de Estado. Também queriam liberdade de ensino, de pensamento, de reunião, de associação e de propriedade. Em momento algum defenderam a abolição da escravidão. Luís Gama, um dos criadores do Partido Republicano Paulista, divergia e se mantinha na oposição aos que se negavam a se posicionar sobre a questão da escravidão no Congresso de Itu de 1870.

No Congresso Republicano realizado em julho de 1887, os republicanos se manifestaram a respeito da abolição da escravidão, mas sem apoiá-la abertamente. Debateram somente se na lei deveria constar ou não uma cláusula incluindo a indenização aos proprietários de escravos, caso a abolição ocorresse. Afinal, eram grandes defensores da liberdade de propriedade.

Luís Gama, autor desconhecido, cerca de 1860. Luís Gonzaga Pinto da Gama, ou Luís Gama, como era mais conhecido, nasceu na Bahia, em 1830, foi considerado escravo, conseguiu provar que era filho de uma mulher que já era liberta quando ele nasceu, alfabetizou-se aos 17 anos de idade, estudou e se transformou em um prestigiado advogado, poeta, republicano e abolicionista do século XIX, em São Paulo, onde morou.

- O item "liberdade de propriedade" relacionava-se com a escravidão. Você sabe explicar por quê?

Um abolicionista radical

Na década de 1870, José do Patrocínio defendia que a forma republicana de governo era o único sistema que tinha condições de salvar o Brasil da ignorância preservada pela monarquia. Com o tempo, ao perceber que os republicanos não se manifestavam abertamente contra a escravidão, ele passou a criticá-los, pois acreditava que não havia problema maior a ser enfrentado do que a luta para acabar com a escravidão.

José do Patrocínio defendia a abolição sem indenização, o direito à educação e à participação política para todos e a criação de oportunidades econômicas para os mais pobres. Como você pode imaginar, ele não era bem aceito pelos membros dos partidos republicanos, que tinham outros interesses, bem diferentes dos dele.

O movimento abolicionista cresceu muito a partir de 1880, o que estimulou a fuga de escravos e a criação de vários quilombos abolicionistas. A imprensa contribuía muito para divulgar a escravidão como um sistema injusto e imoral. Centenas de jornais abolicionistas foram criados em todo o Brasil.

José do Patrocínio, abolicionista radical. Fotografia de autor desconhecido, sem data. Fundação Biblioteca Nacional, Rio de Janeiro, RJ.

A Pátria repele os escravocratas, charge de Angelo Agostini, c. 1880. Cada vez mais os abolicionistas elaboravam uma imagem do Brasil que não admitia a escravidão. Angelo Agostini redigiu a seguinte legenda para esta charge: "Não vos aproximeis de mim! Vossas mãos ainda tintas do sangue dos escravos manchariam as minhas vestes! Retirai-vos, eu não vos quero...". Fundação Biblioteca Nacional, Rio de Janeiro, RJ.

VOCÊ JÁ OUVIU FALAR

... que nem todo abolicionista era contra a monarquia e nem todo republicano era contra a escravidão? André Rebouças, por exemplo, um engenheiro mulato que defendia a abolição, era um monarquista convicto e amigo pessoal de dom Pedro II.

1879: Criação da Sociedade Libertadora Perseverança e Porvir na cidade de Fortaleza, Ceará.

A monarquia e as leis abolicionistas

Os debates sobre a abolição foram acompanhados pela publicação de leis abolicionistas. Essas leis envolviam muitas discussões e frequentemente levava muito tempo para a redação definitiva ser concluída.

O projeto de lei que viria a ser a Lei do Ventre Livre já era discutido desde a década de 1860. No entanto, foi decidido que era preciso esperar o fim da Guerra do Paraguai para enviá-lo à Câmara dos Deputados, o que foi feito em maio de 1871.

Durante quatro meses, os debates em torno do projeto opuseram abolicionistas e representantes das áreas cafeicultoras escravistas do Rio de Janeiro, de São Paulo e de Minas Gerais. Os cafeicultores escravistas, que alertavam para o risco de rebeliões nas senzalas, foram derrotados e o projeto, aprovado.

OUTRAS HISTÓRIAS MODOS DE VIVER

Crianças expostas

A expressão "crianças expostas" indica crianças recém-nascidas que eram abandonadas. Normalmente, os pais dessas crianças não queriam ser identificados. Largavam-nas quase sempre à noite, em portas de igrejas ou residências. Muitas dessas crianças ficavam vulneráveis a animais, como cães e porcos, que viviam soltos pelas ruas.

Para evitar esses perigos, foram criadas as **rodas dos expostos**. Era uma caixa giratória com somente uma abertura, localizada no muro de uma Santa Casa. A criança era colocada nessa "roda" e o sino localizado ao seu lado era tocado. Alguém do lado de dentro girava a "roda" e recolhia a criança, que assim não corria risco imediato de morte.

José do Patrocínio foi uma "criança exposta", mas não na roda. Foi exposto na casa de um padre, em Campos dos Goytacazes, conforme seu registro de batismo, de 8 de novembro de 1853. Todos diziam, entretanto, que ele era filho do próprio padre e de sua escrava Justina.

Eduardo Knapp/Folhapress

Roda dos expostos de 1825, da Santa Casa de São Paulo, SP. Foi utilizada até a metade do século XX.

- Sabendo que, como os pais das crianças expostas eram desconhecidos, elas eram consideradas livres, e que filhos de escravas também eram escravos, pois a escravidão seguia o ventre, responda: por que os pais de José do Patrocínio lançaram mão desse recurso de batizá-lo como uma criança exposta?

A Lei do Ventre Livre

A Lei do Ventre Livre determinava que, a partir da data de sua promulgação, toda criança nascida de ventre escravo (isto é, de mãe escrava) seria ingênua (ou seja, livre). Os senhores tinham a obrigação de criá-las até os oito anos de idade. Depois, podiam entregá-las ao Estado, que lhes pagaria uma indenização pelos gastos com sua criação. Caso quisessem ficar com elas, poderiam usar seus serviços até os 21 anos de idade, como forma de pagamento por tê-las criado.

Havia outras determinações muito importantes na Lei do Ventre Livre. O pecúlio de propriedade do escravo foi legalizado. Antes, todos os bens conseguidos ou comprados pelos escravos eram de propriedade de seus senhores. Agora, um escravo poderia ser proprietário de bens e transmiti-los para seus descendentes.

Pecúlio: propriedade, bens; dinheiro acumulado.

A lei proibiu, também, que menores de 12 anos de idade fossem separados de seus pais. Os senhores, portanto, não poderiam mais vender os filhos de seus escravos a outros senhores até que eles atingissem essa idade.

Negra com criança na Bahia, fotografia de Alberto Henschel, c. 1870. Com a Lei do Ventre Livre, a escravidão não era mais transmitida de mãe para filho. Instituto Moreira Salles, São Paulo, SP.

Alberto Henschel/Acervo do Instituto Moreira Salles

Compra da alforria

Outro artigo importante referia-se à compra da alforria pelos próprios escravos. Anteriormente, mesmo que possuísse o valor necessário para a compra de sua alforria, ele só era libertado se o seu senhor assim quisesse e permitisse.

A alforria foi comum no Brasil, diferente, por exemplo, dos Estados Unidos, que proibiram a libertação de escravos em diversos períodos, principalmente no século XIX, quando não havia mais importação de escravizados pelo tráfico atlântico. Queriam garantir a mão de obra através da reprodução endógena, ou seja, dos filhos das escravas.

CÁ ENTRE NÓS

Com a abolição efetiva do tráfico, em 1850, e com o aumento do preço dos escravos, somente poucos senhores escravistas puderam se manter como tal. O fato de poucos terem acesso à condição de escravocratas contribuiu para tirar a legitimidade social da escravidão. Cada vez mais pessoas achavam que a escravidão era um sistema perverso e que deveria acabar.

Desde o primeiro século de colonização do Brasil, a alforria foi comum, fosse ela por meio do pagamento feito ao seu senhor, fosse ela conquistada gratuitamente, pelos bons serviços prestados – como escreviam nas cartas de liberdade. Não era a regra, mas muitos libertos compraram cativos e se transformaram em senhores de escravos.

Em qualquer época, os escravos só podiam se libertar se o senhor (fosse ele branco, negro, mestiço ou liberto) concordasse. Mas isso mudou.

Com a Lei do Ventre Livre, os senhores passaram a ser obrigados, por lei, a libertar (alforriar) o escravo que lhes pagasse o equivalente ao que ele valia no mercado. Por esse motivo, pode-se dizer que esse artigo da lei de 1871 foi um duro golpe no poder que os senhores tinham sobre seus escravos.

A Lei dos Sexagenários

Em 1885, foi publicada a Lei dos Sexagenários, que tornava livres todos os escravos com 60 anos ou mais. Mas havia condições: os proprietários dos escravos libertados seriam indenizados e o próprio escravo deveria permanecer por mais cinco anos no município onde fora libertado para prestar serviços ao seu antigo senhor.

A Lei dos Sexagenários foi recebida negativamente pelos abolicionistas. Inicialmente, Manuel Pinto de Sousa Dantas havia determinado a libertação imediata de todos os escravos com mais de 60 anos. Como foi mal recebido pelos escravocratas, a continuidade do projeto foi assumida por José Antônio Saraiva, mas ele acabou fazendo concessões que desagradaram aos abolicionistas ao estipular mais cinco anos de serviços para o futuro liberto.

O coveiro dos sexagenários, charge de Angelo Agostini, publicada na *Revista Illustrada* em 1885. Agostini redigiu a seguinte legenda para esta charge: "O coveiro dos sexagenários! disse Joaquim Nabuco no seu primeiro discurso na Câmara dos Deputados. (5 de julho) Pobres velhos! O Dantas deu-lhes esperança de morrerem livres. O Saraiva quer enterrá-los algemados!". Fundação Biblioteca Nacional, Rio de Janeiro, RJ.

Finalmente: a abolição da escravidão

O crescimento do movimento abolicionista estimulou a fuga de escravos e a criação de quilombos. Ao contrário do que ocorria anteriormente, o exército se recusava, desde 1887, a perseguir escravos fugitivos. As fugas em massa, contudo, punham em risco a colheita do café e a ordem do país. Por esse motivo, conservadores e republicanos passaram a apoiar a imediata abolição da escravidão.

A lei que aboliu a escravidão no Brasil foi rapidamente aprovada na Câmara dos Deputados e no Senado. A velocidade da aprovação foi surpreendente, pois até poucos meses antes os defensores da escravidão perseguiam os abolicionistas.

Quem governava o Brasil era a filha de dom Pedro II, a princesa Isabel, pois o imperador estava viajando. No dia 13 de maio de 1888, ela foi avisada da aprovação do projeto em Petrópolis, onde se encontrava, e desceu a serra. No Paço Imperial, ela assinou a lei que ficou conhecida como **Lei Áurea**.

Antonio Luiz Ferreira/Coleção Princesa Isabel, Rio de Janeiro, RJ.

Sessão do Senado do dia 12 de maio de 1888, em que foi aprovado o projeto de lei de abolição da escravidão. O plenário, as tribunas e as galerias ficaram apinhadas de gente. Fotografia de Antonio Luiz Ferreira, 1888. Coleção Princesa Isabel. Rio de Janeiro, RJ.

Liberdade conquistada

Durante décadas, muitos escravos e alforriados participaram das campanhas abolicionistas. A esmagadora maioria das pessoas que em 1888 ainda era considerada escrava não era africana, tinha nascido no Brasil, era "crioula", denominação dada ao escravo nascido no Brasil. Estima-se que cerca de 700 mil pessoas foram libertadas com a abolição.

CÁ ENTRE NÓS

As designações atribuídas aos escravos e seus descendentes variaram muito no decorrer da história. Desde o período colonial, "negro" se referia sempre à condição de escravo. Não era uma cor. Era uma condição social. Tanto que se referiam aos indígenas escravizados como "negros da terra". Já o termo "preto" indicava ser a pessoa nascida na África e "crioulo" a nascida no Brasil. Somente a partir da segunda metade do século XIX o termo "negro" passou a indicar a cor da pele de um indivíduo, e os termos "preto" e "crioulo" passaram a ter sentido pejorativo, ofensivo.

Desde antes da abolição, milhares de libertos recursaram-se a continuar em suas funções como trabalhadores dos grandes proprietários. Preferiram tentar a sorte em áreas de fronteira, ou seja, em regiões não ocupadas pela lavoura de produção para exportação. Mas os proprietários precisavam dessa mão de obra. Em vários lugares, ela foi preenchida com a imigração europeia. Libertos viraram "posseiros", com roças de alimentos e criações de animais próprias. Foi difícil para os dirigentes republicanos executarem políticas para os sujeitar ao trabalho.

Milhares deles se dirigiram para as cidades, que não tinham condições de os empregar. Formaram favelas e executaram trabalhos esporádicos e mal remunerados.

Há séculos que os ocidentais (brancos e cristãos) consideravam que os outros povos (negros da África, indígenas do Brasil e asiáticos) eram inferiores a eles. Diversos intelectuais do século XIX aceitaram essa teoria e elaboraram projetos para "branquear" o Brasil por meio da miscigenação, ou seja, estímulo ao casamento entre negros e índios com brancos. Não conseguiram.

O mesmo aconteceu em diversos países da América. Mas era só um projeto que, na verdade, nunca se realizou de fato. Os intelectuais e políticos racistas do Brasil, como os de todos os países da América, não tinham poder para se livrar dos sangues indígena e negro, bem como de suas influências culturais. Hoje, toda a América é mestiça biológica, social e culturalmente.

O QUE HÁ NA IMAGEM?

A obra retrata uma família de três gerações: a primeira com a avó; a segunda, a filha e o genro, e a terceira, o neto.

1. Descreva a pintura informando detalhes que podem indicar que o autor quis demonstrar que o embranquecimento da população do Brasil era possível através da mestiçagem.
2. Relacione a obra ao momento histórico em que ela foi realizada – após a abolição da escravidão (1888) e a proclamação da República (1889) –, época da construção da ideia do povo e cidadão brasileiros em uma sociedade sem escravidão.

A redenção de Cam, óleo sobre tela de Modesto Brocos, 1895. Museu Nacional de Belas Artes, Rio de Janeiro, RJ.

Final do Império

Durante os anos de 1870 e 1880, o Brasil conheceu muitas transformações. Principalmente com a expansão das plantações de café no oeste do estado de São Paulo. Além disso, com a proibição da entrada de africanos escravizados no país, milhares de imigrantes europeus vieram para trabalhar nas plantações.

As cidades cresceram e a economia se expandiu com a construção de portos e ferrovias e com o surgimento de fábricas de alimentos e tecidos. Formou-se uma classe média cuja opinião tinha que ser levada em conta.

A monarquia começou a ser criticada e a ideia de república foi conhecida e divulgada. O Império tinha três grandes bases de sustentação. Perdeu todas elas.

Dom Pedro II "derrubado" do trono. Ilustração de Angelo Agostini, publicada na *Revista Illustrada*, em 21 de janeiro de 1882. Fundação Biblioteca Nacional, Rio de Janeiro, RJ.

A Igreja se afasta do Império

Nesse momento, a Igreja Católica Romana era a religião oficial do Império. A certidão de batismo, por exemplo, valia como documento oficial de nascimento, e o mesmo também valia para a certidão de casamento. Para ser funcionário público, era necessário ser católico.

Se a Igreja tinha vantagens em ser a religião oficial, também tinha desvantagens. O clero católico tinha que obedecer, primeiro, ao imperador, e depois ao papa. Por isso, as insatisfações eram grandes dentro da Igreja.

Quando, em 1874, dois bispos foram condenados a quatro anos de trabalhos forçados por não obedecerem às determinações do imperador, o clero da Igreja avaliou que era melhor a separação entre Estado e Igreja. Com a chamada **questão religiosa**, o Império, desse modo, perdeu uma de suas mais importantes bases de apoio.

Militares em pé de guerra

O Exército somente passou a existir realmente com a Guerra do Paraguai. Até então, era uma instituição sem prestígio. Nas escolas militares estudava-se literatura, filosofia e ciências.

Com o fim da guerra, os oficiais do Exército defenderam a importância do Exército e exigiram que o imperador e os políticos reconhecessem o valor da instituição militar.

Os militares se sentiam relegados a segundo plano. Eles culpavam os políticos – chamados de "casacas" – pelo desprestígio que diziam sofrer. A partir de 1868, surgiu a chamada **questão militar**. Oficiais criticaram o império e, por isso, foram punidos com prisão. No Exército surgiu a ideia de que eles se sacrificaram pelo país, mas não eram respeitados e valorizados pela monarquia.

FIQUE DE OLHO

SCHWARCZ, Lilia Moritz; SPACCA. *As Barbas do Imperador*. D. Pedro II, a História de um monarca em quadrinhos. São Paulo: Companhia das Letras, 2013.

Nessa edição em quadrinhos, Lilia Schwarcz e Spacca mostram o imperador dom Pedro II no contexto da época e de que maneira a monarquia brasileira se tornou um mito não apenas vigoroso, mas extremamente singular.

Dois grupos dentro do Exército passaram a criticar o Império. Primeiro, os oficiais que lutaram na Guerra do Paraguai – como o marechal Deodoro da Fonseca. Depois, os alunos da Escola Militar do Rio de Janeiro, liderados pelo tenente-coronel Benjamin Constant, com suas ideias **positivistas**. A monarquia perdeu sua segunda base de sustentação: o Exército.

Fazendeiros sem escravos

Havia a terceira base de apoio à monarquia: os fazendeiros de café do Vale do Paraíba, no Rio de Janeiro. Com a abolição da escravidão, eles exigiram que o Império os indenizasse por perder o que consideravam sua propriedade. Como não foram atendidos, passaram para a oposição e muitos tornam-se partidários da república.

VOCÊ JÁ OUVIU FALAR

... que, enquanto Brasil, Argentina, Paraguai e Uruguai iniciavam uma guerra, nos Estados Unidos a guerra civil estava terminando? Começava, entretanto, outro conflito: o dos brancos contra os negros, com a fundação da Ku Klux Klan em 1865. Os brancos do sul não admitiam o fato de libertos terem alcançado a cidadania.

A república no horizonte

A ideia de república não era desconhecida. Em 1870, fazendeiros paulistas, insatisfeitos com a monarquia, publicaram o *Manifesto Republicano*. Em 1872, eles fundaram em São Paulo o Partido Republicano. Outros partidos republicanos surgiram no Rio Grande do Sul, Pernambuco e Minas Gerais.

Por essa época, intelectuais também criticaram a monarquia. Eles desenvolveram no Brasil as chamadas "ideias novas" vindas da Europa, como o positivismo, o evolucionismo, o republicanismo, o abolicionismo, entre outras. Eles afirmavam que a democracia somente poderia existir com a república. E república, para eles, significava também liberdade e progresso.

Estrada de Ferro Ituana, litografia de Jules Martin, 1873. Inauguração da Estação Ferroviária de Itu-São Paulo, em 17 de abril de 1873, um dia antes da Convenção Republicana de Itu, que criou o Partido Republicano Paulista, o PRP. O município de Itu era um dos principais produtores de café da província de São Paulo, e metade de sua população era escrava. Não por acaso foi a cidade escolhida para sediar a Convenção Republicana. Coleção particular.

DOCUMENTO

O Manifesto Republicano de 1870

Leia fragmentos extraídos do Manifesto Republicano de 1870. Em seguida, responda às questões.

[...] Somos da América e queremos ser americanos.

[...] Perante a Europa passamos por ser uma democracia monárquica que não inspira simpatia nem provoca adesão. Perante a América passamos por ser uma democracia monarquizada, onde o instinto e a força do povo não podem preponderar ante o arbítrio e a onipotência do soberano.

Em tais condições pode o Brasil considerar-se um país isolado, não só no seio da América, mas no seio do mundo.

O nosso esforço dirige-se a suprimir este estado de coisas, pondo-nos em contato fraternal com todos os povos, e em solidariedade democrática com o continente de que fazemos parte. [...]

Manifesto Republicano de 1870. Disponível em: <https://edisciplinas.usp.br/pluginfile.php/3817523/mod_resource/content/2/manifesto%20republicano%201870.pdf>. Acesso em: 3 jul. 2018.

1 | O que os autores do Manifesto Republicano queriam dizer ao afirmar que o Brasil era um país isolado na América?

2 | O que significava dizer "queremos ser americanos"?

A Proclamação da República

Em 1889, a monarquia havia perdido as suas três bases de sustentação: o clero, porque a Igreja católica queria a autonomia com a separação entre Estado e Igreja; o Exército, cujos oficiais acreditavam que a monarquia não os valorizava devidamente; e os cafeicultores do Vale do Paraíba, insatisfeitos com o fim da escravidão.

Além disso, a ideia de república não era desconhecida na sociedade brasileira da época. Inúmeros clubes republicanos foram criados em diversas cidades brasileiras. Eram grandes as críticas à monarquia e à escravidão. O próprio imperador era ridicularizado nas charges publicadas nos jornais. Na imprensa e entre os intelectuais discutia-se o atraso brasileiro, culpando a monarquia por não levar o progresso ao país. Portanto, a ideia de república era conhecida e debatida.

A crise final da monarquia ocorreu no dia 14 de novembro de 1889. Militares insatisfeitos tinham como líder o marechal Deodoro da Fonseca. Políticos do Partido Republicano Paulista aliaram-se aos militares. Republicanos radicais cariocas, chamados de **jacobinos**, também apoiaram o movimento.

No dia seguinte, 15 de novembro, Deodoro da Fonseca, com apoio do Exército, dos políticos paulistas e dos republicanos cariocas, proclamou a República, pondo fim a quase 70 anos de regime monárquico. O imperador e sua família partiram para a Europa. E o Brasil começaria uma nova fase em sua história.

José do Patrocínio não aderiu abertamente ao movimento republicano, por isso foi associado à monarquia pela opinião pública. Foi perseguido e preso pelo governo do presidente Floriano Peixoto, que substituiu o marechal Deodoro da Fonseca, acusado de conspirar contra o governo.

José do Patrocínio posteriormente foi anistiado, mas nunca mais teve a mesma posição no jornalismo de quando lutava pela abolição da escravidão. Morreu de tuberculose, em 29 de janeiro de 1905.

Proclamação da República, óleo sobre tela de Benedito Calixto, 1893. Pinacoteca do Estado de São Paulo, SP.

OUTRAS HISTÓRIAS LUGARES

Na rua do Ouvidor

Na Corte, no Rio de Janeiro, se falava muito de república. Os debates ocorriam na pequena, mas importante, rua do Ouvidor. Ali estavam as sedes de vários jornais. Políticos, literatos, intelectuais e jornalistas se encontravam em restaurantes, cafés, confeitarias, livrarias, editoras e elegantes lojas de vestuário. Discutia-se abertamente a implantação do regime republicano no Brasil. Por meio da imprensa, livros e conferências, a república era associada à ideia de cultura e democracia. Em 1889, ano da Proclamação da República, havia no país 77 jornais e 273 clubes que defendiam a república, além de diversos partidos republicanos.

Imagem publicada no jornal *O Mequetrefe*, de maio de 1888, coloca José do Patrocínio em posição de adoração e aos pés da princesa Isabel. Após a assinatura da Lei Áurea, José do Patrocínio atirou-se aos pés da princesa Isabel em sinal de agradecimento. Ele foi um dos principais divulgadores da popularização da princesa Isabel como "Redentora dos Escravos". Por esse motivo, muitos consideraram que Patrocínio havia aderido à causa da monarquia, apoiando um possível Terceiro Reinado. Fundação Biblioteca Nacional, Rio de Janeiro, RJ.

- Em grupo, façam uma pesquisa para saber se em sua cidade foi publicado, nesse período, algum jornal com um título republicano. Se possível, apresente para a turma algumas informações sobre ele, como o ano em que iniciou a publicação e o ano em que terminou. A seção Hemeroteca Digital da Biblioteca Nacional disponibiliza milhares de jornais *on-line*; se possível, explore esse *site* com o auxílio do seu professor.

PUXANDO PELA MEMÓRIA

Após o estudo do capítulo, você manteria sua resposta à pergunta da página 174?

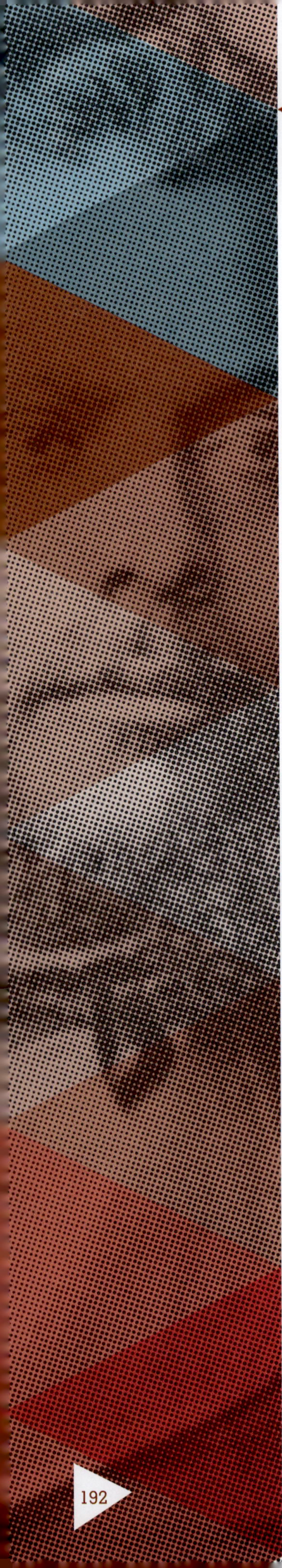

Reprodução/Fundação Biblioteca Nacional, Rio de Janeiro, RJ.

ROTEIRO DE ESTUDOS

O QUE APRENDEMOS?

1 | A Guerra do Paraguai foi uma forma de medir forças entre os países que ainda se consolidavam como Estados em torno de uma região importantíssima. Que região era essa e o que ela tinha de importante?

2 | O que representou, em termos políticos, o resultado da Guerra do Paraguai?

3 | Antes da abolição da escravidão, muitos senhores alforriaram seus escravizados, quase todos nascidos no Brasil. Segundo a Constituição de 1824, eles se tornariam cidadãos. O clima tenso entre ex-senhores e ex-escravizados foi estampado, em prosa e verso, em vários periódicos. Veja um exemplo publicado no periódico *O Monitor Campista*, da cidade de Campos dos Goytacazes (província do Rio de Janeiro), em 1888, após a abolição:

Fui ver pretos na cidade
Que quisessem se alugar
Falei com esta humildade:
— Negros, querem trabalhar?
Olharam-me de **soslaio**,
E um deles, feio, **cambaio**,
Respondeu-me **arfando** o peito:
— Negro, não há mais, não:
Nós tudo hoje é cidadão.
O branco que vá pro **eito**.

Soslaio: de lado, como se fosse de canto de olho.
Cambaio: quem possui pernas tortas, manco.
Arfando: ofegar, respirar com esforço.
Eito: plantação, roçado.

MATTOS, Hebe M. *Das cores do silêncio*. Os significados da liberdade no sudeste escravista – Brasil, século XIX. 2. ed. Rio de Janeiro: Nova Fronteira, 1998. p. 243.

a) Sob o ponto de vista de qual personagem o poema foi escrito?

b) A que condição social se relacionava a palavra negro?

c) O que o personagem quis dizer com "negro, não há mais, não"?

d) O que significa o personagem ter respondido "arfando o peito"?

4 | Qual era a posição do Partido Republicano Paulista sobre a abolição?

5 | Podemos considerar que as leis abolicionistas de 1871 e de 1885 contribuíram para libertar algum escravizado antes da Lei Áurea?

6 | Considerando o que foi estudado até aqui, "república" e "escravidão" eram ideias que se excluíam durante o século XIX no Brasil? Justifique sua resposta.

7 | Quais foram os principais meios de divulgação das ideias abolicionistas?

8 | Relacione José do Patrocínio e o Partido Republicano.

9 | Por que a afirmação a seguir é falsa?

Os membros do Partido Republicano Paulista eram, em sua maioria, liberais e abolicionistas.

10 | O projeto de branqueamento da população existiu desde que os letrados se interessaram por identificar quem era o povo brasileiro, depois da independência do país. O preconceito contra indígenas e africanos era comum por parte dos brancos, ou considerados como brancos. Elenque fatos que indicam que os projetos de branqueamento da população do Brasil não deram certo.

PESQUISA

O movimento abolicionista da segunda metade do século XIX, principalmente na década de 1880, tomou um rumo extremo ao estimular a fuga de escravizados.

Formaram-se quilombos patrocinados por abolicionistas radicais, denominados "quilombos abolicionistas".

Hoje, o Artigo 68 do Ato das Disposições Constitucionais Transitórias (ADCT) da Constituição Brasileira de 1988 determina:

> "Aos remanescentes das comunidades dos quilombos que estejam ocupando suas terras é reconhecida a propriedade definitiva, devendo o Estado emitir-lhes os títulos respectivos".

- Pesquise sobre essa Lei e o Programa Brasil Quilombola. Elabore um texto sobre uma dessas comunidades, indicando sua localização e a data da conquista do título de propriedade de suas terras.

IMAGENS CONTAM A HISTÓRIA

O abolicionista José do Patrocínio foi atacado por seus antigos aliados republicanos. Chegou a ser acusado de "traidor da raça, do partido e da pátria".

Com base nessas informações, observe a imagem ao lado e responda às questões.

1 | O que representam as pedras atiradas contra José do Patrocínio?

2 | Quais personagens erguem um muro, como se fosse um pedestal, para José do Patrocínio?

3 | Em sua opinião, o que o chargista quis dizer com as palavras: "a gratidão e o patriotismo irão fazendo um pedestal para a estátua que a posteridade lhe terá de erigir, um dia!"?

4 | "Gratidão e patriotismo" se referem a quais personagens na imagem?

Charge de Pereira Netto sobre José do Patrocínio publicada na *Revista Illustrada* em 1888. O autor redigiu a seguinte legenda para sua charge: "Das pedras que lhe atiram, a gratidão e o patriotismo irão fazendo um pedestal para a estátua que a posteridade lhe terá de erigir, um dia!". Fundação Biblioteca Nacional, Rio de Janeiro, RJ.

O PASSADO PRESENTE

Com o auxílio do professor, pesquise e leia com atenção a letra da música *Não desanima João*, do cantor e compositor Jorge Ben Jor. Em seguida, responda às questões.

Pedestal: suporte de pedra, madeira ou ferro usado para sustentar uma estátua.
Erigir: erguer, construir.

1 | A canção se refere a qual período histórico? Justifique sua resposta.

2 | Caso fossem reais, João Menino e João Preto Velho, personagens da música, poderiam ser libertados pela Lei do Ventre Livre e pela Lei dos Sexagenários?

3 | Em sua opinião, qual é a importância de uma letra de música atual abordar o tema da escravidão?

BISMARCK
GLADSTONE
BISMARCK FROM GERMAN ADMIRERS
GLADSTONE FROM ENGLISH ADMIRERS
POLITICAL STAGE

Reprodução/Biblioteca do Congresso, Washington, EUA.

VAMOS ESTUDAR

- A PRIMAVERA DOS POVOS E O NACIONALISMO
- A UNIFICAÇÃO DA ALEMANHA
- A UNIFICAÇÃO DA ITÁLIA
- O IMPERIALISMO
- A CIÊNCIA REVOLUCIONA A VIDA
- MUDANÇAS NOS COSTUMES

Créditos das imagens de baixo para cima: Reprodução/Coleção particular; Reprodução/Coleção particular; The Bridgeman Art Library/Easypix.

Charge de Frederick Burr Opper publicada na capa da revista estadunidense *Puck*, em 20 de fevereiro de 1895. Esta charge faz referência aos dois países mais poderosos da Europa no fim do século XIX e início do XX: a Alemanha, à esquerda, representada na figura de seu primeiro-ministro Otto von Bismarck; e a Inglaterra, à direita, representada por seu primeiro-ministro William Ewart Gladstone. Biblioteca do Congresso, Washington, Estados Unidos.

UNIDADE 4

A BURGUESIA DOMINA O MUNDO

Na segunda metade do século XIX, os movimentos revolucionários e nacionalistas da Europa, como a Primavera dos Povos e as unificações da Alemanha e da Itália, estavam relacionados ao desenvolvimento e ao fortalecimento do capitalismo e da burguesia.

O resultado desse processo foi a dominação de regiões da Ásia e da África por parte das potências industrializadas, justamente para aumentar os lucros do capital e do poder burguês.

As indústrias se espalharam pelos continentes e hoje somos todos herdeiros, para o bem ou para o mal, desse mundo capitalista que foi criado no século XIX.

Gravura representando manifestação de ludistas, Hablot Knight Browne, século XIX. Coleção particular.

CAPÍTULO 11

LUTAS DOS TRABALHADORES

No início do século XIX, diversas cartas contendo ameaças foram endereçadas a proprietários de máquinas na Inglaterra. Elas eram assinadas pelo "General Ludd" e algumas delas ainda informavam seu "endereço": "Caverna de Robin Hood" ou "escritório de Ned Ludd", na floresta de Sherwood.

O objetivo dos manifestantes era retirar as máquinas das fábricas, pois consideravam que elas estavam substituindo seu trabalho. O movimento ficou conhecido como "Ludismo", justamente por causa da assinatura das cartas: "General Ludd" ou "Ned Ludd".

Caso o industrial não executasse a ordem de eliminar as máquinas, grupos armados de martelos, machados e pistolas entravam à noite no estabelecimento e destruíam as máquinas.

Estava evidente que os trabalhadores se organizavam e lutavam por melhores condições de trabalho, em uma época em que não havia leis regulamentando as relações de trabalho.

São as lutas e as organizações dos trabalhadores em plena época da Revolução Industrial que vamos estudar neste capítulo.

PUXANDO PELA MEMÓRIA

Você sabe o que são leis trabalhistas? Sabe por que elas começaram a existir?

Robin Hood

O que você sabe sobre Robin Hood? Já ouviu falar desse personagem? Já leu algum livro ou assistiu a algum filme que trate dele?

Robin Hood era um nobre inglês que, depois de acusado de traição ao rei, tornou-se líder de um grupo que vivia acampado na floresta de Sherwood, no norte da Inglaterra. Considerado um fora da lei, ele era um herói para a população: roubava ouro e moedas dos ricos para distribuir aos pobres camponeses, explorados pelos proprietários rurais do condado de Nottingham.

Mas Robin Hood é uma lenda. Ele nunca existiu de fato. O personagem, do século XIV, foi uma construção popular e muito bem aceita pelos que pagavam altos impostos aos poderosos senhores locais – e imaginavam, portanto, que esses mesmos impostos lhes seriam devolvidos por Robin Hood.

A fama de Robin Hood se manteve na memória da população inglesa como exemplo da luta contra a exploração. Quase quatrocentos anos depois, foi retomada por trabalhadores para lutar contra o que consideravam ser uma injustiça: o uso das máquinas. Eles acreditavam que as máquinas tiravam seus empregos.

Courtesy Everett Collection/Fotoarena

A história de Robin Hood deu origem a muitos filmes. Na imagem, o ator estadunidense Errol Flynn interpreta o herói de Sherwood, em filme de 1938.

Ludismo

O apoio popular ao movimento ludista foi enorme. Claro que os empresários e o governo não ficaram parados: realizaram prisões, prometeram recompensas, fizeram interrogatórios e contrataram espiões. Mas nada dava certo. Ninguém se atrevia a testemunhar contra eles. Permaneceram por muito tempo na clandestinidade, graças ao apoio popular que angariaram.

Para conter os manifestantes, o exército foi acionado e a violência contra eles aumentou. A união entre governo e empresários utilizando força militar, por fim, acabou com as manifestações.

Além dos ludistas, associações de trabalhadores foram criadas, algumas delas chegando a reunir milhares de participantes. Os patrões e o governo tiveram de considerar as reivindicações dos trabalhadores. Eles se fizeram ouvir.

Mary Evans Picture Library/Glow Images

Homens quebram máquinas durante o movimento que ficou conhecido como **ludismo**. Em 1812, o Parlamento britânico aprovou uma lei que punia com a morte os que quebrassem máquinas. Diante dessa ameaça, o movimento enfraqueceu. Imagem de c. 1812. Coleção particular.

1817: Lei da Rolha, na Inglaterra.

1819: Massacre dos Peterloo, na cidade de Manchester, na Inglaterra.

Panfleto: texto curto ou folheto impresso em folhas avulsas para ser distribuído, geralmente de cunho político.
Sedicioso: revoltoso, insurgente, insubordinado.

O valor do trabalho

Nenhum trabalhador, fosse do campo ou das fábricas, tinha direitos trabalhistas. Eles trabalhavam a jornada determinada pelo proprietário, fossem 8, 12 ou 16 horas diárias. Quando adoeciam, eram dispensados, e seus postos eram ocupados por outros. E ganhavam muito pouco por seus serviços, já que não havia um salário fixo para cada atividade. Aliás, ganhava o trabalho quem aceitasse fazê-lo pelo menor valor.

Crianças também trabalhavam o mesmo número de horas que os adultos, e sem descanso, mas recebiam menos, pois rendiam menos, diziam os proprietários. Estes eram protegidos por leis que puniam os trabalhadores que se manifestassem. Em 1817, por exemplo, o governo inglês criou a chamada Lei da Rolha, que proibia reuniões públicas e a distribuição de panfletos que estimulassem revoltas.

Contrariando a Lei da Rolha, em 1819, cerca de 80 mil pessoas se reuniram na cidade industrial de Manchester para ouvir um orador criticar a Lei dos Cereais, que encarecia muito a alimentação do povo. A reunião acabou em tragédia, conhecida como Massacre de Peterloo.

As leis que puniam aqueles que se manifestassem endureceram ainda mais. Em novembro do mesmo ano, o Parlamento inglês aprovou leis que: determinavam a prisão dos que participassem de reuniões com mais de 50 pessoas; permitiam que casas particulares fossem vasculhadas para apreensão de armas ou publicações consideradas sediciosas; autorizavam que os envolvidos fossem presos ou degredados.

O trabalhador passou a ser visto como um criminoso em potencial.

O quebra-quebra das máquinas diminuiu com a repressão do governo. Mas os trabalhadores não se acomodaram.

FIQUE DE OLHO

PORTO, Cristina; AZEVEDO, Jo; HUZAK, Iolanda. *Trabalho infantil*. São Paulo: Ática, 2003. (Col. Que Mundo é Esse?).

Madalena é uma adolescente que fica impressionada ao entrar em contato com a realidade das crianças que trabalham e resolve sensibilizar outras pessoas.

Universal History Archive/UIG/Fotoarena

Em julho de 1888, em Londres, mulheres e jovens adolescentes trabalhadores na fábrica de fósforos *Bryant and May* entraram em greve para reclamar das jornadas de trabalho de 14 horas, dos salários muito baixos e das péssimas condições de trabalho que lhes eram impostas. Gravura de c. 1871. Coleção particular.

1836: Fundação da Associação dos Trabalhadores de Londres.

Embora grande parte da burguesia não acreditasse que os trabalhadores tivessem capacidade de se organizar politicamente, eles passaram a se manifestar de outras formas.

Ao longo do século XIX, a classe operária inglesa se organizou em defesa de seus direitos, promovendo ações que iam desde a destruição de máquinas até a luta pelo direito de voto. Mostravam, assim, clara consciência de seus interesses.

OUTRAS HISTÓRIAS LUTAS SOCIAIS

O Massacre de Peterloo

Agosto de 1819. Na cidade industrial de Manchester, na Inglaterra, uma organização de trabalhadores chamada União Patriótica havia convocado uma grande reunião para discutir o alto custo da alimentação e pedir reformas. No dia 16, apareceram 80 mil pessoas na praça de São Pedro. Elas não estavam armadas.

Achando que uma rebelião operária tomava forma, os governantes locais mandaram para lá soldados armados e a cavalo, a fim de prender os líderes do movimento. Foi uma verdadeira desgraça: 15 pessoas foram mortas e mais de 400 feridas, incluindo mulheres e crianças. O evento ficou conhecido como Massacre de Peterloo.

Esse foi um dos enfrentamentos que ocorreram entre a população e a polícia em uma época em que os trabalhadores lutavam para serem ouvidos.

Ann Ronan Pictures/Print Collector/Getty Images

Esta imagem representa o Massacre de Peterloo, que ocorreu na cidade de Manchester, na Inglaterra, em 1819. Coleção particular.

- **Explique o motivo de os historiadores qualificarem de "massacre" o que ocorreu na praça de São Pedro, em 1819.**

VOCÊ JÁ OUVIU FALAR

... que foi votada pelo Parlamento inglês em 1815 a **Lei dos Cereais**, que taxava os cereais vindos de outros países vendidos na Inglaterra. O objetivo era manter o preço cobrado pelos produtores de cereais ingleses. Mas, como o trigo era a base da alimentação inglesa, a alta dos preços fazia com que a população consumisse cada vez menos trigo. Era a fome e a consequente insatisfação popular.

Cartismo: outra luta

O cartismo foi um movimento pela luta dos direitos políticos dos trabalhadores ingleses e teve como ponto de partida a **Carta do Povo** (daí o nome "cartismo"), escrita por iniciativa da Associação de Trabalhadores de Londres. O objetivo principal era a inclusão da classe trabalhadora na política da Inglaterra, de modo que pudessem ser representados no Parlamento.

Em 1838, a Associação dos Trabalhadores de Londres elaborou uma carta para o Parlamento. Entre as propostas estavam o direito de voto a todos os homens maiores de 21 anos (sufrágio universal masculino); eleições parlamentares anuais; parlamentares remunerados, de forma a possibilitar a eleição de pessoas de outras classes sociais ao Parlamento, até então monopolizado pela nobreza e pela alta burguesia.

Da forma como era organizado o sistema político, votavam apenas aqueles que tivessem uma certa renda anual (voto censitário) e candidatavam-se ao Parlamento somente os que não precisavam de salário, pois a participação parlamentar não era uma função remunerada. Assim, só os ricos podiam votar e ser votados. De modo geral, isso significava que as leis aprovadas pelo Parlamento estavam quase sempre de acordo com os interesses de seus membros, os ricos, que não ouviam e nem mesmo entendiam os problemas e as reivindicações da maior parte da população do país.

A Carta do Povo, como ficou chamada aquele conjunto de propostas, recebeu mais de 1,3 milhão de assinaturas, mas foi rejeitada pelo Parlamento. Os cartistas não desistiram. Houve novas manifestações populares e, consequentemente, novas prisões.

Cartista: adepto do cartismo.

Em 1840, eles criaram a Associação Cartista Nacional, com mais de 40 mil associados. Elaboraram uma nova carta, em que incluíram reivindicações por melhores salários e por uma legislação trabalhista, e a enviaram ao Parlamento em 1842. A despeito das mais de 3,3 milhões de assinaturas, a carta foi novamente rejeitada pelo Parlamento.

The Bridgeman Art Library/Easypix

Esta gravura de Thomas Duncombe, de 1842, representa o ato de entrega da nova Carta do Povo (aquela com mais de 3,3 milhões de assinaturas) ao Parlamento inglês, em Westminster. Bandeiras com as inscrições "reforma" e "liberdade" foram levadas pelos manifestantes e uma multidão assistiu ao desfile. Coleção particular.

Vitórias dos trabalhadores

Greves e manifestações populares ocorreram em várias partes da Inglaterra. Apesar da dura repressão a essas manifestações, os parlamentares perceberam que já não podiam ignorar a classe trabalhadora. Tiveram de ceder em alguns itens para o próprio bem da economia. Afinal, os trabalhadores eram fundamentais para o sistema capitalista de produção.

Algumas leis foram aprovadas pelos parlamentares ingleses, na década de 1840, quando perceberam que já não podiam ignorar a classe trabalhadora. Ainda eram poucas, mas foram conquistas importantes. Algumas delas foram:

» Jornada de trabalho limitada a 10 horas por dia.

» Crianças e mulheres já não poderiam mais limpar as máquinas em funcionamento, pois era comum acidentes em que perdiam partes do corpo ou até a vida.

» Redução da jornada de trabalho de crianças menores de 13 anos de idade para meio período.

» Anulação da Lei dos Cereais.

OUTRAS HISTÓRIAS ECONOMIA

Os campos ingleses

Enquanto as fábricas e a população das cidades se multiplicavam, a área rural inglesa passava pela aceleração de um processo iniciado no século XVI, que ficou conhecido como **cercamento dos campos**.

Os proprietários de terra, muitos deles nobres, arrendavam suas propriedades a comerciantes e burgueses para a criação de ovelhas. Eram as ovelhas, como já vimos, que forneciam a principal matéria-prima para a indústria inglesa na época, a lã.

The Bridgeman Art Library/Easypix

Curto dia de inverno – perto de uma porteira, pintura de Joseph Farquarson (1846-1935). Galeria de Arte Lady Lever, Wirral, Inglaterra.

Acontece que a criação de ovelhas empregava menos trabalhadores do que as culturas agrícolas. E o aumento de desocupados na área rural inglesa aumentou consideravelmente, em decorrência do alargamento dos pastos e do cercamento dos campos. Homens, mulheres e crianças rumaram para as cidades em busca de trabalho, mas apenas parte deles conseguiu trabalho nas fábricas.

- A pecuária, de modo geral, ocupa menos mão de obra do que a atividade agrária e a industrial. Relacione o processo de cercamento dos campos e o êxodo rural à necessidade de mão de obra dos proprietários das fábricas.

O SEU LUGAR NA HISTÓRIA

O Brasil é hoje um país capitalista. Apesar de ainda haver enormes desigualdades sociais, com algumas pessoas muito ricas e muitas pessoas muito pobres, há leis que protegem os trabalhadores. Pergunte a alguma pessoa, que trabalhe com carteira assinada por seu patrão, sobre alguns de seus direitos trabalhistas.

Socialismos e anarquismo

As péssimas condições em que viviam os trabalhadores na Inglaterra inspiraram outros grupos a buscar soluções mais adequadas às relações de trabalho. Eram evidentes as desigualdades sociais: uma grande parte da riqueza concentrada nas mãos de poucos homens e uma massa enorme de trabalhadores, muitos deles na miséria.

Os primeiros socialistas

Nas primeiras décadas do século XIX, enquanto trabalhadores se manifestavam por meio da quebra de máquinas (ludistas) ou da escrita de cartas ao Parlamento (cartistas), havia filósofos e empresários que estavam pensando em como mudar a situação. Pretendiam "humanizar" o capitalismo por meio de iniciativas individuais ou elaborando teorias que pudessem ajudar a reduzir as desigualdades sociais. Tais filósofos e empresários foram os primeiros a falar em **socialismo**.

Um deles foi o empresário britânico Robert Owen (1771-1858), que fundou cooperativas de trabalho. Nelas havia escolas e moradias para os trabalhadores e armazéns onde eles podiam comprar alimentos mais baratos. Além disso, nas cooperativas de Owen, a jornada máxima de trabalho era de 10 horas diárias – isso quando ainda não havia leis parlamentares que tratassem do assunto.

Cooperativa: associação que reúne pessoas em busca de um benefício que atenda a todos.

Granger Historical Picture Archive/Alamy/Fotarena

Para resolver o problema das moradias, em alguns lugares foram construídas habitações a preços reduzidos para as camadas populares, como a Cité Napoléon, em Paris, inaugurada em 1851. Apesar dessas iniciativas, a maioria dos operários continuou a morar nos cortiços e prédios de cômodos superlotados das ruas centrais das maiores cidades europeias. Gravura de autoria desconhecida. Biblioteca Nacional, Paris, França.

Na França, dois filósofos se destacaram: o conde de Saint-Simon (1760-1825), Claude-Henri de Rouvroy, que defendeu ideias semelhantes às do inglês Robert Owen, e Charles Fourier (1772-1837), que começou a publicar suas ideias em um jornal a partir de 1822, defendendo uma sociedade em que o trabalho e o prazer estivessem ligados.

Utópico: relativo a utopia, situação em que tudo acontece de maneira perfeita e, portanto, irreal; ideal nunca alcançado.
Proletariado: segundo o conceito marxista, é o conjunto de trabalhadores assalariados que vendem sua força de trabalho para sobreviver em uma sociedade capitalista.

O socialismo de Karl Marx

Entre todos os projetos de socialismo, foram as teorias dos alemães Karl Marx e Friederich Engels as que mais influenciaram a sociedade nos séculos XIX e XX.

Marx e Engels pretendiam ir muito além das propostas dos primeiros socialistas. Criticaram as propostas socialistas de Owen, Fourier e Saint-Simon, ao afirmar que as soluções propostas por eles apenas amenizavam a pobreza dos trabalhadores. Afirmaram ainda que se tratava de um **socialismo utópico**, que nunca seria realizado na prática. Em contrapartida, eles defenderam outro projeto que chamaram de **socialismo científico**.

Segundo as teorias de Marx e Engels, o capitalismo dividia a sociedade em duas classes fundamentais, a **burguesia** (empresários donos do capital) e o **proletariado** (operários que vendiam sua força de trabalho em troca de um salário). Para eles, a solução para pôr um fim definitivo à dominação e à exploração da burguesia sobre o proletariado era suprimir as próprias classes sociais. Para isso, era necessário acabar com o sistema capitalista e criar uma nova forma de organização social onde todos seriam iguais: o comunismo.

Essa revolução ocorreria quando os operários (o proletariado) tomassem consciência da exploração a que estavam submetidos. Essa tomada de consciência seria obtida com a união dos trabalhadores, que, uma vez unidos, fariam uma revolução contra a burguesia capitalista e criariam uma sociedade governada por representantes do proletariado. Nessa fase, chamada de **ditadura do proletariado**, os meios de produção seriam socializados, ou seja, por intermédio do Estado, todos seriam donos das terras, das águas, dos minérios, das máquinas, etc. O próximo passo seria a eliminação das classes sociais e do próprio Estado: nasceria a **sociedade comunista**.

Em 1848, Marx e Engels publicaram o *Manifesto Comunista*, em que propunham que o movimento dos trabalhadores fosse universal, independentemente da nacionalidade do proletariado. Daí a frase de abertura do *Manifesto*: "Trabalhadores de todo o mundo, uni-vos!".

Ullstein Bild/Getty Images/Museu Histórico Alemão, Berlim, Alemanha.

Retrato de Marx e Engels, pintura de Hans Mocznay, s.d. Karl Marx, à esquerda, e Friedrich Engels, fundadores da teoria comunista ou, como afirmavam, do "socialismo científico". Museu Histórico Alemão, Berlim, Alemanha.

DOCUMENTO

O socialismo na Inglaterra

Anos depois da publicação do *Manifesto Comunista*, Friederich Engels viajou por vários países da Europa. Sua avaliação sobre os trabalhadores ingleses era decepcionante. Leia o que ele escreveu a respeito e depois responda às questões abaixo.

> O proletariado inglês está se tornando cada vez mais burguês, de sorte que a mais burguesa de todas as nações aspira visivelmente possuir uma aristocracia burguesa e um proletariado burguês, além de uma burguesia. Para uma nação que explora o mundo inteiro, isto é naturalmente até certo ponto justificável.
>
> ENGELS, F. Carta de 7 de outubro de 1858. In: MARX, K.; ENGELS, F. *Obras escolhidas*. São Paulo: Alfa-Ômega, s.d. 3 v.

1 | Por que os operários ingleses eram uma decepção para Engels?

2 | Quais motivos podem ser apontados para os trabalhadores se tornarem "cada vez mais burgueses", na interpretação de Engels?

Anarquistas

Outro grupo político que defendia o fim da exploração social e do próprio capitalismo eram os anarquistas. De maneira geral, os anarquistas defendiam uma sociedade sem governo, sem Estado. Acreditavam que nas sociedades consideradas primitivas, aquelas que se encontravam mais próximas do que seria a do homem natural, todos viviam bem e contribuíam para o bem-estar do grupo: sem chefe, sem propriedade e sem dinheiro.

Anarquista: partidário do anarquismo, termo que vem do grego *anarkhia* e significa "ausência de poder".

Um dos maiores representantes do anarquismo foi o francês Pierre-Joseph Proudhon, autor da frase "A propriedade é um roubo". O que ele queria dizer com isso? Possivelmente, que os bens naturais, como a terra, a água ou os minerais do subsolo, são de todos, e não de apenas alguns poucos que, ao se apropriarem desses recursos, colocam os outros indivíduos a seu serviço. Para ele, na verdade, qualquer propriedade era um roubo, como no caso da indústria, por exemplo, já que o empresário acumulou capital para criar uma indústria roubando dos trabalhadores.

Diferentemente dos comunistas, os anarquistas queriam uma revolução imediata, sem precisar passar pela fase de ditadura do proletariado. Eles acreditavam que, a partir do momento em que os governos, as classes sociais e a propriedade privada fossem suprimidos, os homens voltariam ao estado natural, cada um fazendo o que suas aptidões naturais determinassem, contribuindo, assim, para a satisfação do grupo.

FIQUE DE OLHO

JAF, Ivan. *Um anarquista no sótão*. São Paulo: Saraiva, 2010.

Nos anos 1960, o garoto Tadeu está triste por causa da morte de seu avô, dono de uma pensão no Rio de Janeiro. O acontecimento, no entanto, traz uma nova amizade para a vida de Tadeu: um velho português que mora no sótão da casa desde que chegou ao Brasil.

Trabalhadores de todo o mundo, uni-vos!

No século XIX, os operários formaram sindicatos e associações para lutar por direitos que consideravam justos, apesar de não reconhecidos pelos governos.

No ano de 1866, aconteceu em Genebra, na Suíça, a primeira reunião da Associação Internacional dos Trabalhadores, a AIT. Dela participaram pessoas das mais variadas tendências políticas: socialistas, comunistas, republicanos, democratas radicais, anarquistas, cartistas, etc.

Mary Evans/Marx Memorial Library/Glow Images

Imagem que retrata a reunião de fundação da Associação Internacional dos Trabalhadores, em setembro de 1864, na cidade de Londres, Inglaterra. Coleção particular.

As principais questões tratadas foram: a criação de sindicatos em todos os países; a luta pela diminuição do tempo de trabalho de mulheres e crianças; a adoção de uma jornada de trabalho de 10 horas diárias em todos os países; e a manutenção e o estímulo da solidariedade entre os trabalhadores de todo o mundo. A proposta de Marx, de criar um partido para lutar pelo poder, foi debatida, mas muito criticada pelos anarquistas, que viam qualquer partido político, mesmo formado pela classe operária, como instrumento de dominação.

A primeira Internacional dos Trabalhadores não durou muito. Em reunião na Holanda, em 1872, as diferenças entre as lideranças acabaram por expulsar os anarquistas da organização. Eles tinham grande apoio, por isso sua saída enfraqueceu a organização internacional. Ainda assim, a Associação Internacional dos Trabalhadores foi um grande marco histórico, pois demonstrou que os trabalhadores estavam se organizando em escala mundial.

Em torno da figura do General Ludd, apresentado no início do capítulo, os trabalhadores começaram a trilhar um caminho que os levou a grandes conquistas, mesmo que utilizando outros meios de luta.

Os burgueses estavam errados em seu julgamento: os trabalhadores tinham grande capacidade de organização e luta. Hoje, temos o resultado de seus esforços: direitos trabalhistas em praticamente todos os países do mundo.

PUXANDO PELA MEMÓRIA

Após o estudo do capítulo, você manteria sua resposta à pergunta da página 196?

Créditos das imagens de baixo para cima: Hulton Archive/Getty Images; Mary Evans Picture Library/Glow Images; Reprodução/Coleção particular; Time Life Pictures/Mansell/Getty Images; Reprodução/Biblioteca do Congresso, Washington, EUA.; Ullstein Bild/Getty Images/Museu Histórico Alemão, Berlim, Alemanha.; Reprodução/Coleção particular; Reprodução/Biblioteca do Congresso, Washington, EUA.

ROTEIRO DE ESTUDOS

O QUE APRENDEMOS?

1 | Em comparação com a força de trabalho masculina, por que mulheres e crianças se tornaram a principal força de trabalho nas primeiras grandes fábricas de tecidos na Inglaterra?

2 | Qual é a principal diferença que pode ser apontada entre as ações do movimento ludista e aquelas do movimento cartista?

3 | Estabeleça uma relação entre o cartismo e o Parlamento inglês.

4 | Qual é a principal diferença entre o anarquismo e o comunismo?

5 | Qual é a principal diferença entre o socialismo científico e o socialismo utópico?

6 | O que foi a Associação Internacional dos Trabalhadores?

7 | O que Robin Hood tem a ver com o movimento operário inglês do século XIX?

8 | Qual é a relação entre ludismo, cartismo, socialismo e anarquismo?

9 | Por que a afirmação a seguir é falsa?

As lutas dos trabalhadores no século XIX não obtiveram sucesso porque os capitalistas tomaram o poder.

10 | Como é possível relacionar a criação de ovelhas, as fábricas e o êxodo rural?

PESQUISA

A romancista Zélia Gattai, autora do livro *Anarquistas, graças a Deus*, publicado em 1979, era descendente de italianos. Seus avós paternos chegaram ao Brasil em 1890. Vieram com um grupo cujo objetivo era fundar uma colônia anarquista: a colônia Cecília. Seus avós maternos também eram imigrantes italianos. Eram católicos.

O livro conta a história da juventude da autora na cidade de São Paulo e o contato frequente com manifestações anarquistas no Brasil.

Tranquillo e Adele Agottani estavam entre os primeiros agricultores a se estabelecer na colônia Cecília. Fotografias de autoria desconhecida, sem data. Coleção particular.

Com base nessas informações, pesquise:

1 | O que foi a colônia Cecília?

2 | Onde ela se localizava?

3 | Qual foi seu resultado?

4 | Zélia Gattai deu um título para seu livro que contém uma contradição, um desacordo teórico. Você sabe identificar qual é? Justifique o título com base na história familiar da autora.

IMAGENS CONTAM A HISTÓRIA

Observe bem a imagem ao lado. Ela foi publicada em uma revista inglesa chamada *Punch* (em português, "Soco").

Esta imagem apresenta um homem entregando a Carta do Povo (*The Charter*) a um parlamentar inglês.

1 | Você notou que o tamanho da carta é tão grande quanto a diferença de altura entre os dois homens?

2 | Em sua opinião, quais objetivos tinha o autor desta imagem ao criá-la? O que ele queria demonstrar?

Hulton Archive/Getty Images

Charge publicada na revista *Punch*, sem data. Na parte inferior lê-se: "Nem tão despropositado assim, né?".

O PASSADO PRESENTE

Hoje em dia, quando uma empresa rural ou urbana é denunciada por explorar o trabalho de pessoas sem atender à legislação trabalhista em vigor, como ter carteira assinada de seus empregados, por exemplo, ela é punida. Só que existem algumas que fazem ainda pior: obrigam os empregados a trabalhar em regime de cativeiro, ou seja, não os deixam sair do local onde trabalham. Essa forma de obrigar alguém a trabalhar contra sua vontade é chamada no texto a seguir de "trabalho escravo". É um uso errado do termo, pois não existe mais o sistema escravista. Mas usá-lo funciona para chamar a atenção da opinião pública. Leia o artigo a seguir e faça o que se pede.

Confecção na zona leste é acusada de usar peruanos em trabalho escravo

O MTE (Ministério do Trabalho e Emprego) interditou na tarde desta sexta (7) uma confecção no bairro Cangaíba, zona leste de São Paulo, após constatar que ao menos 17 peruanos trabalhavam em [...] jornadas acima de 14 horas, sem descanso semanal, com vigilância ostensiva por câmeras e tinham os documentos retidos pelos donos da oficina, que também eram peruanos, segundo o ministério. [...]

"Também constatamos jornadas excessivas de trabalho com a condição de servidão por dívida, já que os donos custearam a vinda deles para São Paulo e eles ficaram devendo esse dinheiro. [...]"

FARIAS, Adriana. Confecção na zona leste é acusada de usar peruanos em trabalho escravo. Artigo publicado no jornal *Folha de S.Paulo*, em 8 mar. 2014. Disponível em: <https://www1.folha.uol.com.br/mercado/2014/03/1422622-confeccao-na-zona-leste-e-acusada-de-usar-peruanos-em-trabalho-escravo.shtml>. Acesso em: 5 jul. 2018.

1 | Considerando o que foi estudado neste capítulo, responda: esta notícia é chocante para você? Por quê?

2 | Em dupla, discuta se a forma de trabalho descrita pode ser considerada trabalho escravo.

Barricadas na rua Soufflot, óleo sobre tela de Horace Vernet, 1848-1849. Paris, durante a revolução de junho de 1848. Coleção particular.

akg-images/Fotoarena

CAPÍTULO 12

NACIONALISMOS EM CONFLITO NA EUROPA

Na Europa, no século XIX, a população e o tamanho das cidades aumentaram de forma espantosa. A produção industrial e o comércio internacional estavam em grande expansão. Ao mesmo tempo, as monarquias continuavam a ser a principal forma de governo, algumas delas ainda absolutistas.

A classe trabalhadora cresceu vertiginosamente, mas grande parte dela vivia em estado miserável. Além disso, desde a Revolução Francesa as massas populares aprenderam que não precisavam aceitar passivamente as injustiças. Elas se rebelaram, efetivamente. Mas foi a burguesia, dona do capital, a classe que se consolidou no poder.

O desenvolvimento do nacionalismo está ligado diretamente ao capitalismo e à consolidação da burguesia como classe social dominante. Ao mesmo tempo, a evolução do sentimento nacionalista também está relacionada ao declínio da aristocracia e do Antigo Regime no século XIX. A **Primavera dos Povos** representou o triunfo da cidadania relacionada ao Estado e não mais à figura do rei.

Vamos conhecer um pouco mais dessa história?

PUXANDO PELA MEMÓRIA

A história da nacionalidade ou o sentimento de pertencer a uma nação é bem recente. Se você ouvisse a pergunta: "Qual é a sua nacionalidade?", o que responderia? O que esse sentimento significa para você?

Créditos das imagens de baixo para cima: Alamy/Fotoarena; Reprodução/Coleção particular; Luisa Ricciarini/Leemage/Agência France-Presse; Fine Art Images/Heritage Images/Getty Images/Museu da Reserva de Guerra e História do Estado de Borodino, Moscou, Rússia.; Reprodução/Museu Nacional do Palácio de Versalhes e Trianon, Versalhes, França.; Erich Lessing/Album Art/Latinstock/Museu de História Militar de Viena, Áustria.

Anita e Giuseppe Garibaldi

Ana Maria de Jesus Ribeiro nasceu na cidade de Laguna, Santa Catarina, em 1821. Aos 14 anos, casou-se com o sapateiro Manuel Duarte de Aguiar, mas o abandonou três anos depois.

Filho de um pequeno armador genovês, Giuseppe Maria Garibaldi nasceu em 4 de julho de 1807, em Nice, cidade que pertencia à França na época. Em 1815, entretanto, ela voltou a fazer parte do reino da Sardenha, na península Itálica. Não havia um país chamado Itália.

Garibaldi tornou-se marinheiro e, durante anos, ficou a bordo de navios, chegando ao posto de capitão. Em 1833, entrou em contato com uma sociedade secreta denominada "Jovem Itália", organizada por Giuseppe Mazzini, republicano e defensor da unificação dos reinos e cidades italianos. Ao tomar parte de uma insurreição em Gênova, em 1834, Garibaldi foi preso e condenado à morte, mas conseguiu fugir. Veio para o Brasil, e chegou ao Rio de Janeiro em 1835.

Neste mesmo ano, começava a Farroupilha, no Rio Grande do Sul. Garibaldi, então, juntou-se à revolta e por anos lutou ao lado dos farrapos. Em 1839, a revolução chegou à cidade de Laguna, em Santa Catarina, quando os revoltosos gaúchos sob o seu comando tomaram a cidade. Foi ali que conheceu Ana Maria, ou Anita, como ele a chamava, quando ela já estava separada do marido. Uniram-se e tiveram filhos.

Anita participou, ao seu lado, dos combates farroupilhas.

Mais ainda: foi com ele para a Europa e continuou ao seu lado nas lutas pelo que ele mais queria: a unificação de todas as regiões da península Itálica em um só país: a Itália.

CÁ ENTRE NÓS

A unificação da Itália era o sonho de Garibaldi, que acreditava que a região poderia ser mais forte e poderosa se fosse unificada. Era o que se via nas regiões europeias que viviam sob um governo unificado, como Portugal, França, Inglaterra e Espanha, por exemplo.

Gerson Gerloff/Pulsar Imagens

Na cidade de Laguna, em Santa Catarina, Anita Garibaldi é homenageada com esta escultura, além de um museu que leva seu nome. Fotografia de 2015.

huntergol1209/Shutterstock

Na cidade de Roma, na Itália, o nome de Giuseppe Garibaldi foi atribuído a essa praça. Fotografia de 2017.

Nacionalidade e Constituição

Durante o século XIX, os habitantes dos países ocidentais deixaram de se sentir súditos de um reino para se considerarem cidadãos de um Estado.

Nesse novo quadro, era necessário mudar o sistema político: cada vez mais as monarquias absolutistas eram desafiadas por revoluções que tinham como objetivo criar uma Constituição para o país. Constituição e cidadania são elementos que fazem parte da construção da nacionalidade, da ideia de fazer parte de um território com fronteiras definidas e com um governo regido por um conjunto de leis – a ideia de **nação**. O governo até podia ser monárquico, mas tinha de ter uma Constituição.

A burguesia francesa no poder

Desde o século XVIII, os burgueses tornavam-se cada vez mais fortes e os nobres, cada vez mais fracos. Afinal, os burgueses eram os proprietários e investidores das indústrias que passaram a dominar a economia dos países europeus, a economia capitalista. Apesar de sua importância e de seu poder econômico, os burgueses não sabiam como tomar o poder político dos nobres nem como governar. Acabaram aprendendo no decorrer do século XIX, entre vitórias e derrotas, seja em relação aos nobres ou aos trabalhadores.

Foi assim na França, depois da queda de Napoleão, em 1815. Lá, a monarquia foi restaurada e a Constituição preservada, até que, em 1830, o rei tentou fazer com que o absolutismo voltasse a vigorar, dissolvendo a Câmara e proibindo a liberdade de imprensa. Não deu certo. A população se rebelou e ele foi forçado a abdicar ao trono.

Os burgueses, com medo das revoltas populares, apoiaram a coroação de um novo rei: Luís Felipe de Orleans, que ficou conhecido como "o rei burguês".

CÁ ENTRE NÓS

Você se lembra da Primeira República francesa? Ela foi proclamada em meio à Revolução Francesa, em 22 de setembro de 1792, e teve fim em 1804, quando começou o império de Napoleão Bonaparte.

Fine Art Images/Heritage Images/Getty Images/Museu da Reserva de Guerra e História do Estado de Borodino, Moscou, Rússia.

O Congresso de Viena, gravura aquarelada de Auguste Friedrich Andreas Campe, 1814-1815. Líderes europeus discutem a reorganização do mapa político da Europa pós-napoleônica no Congresso de Viena. Museu da Reserva de Guerra e História do Estado de Borodino, Moscou, Rússia.

No governo de Luís Felipe, a indústria foi estimulada e financiada pelo Estado, principalmente a ferroviária. Em consequência, a população das grandes cidades, como Paris, aumentou consideravelmente, preocupando nobres e burgueses. O aumento da população urbana significava maior disputa por trabalho e mais pessoas sem emprego nas cidades.

Além disso, entre 1845 e 1847, houve uma séria crise agrária devido a problemas climáticos na Europa. Nos centros urbanos a oferta de alimentos diminuiu e os preços aumentaram. Esses eram alguns dos motivos para o descontentamento da população urbana – que, aliás, não era a única descontente com o governo do rei Luís Felipe.

A Guarda Nacional Francesa, chamada pelo rei para acabar com as manifestações, recusou-se a atacar e se juntou aos manifestantes.

Luís Felipe foi obrigado a abdicar. Proclamou-se, então, a **Segunda República francesa** e uma nova Constituição, que estabelecia o regime presidencialista de governo. Nas eleições para presidente, realizadas ainda no ano de 1848, Luís Bonaparte, sobrinho do antigo imperador Napoleão Bonaparte, venceu: estava eleito o primeiro presidente da França.

VOCÊ JÁ OUVIU FALAR

... que, em dezembro de 1851, Luís Bonaparte deu um golpe de Estado, determinou a prisão de deputados, dissolveu a Assembleia e se proclamou chefe supremo do Poder Executivo e que, no ano seguinte, autoproclamou-se imperador da França, com o título de Napoleão III? Foi o início do Segundo Império francês.

Povos em luta

A situação na França era especial. Os princípios de liberdade, igualdade e fraternidade entre os homens continuavam a vigorar. Não por acaso as insurreições populares começaram na França, e dali se alastraram por toda a Europa, influenciando os povos de outros países, sobretudo a classe trabalhadora, composta de camponeses e operários.

Desde a Revolução Francesa, burgueses e nobres tinham muito medo das manifestações populares – e pavor das ideias socialistas que começavam a se manifestar nesses movimentos e pretendiam acabar com as classes sociais.

O poeta Alphonse de Lamartine rejeita a bandeira vermelha no Hotel de Ville, óleo sobre tela de Félix Philippoteaux, século XIX. Museu Carnavalet, Paris, França.

The Bridgeman Art Library/Easypix

OUTRAS HISTÓRIAS LUTAS SOCIAIS

Primavera dos Povos

Da França, as revoltas populares se espalharam por toda a Europa. Elas eram motivadas pelas mais diversas razões e influenciadas por diferentes ideais – liberais, nacionalistas, socialistas e até monarquistas. Todas contavam com a participação popular. Foram tantas as revoltas no século XIX, sobretudo em 1848, que um historiador batizou esse conjunto de revoltas de **Primavera dos Povos**. Depois delas, os governos já não puderam ignorar os interesses das chamadas **classes trabalhadoras**.

The Bridgeman Art Library/Easypix

República universal, social e democrática, litografia de Frédéric Sorrieu, 1848. A imagem, de 1848, conclama os povos a se unirem em uma Santa Aliança para formar uma República universal, social e democrática. É uma ironia à Santa Aliança de 1815, na qual as monarquias absolutistas tentaram se manter no poder. Museu Carnavalet, Paris, França.

1 | Quais bandeiras você reconhece na imagem acima?

2 | Por que, em sua opinião, o historiador batizou esse conjunto de revoltas de Primavera dos Povos?

3 | É possível estabelecer alguma relação entre a Primavera dos Povos e os ideais da Revolução Francesa de 1789? Qual?

A unificação da Alemanha

Até a segunda metade do século XIX, havia dezenas de Estados independentes na Europa cuja população falava alemão. Cada um tinha seu próprio governo. Alguns se limitavam a uma única cidade. Os principais eram os reinos da Prússia e da Áustria, que disputavam entre si a influência sobre os demais.

Desde o Congresso de Viena, em 1815, todos esses Estados estavam reunidos na Confederação Germânica, uma associação de Estados independentes de língua alemã. Apesar da união, eles continuaram com suas próprias moedas e alfândegas, o que dificultava a circulação de mercadorias entre eles.

Sob a influência da Prússia, foi criada no ano de 1834 uma união alfandegária, o *Zollverein*, que abolia as alfândegas entre os Estados germânicos participantes, permitindo o livre-comércio entre eles. No início, apenas alguns Estados do norte aderiram. Mas, já em 1854, quase todos faziam parte do *Zollverein*, com exceção da principal rival da Prússia, a Áustria, que estava proibida de participar.

O sucesso do *Zollverein* foi enorme. Com ele, os Estados ampliaram seu mercado consumidor e estimularam a exploração de minas de carvão e de ferro, tão importantes para a industrialização. A instalação de ferrovias foi apoiada tanto pelos grandes proprietários rurais, que perceberam que com elas as vendas e os lucros aumentavam, quanto pelos militares, que viram a importância desse meio de transporte para o deslocamento de soldados, armamentos e matérias-primas. A união alfandegária dos Estados germânicos sob a liderança da Prússia foi o primeiro grande passo para a unificação do país que hoje conhecemos como Alemanha.

CÁ ENTRE NÓS

Os princípios de fraternidade, liberdade e igualdade entre os homens eram, realmente, apenas para os homens. Para as mulheres não houve conquistas. Elas continuavam sem poder votar, eleger-se ou ocupar cargos públicos.

Moeda: dinheiro em circulação em um país. Hoje, a moeda do Brasil é o real.

Alfândega: repartição do governo que controla a entrada e a saída de mercadorias de um país, e pode cobrar impostos sobre essa movimentação (as tarifas alfandegárias).

A unificação da Alemanha

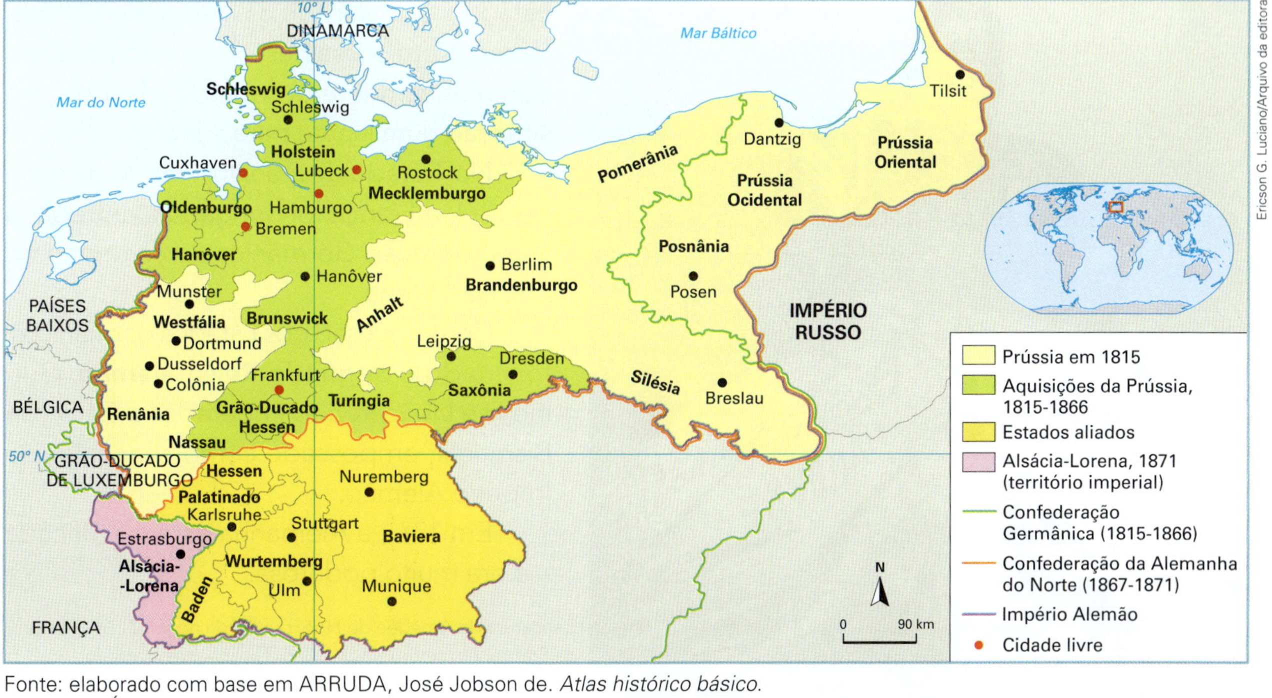

Fonte: elaborado com base em ARRUDA, José Jobson de. *Atlas histórico básico*. São Paulo: Ática, 2009. p. 25-26.

1852: Luís Bonaparte se autoproclama imperador da França, sob o nome de Napoleão III. Início do Segundo Império francês.

1853: Início da Guerra da Crimeia.

1856: Tratado de Paris põe fim à Guerra da Crimeia.

CÁ ENTRE NÓS

Napoleão III foi deposto de seu cargo pela Assembleia Nacional, em março de 1871. Nascia a Terceira República francesa. Para grande humilhação dos franceses, a fundação oficial do Segundo Reich alemão, com a presença de Guilherme I e Otto von Bismarck, aconteceu no palácio de Versalhes, símbolo do orgulho nacional da França.

Estado-maior: conjunto de oficiais que assessoram o general que comanda o exército de uma nação.

O chanceler de ferro

Quando Guilherme I assumiu o reino da Prússia, em 1861, nomeou para seu primeiro-ministro o político Otto von Bismarck, militar oriundo da nobreza rural prussiana, favorável à unificação alemã – sem a Áustria. Sob a liderança de Bismarck, houve um grande investimento na indústria bélica. Seu objetivo era fortalecer o exército e armar os prussianos para uma política de expansão territorial. A Prússia, que disputava com a Áustria o domínio sobre os demais Estados germânicos, não tinha a menor intenção de recuar. Nem a Áustria. A guerra foi inevitável.

Em 1866, a Prússia esmagou a Áustria em poucas semanas e anexou ao seu reino regiões que antes se encontravam sob o domínio austríaco, como Saxônia, Hessen, Hanôver, Nassau e a Cidade Livre de Frankfurt. A Áustria foi expulsa da Confederação Germânica. Alguns Estados germânicos ainda relutavam em se aliar à Prússia. Mas a Prússia queria anexar até mesmo as regiões de língua alemã que se encontravam sob o domínio da França.

Bismarck, então, lançou mão de uma estratégia para provocar uma guerra contra a França. Criou um incidente diplomático que levou a França a declarar guerra à Prússia em 19 de julho de 1870. A guerra estimulou o sentimento nacionalista dos Estados germânicos que ainda relutavam em se aliar à Prússia. Tão logo o conflito foi declarado, eles se aliaram ao exército prussiano contra a França. Conhecida como **Guerra Franco-Prussiana**, foi um verdadeiro desastre para a França e para Napoleão III.

Os prussianos, apoiados pelos soldados dos Estados germânicos aliados, invadiram a França e cercaram a cidade de Paris em 20 de setembro de 1870. O imperador Guilherme I, Bismarck e o Estado-maior das forças alemãs se estabeleceram em Versalhes, enquanto Paris era sistematicamente bombardeada. Foi uma situação humilhante para a França.

No Tratado de Frankfurt, de 10 de maio de 1871, a França foi obrigada a entregar à Confederação Germânica a rica região da Alsácia-Lorena.

Com a adesão dos Estados germânicos, foi criado o **Segundo Reich alemão**. Guilherme I foi coroado imperador e Otto von Bismarck, empossado como chanceler do Império Alemão.

Em 1871, a Alemanha estava unificada – e era muito poderosa.

Caricatura de Amédée de Noé, publicada no jornal *Le Charivari*, da França, em setembro de 1866. Na imagem, soldado prussiano costura um pano em que se lê: Prússia, Saxônia, Hanôver, Nassau e Cidade Livre de Frankfurt. Coleção particular.

DOCUMENTO

O telegrama de Bismarck

Em 1868, o trono espanhol ficou vago, e um dos candidatos a ele era parente do rei Guilherme I da Prússia. A França foi contra a ideia, temendo a grande influência política que a Prússia passaria a ter na Europa.

Bismarck se aproveitou da situação e alterou o telegrama que lhe havia sido enviado sobre o encontro entre Guilherme I e o embaixador francês, de modo que seu conteúdo se tornasse ofensivo para os franceses e indignasse os alemães.

Leia com atenção um fragmento do texto de Otto von Bismarck, enviado para a imprensa alemã em 1870. Traduzido para os jornais franceses, provocou o incidente diplomático que desencadeou a Guerra Franco-Prussiana.

> Após a comunicação da renúncia do príncipe hereditário de Hohenzollern ter sido oficialmente transmitida pelo governo real da Espanha ao governo imperial da França, o embaixador francês apresentou à Sua Majestade o Rei, em Ems, a exigência para autorizá-lo a telegrafar a Paris informando que Sua Majestade o Rei [da Prússia] iria se comprometer por todo o porvir [para sempre] a nunca mais conceder a sua aprovação para a candidatura dos Hohenzollern.
>
> Por esta causa a Sua Majestade o Rei se recusou a receber o enviado francês novamente e o informou através de um assistente que a Sua Majestade não tinha nada mais a declarar ao embaixador.
>
> Telegrama de Ems. Disponível em: <www.fafich.ufmg.br/~luarnaut/Emstlgr.PDF>. Acesso em: 2 jun. 2018.

- Indique no texto o que provocou o descontentamento do povo francês e a indignação dos povos germânicos.

A Itália

A Alemanha não foi a única nação a passar por um processo de unificação política no século XIX. O país que hoje conhecemos como Itália estava na mesma situação. Na península Itálica, havia muitos reinos e principados autônomos, com soberanos e leis diferentes. Alguns, localizados no norte da península, encontravam-se sob o domínio da Áustria como compensação de guerra, conforme determinação do Congresso de Viena.

Os diferentes reinos e principados da península Itálica tinham muito em comum: crenças, hábitos e tradições herdados do que havia sido o poderoso Império Romano. Com o objetivo de unificar a região, teve início, a partir de 1815, o *Risorgimento* (ressurreição, em português), um conjunto de movimentos e revoltas de inspiração liberal e nacionalista.

VOCÊ JÁ OUVIU FALAR

... que, para Garibaldi, a unificação italiana era mais importante do que a forma de governo a ser adotada? Por isso, apesar de ser um republicano convicto, preferiu aceitar a unificação da Itália sob a liderança de uma monarquia, a do reino da Sardenha.

As lutas começaram com o objetivo de se livrar do domínio estrangeiro, mas acabaram estimulando os ideais nacionalistas entre o povo italiano, principalmente entre os burgueses e os intelectuais. Como vimos, Giuseppe Garibaldi foi condenado à morte e fugiu para o Brasil, onde participou da Farroupilha e conheceu Anita. Como ele, outros participantes, como o líder Giuseppe Mazzini, também tiveram de se refugiar em outros países.

Mazzini e Garibaldi eram republicanos convictos, o que desagradava a outros grupos, mais moderados, que queriam a unificação da Itália por meio do poder e do prestígio de uma monarquia.

A monarquia que mais se destacava na península era a do reino da Sardenha-Piemonte, porque não estava sob o domínio nem sob a influência de reinos estrangeiros. Era também o único Estado da Itália com uma Constituição liberal, governado pelo rei Vítor Emanuel II. Além do mais, já havia começado a se industrializar, embora tardia e lentamente em relação às principais potências europeias.

A Primavera dos Povos, em 1848, influenciou os italianos. Formaram-se duas correntes políticas: a dos republicanos, com Mazzini e Garibaldi, que nesse momento já havia retornado para a Itália com sua mulher Anita; e a dos monarquistas, liderada pelo conde Camillo Benso de Cavour, primeiro-ministro do reino da Sardenha-Piemonte.

O SEU LUGAR NA HISTÓRIA

Os processos de unificação política da Alemanha e da Itália envolveram muitas guerras, o que levou muitas pessoas a emigrar para outros países. O Brasil foi um dos países que mais recebeu alemães e italianos. Faça uma breve pesquisa em sua vizinhança ou município para descobrir se há descendentes de imigrantes italianos ou alemães nas proximidades e em que período seus antepassados chegaram ao Brasil.

CÁ ENTRE NÓS

Os Estados Papais eram territórios independentes, localizados no centro da península Itálica, governados diretamente pelos papas desde o ano 756. Deixaram de ser independentes somente em 1870, quando foram anexados ao reino da Itália.

A península Itálica e sua divisão política antes da unificação

Fontes: elaborado com base em ALBUQUERQUE, Manoel M. *Atlas histórico escolar*. Rio de Janeiro: FENAME, 1978. p. 120-121; DUBY, Georges. *Atlas historique mondial*. Paris: Larousse, 2006. p. 134.

A unificação do reino da Itália

Estava claro que as diversas regiões italianas precisavam adotar outra organização para se unificar e lutar contra o poder militar da Áustria.

Nessa conjuntura, o conde Cavour, para conseguir o apoio de algumas potências europeias, aliou-se à Inglaterra e à França contra a Rússia na Guerra da Crimeia (1853-1856). No Tratado de Paris, de 30 de março de 1856, que pôs fim à Guerra da Crimeia, Cavour conseguiu visibilidade política internacional e denunciou a Áustria por ocupar terras italianas.

A atitude do primeiro-ministro da Sardenha-Piemonte estimulou o nacionalismo italiano nas áreas ocupadas pela Áustria ou sob sua influência. O resultado foi o apoio da França, que pretendia impedir a expansão austríaca, à criação de uma Itália unificada. Por causa disso, a Áustria declarou guerra ao reino da Sardenha-Piemonte e também à França, em 1859.

As forças francesas entraram pelo norte da península italiana e venceram a Áustria nas batalhas de Magente e Solferino. Derrotada, a Áustria pediu a paz e cedeu ao reino da Sardenha a região da Lombardia.

Com a vitória piemontesa na guerra contra a Áustria, várias regiões italianas, que a princípio não queriam a união com o reino da Sardenha, mudaram de ideia. Com a expansão do sentimento patriótico e nacionalista por toda a península, votaram pela unificação com o reino.

Surgia o reino da Itália, sob o governo de Vítor Emanuel, coroado rei em 1861. Mas ainda faltavam algumas regiões. Em 1882, aos 74 anos de idade, Garibaldi morreu realizado: a Itália estava unificada. Sua capital era Roma.

Anita, que participou com ele de diversas batalhas contra tropas francesas e austríacas, não chegou a ver seus esforços recompensados: morreu em 1849. Sua memória foi mantida, no Brasil e na Itália, em monumentos como a estátua equestre inaugurada em 1931 em honra da heroína na cidade de Nice, onde nasceu Garibaldi. No Brasil, foi homenageada em 1913 com um busto de bronze na cidade de Belo Horizonte e, em 1950, com uma estátua em sua cidade natal, Laguna, no estado de Santa Catarina.

A batalha de Solferino, 24 de junho de 1859, pintura de Anton Mueller, sem data. Vitória das tropas do reino da Sardenha e da França sobre os austríacos em Solferino, durante a Segunda Guerra de Independência, um marco da unificação italiana. Museu de História Militar, Viena, Áustria.

Erich Lessing/Album Art/Latinstock/Museu de História Militar de Viena, Austria.

PUXANDO PELA MEMÓRIA

Após o estudo do capítulo, você manteria sua resposta à pergunta da página 208?

Créditos das imagens de baixo para cima: Alamy/Fotoarena; Reprodução/Coleção particular; Luisa Ricciarini/Leemage/Agência France-Presse; Fine Art Images/Heritage Images/Getty Images/Museu da Reserva de Guerra e História do Estado de Borodino, Moscou, Rússia.; Reprodução/Museu Nacional do Palácio de Versalhes e Trianon, Versalhes, França.; Erich Lessing/Album Art/Latinstock/Museu de História Militar de Viena, Austria.; The Bridgeman Art Library/Easypix; Erich Lessing/Album Art/Latinstock/Museu de História Militar de Viena, Austria.

ROTEIRO DE ESTUDOS

O QUE APRENDEMOS?

1 | A Revolução Francesa construiu a ideia de igualdade entre os seres humanos. Você saberia dizer por que os seres humanos não eram considerados iguais antes dela?

2 | O romancista francês Victor Hugo escreveu, em 1831, que ouvia o "ronco sonoro da revolução, ainda profundamente encravado nas entranhas da terra, estendendo por baixo de cada reino da Europa suas galerias subterrâneas a partir do eixo central da mina, que é Paris". O que ele quis dizer com essa frase?

3 | O príncipe e diplomata austríaco Klemens von Metternich foi um dos grandes personagens do Congresso de Viena, em 1815. Ele afirmou, na época, que a Itália era uma simples "expressão geográfica". O que ele quis dizer com isso?

4 | Relacione o domínio austríaco sobre algumas regiões da península Itálica e a unificação da Itália.

5 | Na década de 1860, Giuseppe Mazzini escreveu: "Não se trata mais de república ou monarquia: trata-se da unidade nacional". O que ele quis dizer com essa frase?

6 | O que foi a Primavera dos Povos?

7 | O que Vítor Emanuel II, rei da Sardenha-Piemonte, tem a ver com o reino da Itália?

8 | É possível estabelecer alguma relação entre a ideia de nação (e o sentimento de nacionalismo) e as unificações políticas da Alemanha e da Itália? Qual?

9 | Por que a afirmação a seguir é falsa?

A onda de revoltas com participação popular ocorrida no século XIX levou ao enfraquecimento dos direitos dos trabalhadores.

10 | Garibaldi foi denominado "herói de dois mundos". A quais "mundos" essa expressão se refere?

PESQUISA

O italiano Giuseppe Verdi foi um compositor de óperas nascido em 1813, em um vilarejo chamado Roncole, que fazia parte do ducado de Parma.

Sua primeira ópera de sucesso, *Nabucco*, que estreou em 1842, narra o sofrimento do povo hebreu, dominado pelos babilônicos e seu rei, Nabucodonosor. Um trecho de sua ópera diz: "Ó, pátria minha, tão bela e perdida! Ó, lembrança tão querida e fatal!". Essa frase de Verdi tornou-se o hino da unificação italiana.

Frontispício ilustrado da partitura da ópera *Nabucco*, do compositor italiano Giuseppe Verdi, sem data. Coleção particular.

- Pesquise por que esse trecho da ópera de Verdi tornou-se o hino da unificação italiana.

IMAGENS CONTAM A HISTÓRIA

Esta charge ironiza as relações comerciais entre os Estados germânicos antes do *Zollverein*, a União Aduaneira Alemã, de 1834. Alguns eram muito pequenos, como o principado de Lippe Schauenburg, o menor deles, retratado na imagem. Observe-a com atenção.

Alamy/Fotoarena

Caricatura das barreiras aduaneiras na confederação alemã, 1849.

- Você se lembra do que se trata o *Zollverein*? Retome esse conteúdo estudado no capítulo e responda: qual é significado da posição da carroça que representa a ironia da charge acima?

O PASSADO PRESENTE

Os Estados Papais foram incorporados ao reino da Itália entre 1860 e 1870. Em 1929, entretanto, em um acordo entre a Santa Sé e o governo italiano de Benito Mussolini, a cidade do Vaticano foi reconhecida como Estado independente.

O Estado do Vaticano está localizado no meio da cidade de Roma, capital da Itália. É o menor país do mundo, em território, com menos de meio quilômetro quadrado. Apesar do pequeno tamanho territorial, ele é sede de uma das maiores potências religiosas do mundo. Você sabe qual é a religião que tem sede no Vaticano?

Laszlo Szirtesi/Shutterstock

Praça de São Pedro e arredores de Roma. Vista do domo da Basílica de São Pedro, Vaticano, Itália. Fotografia de 2017.

Batalha de Isandlwana, óleo sobre tela de Charles Edwin Fripp, c. 1885. Batalha entre tropas britânicas e zulus, em 1879, ao sul da África, quando os zulus saíram vencedores. Não durou muito. Poucos meses depois os zulus foram incorporados ao domínio britânico. Museu do Exército Nacional, Londres, Inglaterra.

De Agostini Picture Library/Getty Images

CAPÍTULO 13

A PARTILHA DO MUNDO ENTRE AS NAÇÕES INDUSTRIALIZADAS

Vimos que, com as navegações oceânicas a partir do século XV, os europeus se espalharam pelo mundo, colocando em contato povos que não sabiam da existência uns dos outros.

Depois de descobertas as rotas de navegação e estabelecidas as relações de troca comercial entre os continentes, o desafio para os europeus passou a ser outro: o de desvendar o interior dos territórios. Desvendar para conhecer. Conhecer para dominar – e enriquecer.

Para os povos dessas terras, o desafio foi sobreviver ao poder dos europeus.

Neste capítulo, vamos estudar outro processo de colonização, que também partiu dos Estados europeus, mas, dessa vez, dentro de uma nova ordem mundial: a do capitalismo, em plena expansão no fim do século XIX.

PUXANDO PELA MEMÓRIA

No século XIX, o Império Britânico se autodenominava, com orgulho, imperialista. Você acha que, hoje, o termo seria usado com orgulho pelos britânicos?

Créditos das imagens de baixo para cima: The Granger Collection/Glow Images; John van Hasselt/Sygma/Getty Images; De Agostini Picture Library/Getty Images; Historica Graphica Collection/Heritage Images/Getty Images; Reprodução/Biblioteca Nacional, Paris, França; Reprodução/Biblioteca Nacional, Paris, França.

Um gigante ao sul da África: o povo Zulu

A região ao sul do rio Limpopo, na atual África do Sul, era ocupada por povos de língua nguni, de tronco linguístico banto. Eram sociedades de agricultores e pastores, organizadas em pequenos Estados. Não eram povos guerreiros. Em fins do século XVIII, entretanto, o quadro mudou rapidamente, quando os grupos se militalizaram e chefias centralizadas foram criadas.

Um desses Estados foi o Zulu, onde nasceu Shaka, filho ilegítimo do chefe do grupo, motivo pelo qual não teve apoio familiar ou social e desde criança viveu entre soldados. Tornou-se um grande estrategista militar e caiu nas graças do rei dos mthethwa. Em 1818, com a morte do rei dos zulus, seu pai, e do rei dos mthethwa, ao qual os zulus eram aliados, um vazio no poder permitiu que Shaka se impusesse como líder supremo, estabelecendo os zulus como grupo dominante.

Shaka criou e consolidou novas técnicas militares, algumas já iniciadas por seus antecessores, o exército tornou-se permanente com homens de menos de 40 anos de idade, que se mantinham solteiros até o fim das obrigações militares. Eram homens bem treinados e prontos para entrar em ação a qualquer momento.

Uma das táticas militares adotadas pelo exército de Shaka foi a substituição do sistema de "atacar e retirar" pelo ataque corpo a corpo, no qual os guerreiros se posicionavam em forma de lua diante dos inimigos, que lançavam suas azagaias e ficavam sem armas, sendo perseguidos e mortos pelos zulus. O sistema foi conhecido como "cornos de vaca". Além disso, os guerreiros matavam os chefes inimigos e obrigavam seu povo a aderir ao sistema zulu.

Shaka reinou absoluto até 1828, quando morreu assassinado por uma conspiração entre seus dois meios-irmãos, Dingane e Mhlangana. Dingane ascendeu ao trono e matou não só Mhlangana como todos os parentes que poderiam aspirar tomar o seu lugar.

O legado militar de Shaka, entretanto, foi incorporado pelos reis seguintes, que mantiveram sua política expansionista, conquistando cada vez mais territórios e subjugando outros povos. Seu território é conhecido como Zululândia.

Hoje, apesar da crueldade de seus métodos, Shaka é considerado um gênio militar.

VOCÊ JÁ OUVIU FALAR

... que Shaka substituiu as lanças por adagas curtas e de lâminas longas, mais eficientes no combate corpo a corpo porque o guerreiro a mantinha junto a si durante o combate? Grandes escudos, que protegiam todo o corpo, substituíram os anteriores, pequenos que só protegiam o peito. soldados passaram a andar descalços, para ganhar maior velocidade.

Azagaia: tipo de lança de arremesso feita de madeira de azagaia, uma espécie de árvore.

Historica Graphica Collection/Heritage Images/Getty Images

Imagem do rei Shaka (1781-1828), de 1824. Atribuído a James King, apareceu em *Viagens e aventuras na África oriental*, de Nathanial Isaacs, publicado em 1836. Coleção particular.

Expedições e reconhecimentos

A partir de fins do século XVIII e, principalmente, no século XIX, viajantes europeus se interessaram por explorar e escrever sobre lugares, para eles, exóticos, como o interior da África e da Ásia e, até mesmo, da América. Algumas dessas viagens foram denominadas de "viagens científicas".

Ao mesmo tempo que as expedições científicas ocorriam, as missões religiosas se multiplicavam, com o intuito de levar aos povos considerados "selvagens" desses continentes a palavra cristã e a civilização.

Expedições e missões foram o começo da entrada do homem branco no interior da África e da Ásia. A grande invasão, entretanto, foi por motivos econômicos.

Índias desencantadas

No século XVII, negociantes ingleses criaram a Companhia das Índias Orientais para realizar o comércio de mercadorias originárias, principalmente, das Índias e da China. Assim como eles, portugueses, espanhóis, holandeses e franceses também criaram suas companhias das Índias Orientais. Portugal, por exemplo, tinha territórios em Goa (Índia) e Macau (China) desde o século XVI.

As especiarias indianas continuavam a ser apreciadas pelos europeus. Mas, entre os séculos XVI e XVIII, outras mercadorias se destacaram, como o algodão indiano e a porcelana chinesa.

Um produto, entretanto, superou todos os outros em termos de procura na Europa, sobretudo na Inglaterra: o chá chinês. Embora os chineses não se interessassem pelos produtos europeus, fosse porque tinham sua cultura assentada em tradições milenares, fosse porque não aprovavam os costumes ocidentais, interessavam-se pelo ópio, droga extraída da semente de uma planta indiana, a papoula.

QUE HÁ NA IMAGEM?

Observe a imagem e responda: qual é o objetivo do autor?

The Granger Collection/Glow Images

A charge mostra duas situações: antes e depois da ocupação alemã na África. Cartum de autoria desconhecida, 1896. Coleção particular.

A Índia não era como a que conhecemos hoje, unificada: era dividida em vários reinos e principados. Para obter o chá da China, os ingleses firmaram alianças com os chefes indianos locais e estabeleceram acordos comerciais que garantiram a exclusividade no comércio do ópio, do algodão, do ferro e do carvão. O resultado foi que as populações indianas se encontravam massacradas entre os poderosos locais e os interesses comerciais ingleses.

Os ingleses compravam o ópio produzido em Bengala, na Índia. Na China, trocavam-no por chá e porcelana.

Para manter o domínio sobre a produção e a comercialização do ópio, a Grã-Bretanha treinou soldados indianos com técnicas militares britânicas. Esses soldados ficaram conhecidos como *sipaios*.

CÁ ENTRE NÓS

Holanda, França e Inglaterra criaram companhias de comércio destinadas à Ásia a partir do século XVII. Chamavam-nas de Companhia das Índias Orientais. Nesse caso, **Índias** significava as regiões da Ásia nas quais tinham interesse, e assim as denominavam por estarem a oriente da Europa. Compreendiam, principalmente, grande parte da Índia e da China atuais, mas também outras áreas do continente asiático, como o Japão.

A Revolta dos Sipaios

Em meados do século XIX, entretanto, a política expansionista inglesa tomou outro rumo. Os ingleses criaram uma lei que estabelecia que todo Estado indiano cujo soberano morresse sem sucessor se tornaria território inglês. A lei não foi bem-aceita pelos soberanos indianos, tampouco pelas famílias poderosas locais, e culminou na Revolta dos Sipaios, em 1857.

As forças militares britânicas na Índia eram compostas de 280 mil homens. Destes, apenas 46 mil eram britânicos; os outros, mais de 200 mil, eram indianos. A revolta começou com a recusa dos sipaios em usar armas com cartuchos que continham gordura de vaca ou de porco – os soldados tinham de rasgar com a boca os invólucros dos cartuchos para carregar suas armas. Era um enorme choque cultural tanto para os hindus, que consideravam a vaca um animal sagrado, quanto para os indianos de religião muçulmana, que não tocavam em carne de porco por considerá-la impura.

Sipaios diante da cavalaria de Bengala, c. 1858, aquarela de Orlando Norie, sem data. Os sipaios ou cipaios, soldados indianos treinados pelos métodos ingleses, eram chefiados por grandes proprietários rurais indianos. Museu do Exército Nacional, Londres, Inglaterra.

The Bridgeman Art Library/Easypix

1819: Os EUA compram a Flórida da Espanha.

1823: Doutrina Monroe é anunciada nos EUA.

OUTRAS HISTÓRIAS ECONOMIA

Britânicos acumulam experiência

As expedições científicas e de reconhecimento territorial não faziam parte dos planos políticos dos governos europeus. Mas acabaram indicando as riquezas que eles poderiam explorar. Assim, depois de 1870, elas passaram a ser financiadas pelos próprios governos ou por empresas capitalistas.

A Inglaterra foi a única nação que não financiou expedições, mas lhes dava apoio político e militar.

Além do ouro, da prata e dos diamantes, o ferro passou a ser um dos produtos mais procurados.

O ferro servia para a indústria metalúrgica em expansão: havia enorme demanda para a construção de vagões e ferrovias que se multiplicavam pelo mundo.

A Inglaterra foi o país que mais lucrou com a expansão colonial. E sua experiência nas Índias foi um ensaio do que viria a ser o novo colonialismo ocidental. Fez dela uma pioneira e um exemplo na forma de como dominar regiões habitadas por povos de outras culturas.

Os continentes asiático e africano foram os que mais sofreram com o novo colonialismo ocidental, embora a América não tenha ficado de fora.

Mapa do Império Britânico em 1886. A cor rosa no mapa indica o domínio britânico naquele momento. Os ingleses possuíam territórios em todos os continentes. Constituíram um império mais extenso e povoado do que o romano em seu apogeu. Eles chegaram a dominar um quinto da superfície do planeta, onde viviam cerca de 23% da população mundial, que significava, no século XIX, cerca de 90% de todas as superfícies e populações colonizadas do mundo. Biblioteca Nacional, Paris, França.

Reprodução/Biblioteca Nacional, Paris, França.

1 | Como as expedições científicas e religiosas serviram para os interesses dos governos e das empresas capitalistas da Europa?

2 | De acordo com a experiência inglesa nas Índias, qual era a melhor forma de dominar as populações sem o controle direto dos europeus?

1839: Início da Primeira Guerra do Ópio, travada entre ingleses e chineses, na China.

1842: Fim da Primeira Guerra do Ópio; é assinado o Tratado de Nanquim, cedendo Hong Kong aos ingleses.

Índias: vice-reino britânico

As lutas foram sangrentas e a repressão britânica foi violenta, com massacres que resultaram em milhares de mortos.

Após a vitória, os britânicos concluíram que era muito arriscado armar as populações locais, pois esse poder bélico poderia ser usado contra eles. Aumentaram o contingente de soldados britânicos e diminuíram muito o número de sipaios. Apoiaram militar e financeiramente os líderes locais para que explorassem como quisessem as populações sob seu controle. Em contrapartida, esses líderes deveriam prestar fidelidade à Inglaterra.

Com a extinção da Companhia Britânica das Índias Orientais, os territórios sobre domínio britânico foram integrados ao Império Britânico. Nascia o **Vice-Reino da Grã-Bretanha das Índias**.

Com base nessa experiência, foram se infiltrando em outros territórios com a mesma tática: aliando-se aos soberanos que dominavam os diferentes povos e evitando armar as populações locais.

A HISTÓRIA NÃO ESTÁ SOZINHA

Geografia

As "Índias" compreendiam um vasto território no sul da Ásia, repartido em reinos e principados, nos quais duas religiões predominavam: o hinduísmo e o islamismo.

A Inglaterra, que iniciou a conquista desse vasto território em 1757, transformou aquele mosaico de diferentes culturas no Império Britânico das Índias, depois elevado à categoria de Vice-Reino da Grã-Bretanha das Índias. "Índias" no plural, pois não se tratava de uma região unificada. Depois da Segunda Guerra Mundial, as Índias britânicas tornaram-se independentes e deram origem a quatro Estados: Índia, Paquistão, Bangladesh e Birmânia.

Reprodução/Universidade de Oxford, Inglaterra.

Mapa do Império Britânico das Índias, publicado pelo Instituto Geográfico de Edimburgo, 1909. Universidade de Oxford, Oxford, Inglaterra.

- No século XIX, o comércio de produtos entre Inglaterra, Índia e China podia ser considerado triangular. Explique por quê.

China atacada

Os produtos chineses sempre foram cobiçados na Europa, como a seda e a porcelana. Mas o produto que provocou uma verdadeira corrida dos países europeus para a China foi o chá.

Como vimos, em troca de seu chá, os chineses só queriam o ópio, que era amplamente utilizado pelas camadas mais abastadas da sociedade.

Em 1800, o imperador chinês proibiu a compra da droga, mas o contrabando continuou. Em 1839, determinou o confisco de todo o ópio que fosse encontrado no império e exigiu dos ingleses que dessem fim ao negócio. Os ingleses partiram, então, para ataques militares. Foi o início do conflito que ficou conhecido como a **Primeira Guerra do Ópio** (1839-1842).

Os chineses perderam a disputa e foram obrigados a assinar o Tratado de Nanquim (1842), pelo qual cediam a ilha de Hong Kong aos ingleses e lhes abriam, além do porto de Cantão, mais quatro portos para o comércio do ópio.

A Inglaterra, entretanto, queria mais. Através de um estratagema que envolveu também a França, os ingleses conseguiram que, em 1860, o governo chinês assinasse o Tratado de Pequim, pelo qual abria seu mercado aos ocidentais e praticamente passava para eles o controle dos principais setores de sua vida econômica. Outros países foram aceitos nas praças comerciais chinesas: Rússia, Japão e Alemanha.

Quint & Lox/Akg-Images/Fotoarena

Estabelecimento de pesagem e venda de chá na China no século XIX. Observe que à esquerda, no primeiro plano da imagem, um inglês negocia com um comerciante chinês. O que ele estaria lhe dando em troca? Gravura do século XIX. Coleção particular.

Punhos da Justiça em ação

A entrada de estrangeiros e de seus produtos na China acarretou grandes mudanças no império. Uma delas foi a **Reforma dos Cem Dias**, em 1898, na qual o imperador reformulou as regras para o comércio, a agricultura e a administração militar e civil.

Os conservadores – entre os quais estava a própria mãe do imperador, Tzu-hsi – não apoiaram essas mudanças. Tzu-hsi aprisionou seu filho, assumiu o trono e anulou muitos decretos. Aliou-se a uma sociedade secreta chamada **Punhos da Justiça**, que os ocidentais batizaram de *boxers* (boxeadores). A rainha-mãe determinou a expulsão de todos os estrangeiros da China. Vários missionários europeus foram mortos pelo povo.

1858: Segunda Guerra do Ópio, na China. Os europeus saem novamente vitoriosos em 1860.

1860: Tratado de Pequim, que abre o mercado chinês ao Ocidente, após a derrota na Segunda Guerra do Ópio.

Em resposta, uma coligação de forças militares europeias e japonesas invadiu a China. Foi a **Guerra dos Boxers** (1899-1901). A derrota chinesa foi novamente catastrófica. A Corte imperial foi forçada a se refugiar no Sião. A China, por sua vez, foi obrigada a abrir por muito tempo sua economia e seu território aos estrangeiros.

Litografia colorida publicada no periódico *Le Petit Journal*, 1898. Esta caricatura francesa representa os países europeus disputando a China, simbolizada pela *pizza* e pelo imperador chinês, desesperado atrás de todos. Biblioteca Nacional, Paris, França.

FIQUE DE OLHO

55 dias em Pequim (Estados Unidos). Direção de Nicholas Ray, 1963. 154 min.

Na Pequim de 1900, durante a rebelião dos *boxers*, é organizada uma comissão com o objetivo de encontrar uma solução amigável e diplomática para a questão. Mas há o evidente conflito de interesses entre os países presentes e o Império Chinês.

África e seus minérios

Até o início do século XIX, a principal matéria-prima consumida pela indústria inglesa era o algodão dos Estados Unidos e o da Índia. Mas a ampliação das estradas de ferro revolucionou o capitalismo britânico: para construí-las, era necessário ferro. E o ferro acabou se tornando a matéria-prima mais procurada não só pelos ingleses, mas pelos que queriam construir ferrovias.

Embora a Inglaterra tivesse muitas minas de ferro em seu território, a extração era cara, sobretudo pelo alto preço da mão de obra. Os ingleses concluíram, então, que era mais barato extrair o ferro de áreas onde a mão de obra fosse mais barata.

O continente africano tem, em seu subsolo, ricas jazidas de ferro, cobre, estanho, platina, ouro, diamantes, etc. Os europeus, principalmente os britânicos, foram descobrindo essas riquezas através de expedições exploradoras. No caso inglês, as expedições eram financiadas pelos próprios exploradores ou por grupos de associações científicas, que contavam com o apoio político – e militar, caso fosse necessário – do governo britânico.

CÁ ENTRE NÓS

A mão de obra era mais cara na Inglaterra porque os trabalhadores estavam se organizando e exigindo dos patrões melhores salários e direitos trabalhistas.

FIQUE DE OLHO

Zulu (Reino Unido). Direção de Cy Endfield, 1964. 135 min.

Épico sobre a batalha de Rouke's Drift, na África do Sul, travada em 1879, em que 4 mil guerreiros zulus sitiaram 150 soldados britânicos.

VOCÊ JÁ OUVIU FALAR

... que, com a descoberta do ouro no sul da África, essa região, que havia sido uma área rural sob controle bôer, tornou-se foco de intensa imigração e de investimentos, principalmente ingleses?

No início do século XX, a África do Sul já era o maior produtor mundial de ouro.

No sul da África: camponeses

No século XVII, a Companhia Holandesa das Índias Orientais decidiu construir um forte no cabo da Boa Esperança, ao sul da África, para abastecer seus navios que iam para o Oriente. O núcleo em torno do forte recebeu o nome de Cidade do Cabo. Como foi difícil convencer os habitantes da região a negociar seus alimentos e animais para abastecer as frotas, um administrador holandês propôs e estimulou a ida de colonos para garantir o abastecimento dos barcos.

Por causa das guerras religiosas da época, muitos holandeses aceitaram ir para a África na condição de colonos. No começo do século XVIII, chegaram outros refugiados religiosos, os huguenotes franceses, expulsos da França em 1685. Os descendentes dessa população branca ficaram conhecidos como **bôeres**, que na língua holandesa significa "camponeses".

A Companhia Holandesa das Índias Orientais faliu em fins do século XVIII. Os ingleses, então, ocuparam a Cidade do Cabo em 1795 e, em 1806, prenderam dirigentes bôeres que resistiam aos britânicos. Vencedores, criaram a colônia do Cabo.

O Congresso de Viena, de 1815, confirmou o domínio inglês na colônia do Cabo, e os bôeres foram obrigados a se tornar súditos britânicos. Muitos não aceitaram e, descontentes, rumaram para o norte, para o interior do continente, no movimento que ficou conhecido como a Grande Marcha (*Great Trek*), enquanto os ingleses assentaram milhares de colonos britânicos no sul da África, nas regiões próximas do litoral.

Os bôeres entraram justamente em território de domínio dos povos zulus. Em 1837, tentaram um acordo com o rei Dingane, meio-irmão e sucessor de Shaka que havia conspirado para seu assassinato. O resultado foi uma guerra terrível, em que os bôeres, com suas armas de fogo, massacraram em uma batalha cerca de 15 mil guerreiros zulus.

Os bôeres criaram, então, os territórios de Orange, Natal e Transvaal. Posteriormente, os ingleses, em seu processo expansionista, concordaram que essas áreas permanecessem independentes, pois consideravam que não tinham valor econômico. Mas estavam muito enganados.

Universal History Archive/Getty Images

Família bôer no sul da África. Fotografia de Joseph Rausher, 1886.

1879: Derrota dos exércitos zulus pelos britânicos.

1884-1885: Conferência de Berlim.

Riqueza cobiçada: ouro e diamante africanos

Em 1867, um bôer constatou que era um diamante uma das pedras com a qual um grupo de crianças brincava. A descoberta de diamantes na terra dos bôeres provocou grande imigração de pessoas, principalmente de origem britânica. Foi o início de sérios conflitos.

Em 1887, mais uma estupenda descoberta: ricos filões de ouro no Transvaal. Com a abertura de minas para a exploração do ouro, os negros africanos ficaram encurralados entre brancos europeus: ingleses e bôeres. Por todos os lados havia invasões, guerras e mortes.

The Picture Desk/Arquivo Nacional de Pretória, África do Sul.

Tropa de negros africanos durante a guerra dos bôeres. Fotografia de 1900. Na África do Sul, a disputa entre bôeres e ingleses pelo território do ouro e dos diamantes envolveu grupos nativos, que acabaram sendo empregados em ambos os lados. Vários grupos tentaram negociar algum tipo de acordo com os brancos, mas foram subjugados. Museu de História Cultural Nacional, Pretória, África do Sul.

Os ingleses investiram com força em uma guerra que, inicialmente, foi vencida pelos bôeres no ano de 1899. Mas era uma questão de tempo. Em 1902, a Inglaterra reuniu todas as suas forças bélicas e esmagou os bôeres. Transformou todo o sul da África em colônia britânica, com o nome de União Sul-Africana.

Não demorou muito, contudo, para que surgisse entre os brancos da União Sul-Africana a ideia de separar-se da Inglaterra, o que foi conseguido em 1910, sem guerra. Os bôeres se autodenominaram, então, **africânders** (literalmente, africanos, em holandês) e estabeleceram duas línguas oficiais para o novo país: o **africânder** (o holandês falado na África do Sul) e o **inglês** – afinal, apesar de reconhecido, o país foi mantido como membro da Comunidade Britânica.

VOCÊ JÁ OUVIU FALAR...

... que a colonização francesa da África foi levada a cabo pelo governo, e não por empresas privadas, como fizeram os britânicos? A pretensão dos franceses era se espalhar no continente: de leste a oeste. Mas foram impedidos pelos ingleses, que projetavam um domínio de norte a sul (do Cairo à Cidade do Cabo). Nem ingleses nem franceses alcançaram seus objetivos.

1887: Descoberta de ricos filões de ouro no Transvaal, no sul da África.

1888: O canal de Suez, no Egito, é aberto ao comércio de qualquer país.

Para os negros, nada mudou com a independência, pois permaneceram fora das decisões políticas e encurralados entre os britânicos, exploradores das minas de ouro e diamante, e os africânders, agricultores.

A África dividida

Enquanto viajantes, missionários e exploradores informavam ao mundo ocidental a geografia do continente africano, empresas e governos começaram a se interessar por investir e dominar algumas áreas promissoras.

Com o objetivo de evitar disputas e guerras, alguns países europeus, os Estados Unidos e o Império Otomano se reuniram em uma conferência na cidade de Berlim (capital da Alemanha), entre 1884 e 1885, para estipular os princípios que regeriam a conquista da África.

Dessa conferência resultaram regras muito simples: somente a ocupação do litoral não bastava para reivindicar as terras do interior, que deveria ser ocupado e, quando o fosse, as demais potências deveriam ser oficialmente informadas. Além disso, as bacias dos dois maiores rios da costa ocidental, o Níger e o Congo, foram declaradas livres para a navegação e o comércio internacional.

O resultado da Conferência de Berlim foi dramático para os africanos. Se em 1880 somente 10% do território estava vagamente ocupado por europeus, 20 anos depois, em 1900, quase todo o continente já estava dominado. O governo da África havia sido arrancado dos africanos.

África: pré-Conferência de Berlim – 1880

Ericson G. Luciano/Arquivo da editora

Fontes: elaborado com base em: *Atlas da história do mundo*. São Paulo: Folha de S.Paulo, 1995. p. 234-235; KINDER, Herman; HILGEMANN, Werner. *Atlas histórico mundial: de La revolución Francesa a nuestros días*. Madrid: Istmo, 1985. p. 106.

África: pós-Conferência de Berlim – 1914

Ericson G. Luciano/Arquivo da editora

Fonte: elaborado com base em *Atlas da história do mundo*. São Paulo: Folha de S.Paulo, 1995. p. 236.

A América para os americanos

Na primeira metade do século XIX, praticamente todas as antigas colônias europeias estavam independentes, quase todas com regimes republicanos de governo. As exceções eram algumas ilhas do Caribe, como a colônia espanhola de Cuba e as Guianas Inglesa e Francesa, que se mantinham como colônias europeias.

Os Estados Unidos da América, independentes desde o século anterior, foi o único país da América que conseguiu se industrializar no decorrer do século XIX. Dessa forma, manteve uma influência na América que impediu o avanço europeu. Reconheceu rapidamente a independência de todas as regiões americanas que lutaram para se separar de suas metrópoles, baseado no que ficou conhecido como **Doutrina Monroe** (1823), que pregava a "América para os americanos". A frase era um alerta aos países europeus envolvidos na Santa Aliança (1815) que tivessem pretensões recolonizadoras na América.

Os Estados Unidos tomavam para si a tarefa de impedir a recolonização, mas, ao mesmo tempo, permitiram-se interferir na economia e na política de muitos desses países agora independentes. Não pararam por aí. Como os demais países industrializados, iniciaram sua expansão territorial.

Os Estados Unidos conquistam territórios pelo dólar e pelas armas

A primeira etapa de expansão estadunidense foi em direção ao sul, comprando a Louisiana da França de Napoleão Bonaparte, em 1803, por 11,25 milhões de dólares. A Flórida foi comprada da Espanha em 1819.

Quando o México se tornou independente, em 1810, o Texas foi incorporado a ele. Levas de estadunidenses, entretanto, dirigiram-se para a região, de modo que passaram a ser mais numerosos do que os mexicanos.

Em 1835, o governo do México tentou conter a entrada de imigrantes, mas não conseguiu.

Em 1845, o exército estadunidense ocupou o território texano, que foi incorporado aos Estados Unidos.

Propuseram, ainda, comprar a Alta Califórnia e o Novo México, oferta recusada pelos mexicanos, dando início à guerra em 1846. Vencido, em 1848 o México foi obrigado a aceitar a incorporação do Texas, e vendeu quase a metade de seu território aos Estados Unidos por 15 milhões de dólares: Califórnia, Novo México, Arizona, Utah, Nevada, Wyoming e parte do Colorado.

Depois, em 1867, o Alasca foi comprado da Rússia por 7,2 milhões de dólares. Essa compra foi muito discutida, pois muitos consideravam que a região não tinha valor comercial – mas, posteriormente, diversos recursos naturais tornaram sua ocupação vantajosa.

Cuba, Espanha e Estados Unidos

Com relação aos demais países da América, os Estados Unidos não tentaram mais nenhuma anexação formal. Limitaram-se a exercer influência econômica e política. A grande exceção foi Cuba, onde possuíam interesses na produção de açúcar e de tabaco e no turismo, resultando, em 1898, em guerra contra a Espanha.

A guerra se estendeu para as ilhas do Pacífico, muitas delas de domínio espanhol, em particular as Filipinas. Vitoriosos, em 1898 os Estados Unidos conseguiram o Tratado de Paris, em que a Espanha reconhecia a independência de Cuba, Porto Rico (ambas no Caribe) e Filipinas (no Pacífico). Porto Rico e Filipinas foram incorporados como territórios dos Estados Unidos. Cuba, apesar de não ter sido anexada, foi econômica e politicamente dominada através da **Emenda Platt**, de 1901. Inserida sob pressão dos Estados Unidos na Constituição cubana, essa lei permitiu que os estadunidenses interferissem militarmente no país, caso considerassem seus interesses prejudicados.

John van Hasselt/Sygma/Getty Images

Passagem do primeiro barco pelo canal do Panamá, em 1913.

Além desses territórios, os Estados Unidos anexaram, ainda, o Havaí e as ilhas de Guam.

Se a Doutrina Monroe se limitava a defender a independência dos países americanos, agora a ideia era expandir o território dos Estados Unidos pelo mundo.

No Panamá, separado da Colômbia em 1902 com o auxílio dos Estados Unidos, o canal que ligava o oceano Atlântico ao oceano Pacífico foi construído e controlado por estadunidenses desde sua inauguração (em 1914) até 1999, quando passou para o controle do Panamá.

O "Destino Manifesto"

Até o início da Primeira Guerra Mundial, os Estados Unidos viram sua economia prosperar aceleradamente. Além disso, ampliou seu território com a ocupação de terras indígenas e, como vimos, de vastas áreas pertencentes a outros países. Também estendeu seu poder sobre áreas independentes, não só nas Américas, como no oceano Pacífico e no Oriente.

A doutrina do Destino Manifesto, expressa pela primeira vez pelo presidente Thomas Jefferson no início do século XIX, foi um dos bastiões da expansão estadunidense, porque se baseava no ponto de vista bíblico: o "povo eleito" deveria tomar posse da "terra prometida".

1902: Os ingleses vencem a Guerra dos Bôeres. Criação da União Sul-Africana.

O povo eleito seriam os habitantes dos Estados Unidos da América, que teriam como meta – ou quase uma obrigação religiosa – estender seu modo de vida, considerado excelente, aos outros povos do continente americano. Essa ideologia é uma forma radical de nacionalismo.

Progresso americano, óleo sobre tela de John Gast, 1872. A obra foi elaborada por encomenda do governo estadunidense e representa a Doutrina do Destino Manifesto dos Estados Unidos da América. A luminosa figura feminina representa os EUA e segura um cabo telegráfico, símbolo da civilização levada para áreas selvagens, ao mesmo tempo que indígenas e animais fogem. Coleção particular. Biblioteca do Congresso, Washington, Estados Unidos.

A colonização justificada pela ciência

Como tudo isso foi possível? Como homens e mulheres do mundo ocidental puderam considerar justa a conquista de territórios que eram de outros povos? Onde estavam os princípios de igualdade, liberdade e fraternidade entre os homens, herdados da Revolução Francesa?

Uma possível resposta a essas perguntas está justamente no desenvolvimento da ciência, com o surgimento de teorias como a de que as sociedades humanas eram diferentes umas das outras porque se encontravam em estágios diferentes de evolução.

Apropriando-se das conclusões do naturalista inglês Charles Darwin a respeito do surgimento e do desenvolvimento da humanidade, estenderam-nas para as sociedades humanas, afirmando que umas eram mais "evoluídas" que outras. Argumentavam que o sucesso ou o insucesso das sociedades estavam relacionados às "raças" que as compunham. Seriam as "raças", portanto, que determinariam o nível de desenvolvimento das sociedades. Essas teorias ficaram conhecidas como **darwinismo social**. Hoje, são consideradas racistas.

CÁ ENTRE NÓS

O termo **raça**, na Idade Moderna, era usado pelos cristãos ocidentais para identificar povos considerados infiéis (como judeus e muçulmanos) ou pagãos (como indígenas da América e povos africanos de religião animista). Dizia-se "raça de judeu", "raça de muçulmano", "raça de índio", etc. Era usado de modo a inferiorizar povos não cristãos, mas nada tinha a ver com critérios biológicos, como a cor da pele, o formato de crânio, o tipo e a cor do cabelo, etc.

Infiel: indivíduo que conhece a palavra de Deus e a nega, assim como nega a palavra de seus profetas.

Pagão: para judeus, cristãos e muçulmanos é quem não conhece a palavra de Deus.

Guerra anglo-zulu

Foi o que aconteceu com o povo Zulu, considerado selvagem pelos britânicos. A história do comando de Shaka sobre os zulus repercutiu por décadas, como vimos. A memória de seu poder e de suas conquistas estimulou seu povo a permanecer na luta para aumentar o controle sobre os territórios vizinhos e para rechaçar seus inimigos.

E foi justamente por parte do povo zulu que os britânicos sofreram a maior derrota no seu processo de dominação no sul da África. Em 1878, os britânicos exigiram que os zulus, sob o reinado de Cetewayo, desmantelassem seu exército, aceitassem um residente britânico e recebessem novamente os missionários cristãos. Como não foram atendidos, as forças britânicas invadiram seu território, sendo derrotadas pelos zulus em janeiro de 1879. Indignados, retornaram com força total, mas, mesmo assim, demoraram até julho para vencer os exércitos zulus.

O QUE HÁ NA IMAGEM?

A imagem mostra o rei dos zulus, Cetewayo, retratado mais alto do que todos, seguro pela mão de um oficial britânico. A sua frente está John Bull, personagem que simbolizava a Inglaterra em sátiras e *cartoons* do século XIX, sendo cutucado pelo Grande Farini, famoso apresentador que montava espetáculos com pessoas e animais considerados exóticos, no Aquário Real de Londres. A tradução do texto é: Um negro "elefante branco". John Bull (intrigado) "Custou muito pegá-lo! E agora eu o tenho, o que vou fazer com ele?". O Grande Farini (com entusiasmo) "Posso sugerir o aquário?".

Analise a imagem e interprete o que o artista quis mostrar.

The Cartoon Collector/Print Collector/Getty Images

Cartum satírico sobre o rei dos zulus, Cetewayo, em encontro com John Bull e o Grande Farini, após a derrota dos zulus para as forças britânicas, em julho de 1879. Imagem de autoria de John-Tenniel, publicada na *Punch Magazine* em 27 de setembro de 1879.

Caso tenha sido um comandante sem alma ou compaixão, como muitos o descreveram, ou um gênio militar, não importa, o resultado foi que Shaka formou uma nação de guerreiros poderosos, que só foi derrotada pela tecnologia das armas mais potentes dos europeus no último quartel do século XIX.

DOCUMENTO

Parta agora mesmo e não volte nunca mais

Entre as vantagens que os europeus ofereciam aos reis ou chefes africanos estavam o acesso à eletricidade e aos arados, a construção de estradas e ferrovias, etc. Ou o apoio de forças bélicas nas suas guerras internas.

No entanto, veja o que Wogobo, o rei dos Mossi (na atual Burkina Fasso, antes República do Alto Volta), declarou em 1895 ao capitão Destenave, oficial francês que lhe oferecia essas vantagens:

> Sei que os brancos querem me matar para tomar o meu país, e, ainda assim, você insiste em que eles me ajudarão a organizá-lo. Por mim, acho que meu país está muito bem como está. Não preciso deles. Sei o que me falta e o que desejo: tenho meus próprios mercadores; considere-se feliz por não mandar cortar-lhe a cabeça. Parta agora mesmo e, principalmente, não volte nunca mais.
>
> CROWDER, M. 1968. *West Africa under Colonial Rule*. London: Hutchinson, 1968. p. 97. Apud BOAH, Albert Adu (Ed.) *História Geral da África VII*: África sob dominação colonial, 1880-1935. Brasília/DF: Unesco, 2010. p. 4.

1 | Segundo a resposta do rei dos Mossi, quais motivos levaram muitos reinos e Estados africanos a recusar alianças e a lutar contra os europeus?

2 | Considerando a resposta do rei dos Mossi, "Por mim, acho que meu país está muito bem como está", o que o representante francês estaria lhe sugerindo, em termos de organização do reino?

3 | Em sua opinião, o que Wogobo quis dizer ao afirmar "tenho meus próprios mercadores"?

PUXANDO PELA MEMÓRIA

Após o estudo do capítulo, você manteria sua resposta à pergunta da página 220?

Créditos das imagens de baixo para cima: The Granger Collection/Glow Images; Reprodução/Biblioteca Nacional, Paris, França; The Granger Collection/Glow Images; John van Hasselt/Sygma/Getty Images; De Agostini Picture Library/Getty Images; Historica Graphica Collection/Heritage Images/Getty Images; Reprodução/Biblioteca Nacional, Paris, França; Reprodução/Biblioteca Nacional, Paris, França.

ROTEIRO DE ESTUDOS

O QUE APRENDEMOS?

1 | Leia o texto a seguir para responder à pergunta.

> "Por certo, as teorias racistas já existiam antes da colonização, antes do imperialismo, mas tinham pouca repercussão. O imperialismo deu-lhes substância e vida, propagou-as."
>
> FERRO, Marc. *História das colonizações*: das conquistas às independências. Séculos XIII a XX. São Paulo: Companhia das Letras, 1996. p. 42.

- Em sua opinião, por que o historiador Marc Ferro afirma que o imperialismo deu vida e substância às teorias racistas do século XIX?

2 | Por que, em meados do século XIX, a Inglaterra deixou de treinar os soldados indianos com suas técnicas militares?

3 | Na Conferência de Berlim, concluída em 1885, os países europeus lançaram as bases da Partilha da África. Quais países mais se beneficiaram dessa partilha?

4 | Como as Índias se tornaram um vice-reino britânico?

5 | O que motivou os ocidentais a entrar na Guerra dos Boxers?

6 | Quem foram os africânders? Qual era sua relação com a Companhia Holandesa das Índias Orientais?

7 | O que os bôeres têm a ver com os ingleses?

8 | Que relação existe entre o ópio da Índia e o chá da China?

9 | Por que a afirmação a seguir é falsa?
O darwinismo social foi uma teoria que auxiliou os povos africanos e asiáticos a se tornarem independentes dos europeus no século XX.

10 | Caracterize a posição dos Estados Unidos em relação à América e aos europeus no século XIX.

PESQUISA

No coração da África

Foi em 1843. Leões atacavam o gado de uma aldeia no interior da África e um grupo de caçadores reuniu-se para matá-los. Entre eles, estava um missionário cristão escocês, explorador e súdito do Império Britânico. Seu nome era David Livingstone.

Missionário: pregador da fé por meio de instrução religiosa.

Livingstone morreu sem atingir seu último objetivo na África: encontrar a nascente do rio Nilo. Sua história ficou conhecida em detalhes pelos diários que escreveu durante as expedições que realizou, inclusive a última, que lhe tirou a vida.

- A nascente do rio Nilo, tão procurada por Livingstone, não foi encontrada por ele. Pesquise quando ela foi encontrada e onde se localiza.

IMAGENS CONTAM A HISTÓRIA

Observe com atenção esta imagem. Ela representa o imperador chinês, enquanto "homenzinhos" cerram os pés da cadeira em que ele está sentado. Abaixo, à direita e de costas, está a figura de John Bull, personagem que representa os ingleses em charges políticas.

Aqui, John Bull é representado como um homem de meia-idade, usando cartola e casaca vermelha.

1 | O que prende John Bull? Por quê?

2 | Em sua opinião, o que os "homenzinhos" que cerram os pés da cadeira representam?

Rue des Archives/Varma/Latinstock

Na parte inferior da imagem, está escrito, em francês: "John Bull preso em sua própria armadilha. Só pode observar a cena e apertar os dentes". Na armadilha que segura o pé de John Bull, está escrito: "Transvaal".

O PASSADO PRESENTE

Leia com atenção o trecho de um artigo científico do ano de 2008 reproduzido a seguir. Se julgar necessário, procure em um dicionário as palavras cujo significado você desconhece.

> Para o pesquisador [Alan Templeton], todos os humanos vivos descendem de uma única linhagem evolutiva [...]. "Não há raças biológicas entre os humanos", afirmou. "As populações humanas atuais apresentam diferenças genéticas, mas elas são pequenas quando confrontadas com as encontradas em outras espécies de grandes mamíferos [...].

PIVETTA, Marcos. Alan Templeton. Revolução Genômica. *Revista Pesquisa Fapesp*. São Paulo: Fapesp, especial abr.-set. 2008. p. 30.

• O texto, que trata da teoria da evolução humana, pode ser associado às ideias do naturalista Charles Darwin, comentadas no capítulo. De acordo com as ideias do pesquisador Alan Templeton, no entanto, o darwinismo social estava completamente errado. Justifique essa afirmação.

Cachorro louco, gravura de Thomas Lord Busby, 1826. Note o desespero das pessoas em uma rua de Londres observando um cão infectado com a raiva. Muitas pessoas morreram por causa dessa doença, pois os animais transmitem a raiva aos humanos. Coleção Jones e Bartletf, Massachusetts, Estados Unidos.

Mary Evans Picture Library/Glow Images

CAPÍTULO 14

CIÊNCIAS E COSTUMES NA SOCIEDADE BURGUESA

O século XIX caracterizou-se por uma verdadeira revolução no conhecimento humano. Na Biologia, a visão racional, herdeira do Iluminismo, suplantou a interpretação religiosa e passou a explicar os mais diversos fenômenos, apesar da resistência da grande maioria das populações e das igrejas cristãs, tanto protestantes quanto católicas.

Um dos personagens que mais se destacou foi o químico e biólogo francês Louis Pasteur (1822-1895). A ciência médica mudou completamente.

Observe com atenção a charge desta página. Ela foi publicada no início do século XIX, em 1826. O que ela demonstra?

Você notou que ela representa uma série de personagens apavorados, alguns, inclusive, prestes a atacar ou a se defender? Mas atacar quem? Defender-se do quê? Do cachorro, ao centro.

Vamos ver qual a relação que existe entre a revolução do conhecimento humano, o cachorro e Louis Pasteur?

PUXANDO PELA MEMÓRIA

Doenças infantis como sarampo, catapora, coqueluche, paralisia infantil e rubéola eram comuns até bem pouco tempo atrás. Você provavelmente não contraiu nenhuma delas, não foi? Saberia explicar por quê?

Créditos das imagens de baixo para cima: Reprodução/Museus Castro Maia, Rio de Janeiro, RJ.; Sammlung Rauch/Interfoto/Fotoarena; Akg-Images/Latinstock; The Bridgeman Art Library/Easypix; The Bridgeman Art Library/Easypix; Everett Historical/Shutterstock

1747: Demonstração de que a corrente elétrica pode ser transmitida a grandes distâncias por um fio metálico.

Pasteur controla a raiva

Depois de muitos anos de pesquisa, o bioquímico francês Louis Pasteur (1822-1895) conseguiu identificar o vírus da raiva em um cachorro infectado com a doença. Inoculou o sangue do cão em coelhos e conseguiu retirar deles um soro que, injetado em um cachorro raivoso, era capaz de curá-lo.

Em julho de 1885, um menino foi levado por sua mãe ao seu laboratório. Ele havia sido mordido por um cão raivoso. Pasteur, então, experimentou o soro na criança. E deu certo: ela sobreviveu.

Depois do sucesso do soro, ele desenvolveu a vacina contra a raiva.

O controle da varíola

A varíola foi a doença que mais matou gente no mundo. Controlá-la foi, então, um dos principais objetivos de médicos e cientistas, tanto ocidentais quanto orientais.

No final do século XVIII, o médico inglês Edward Jenner conhecia a tradição oral que dizia que as pessoas que ordenhavam vacas não contraíam varíola – doença da qual poucos escapavam com vida. Mas a tradição não explicava o porquê disso.

Foi o doutor Jenner quem descobriu que era o contato com o pus das feridas do ubre desses animais, infectados com a varíola bovina, que imunizava as pessoas contra a doença.

Variola bovina é uma infecção que causa pequenas erupções no ubre das vacas. As pessoas que as ordenhavam, muitas vezes, contraíam a doença, mas não era uma doença séria. O médico Edward Jenner constatou que aqueles que contraíam a varíola bovina não contraíam a varíola humana, ou seja, estavam imunizados. Ele, então, propôs que o pus das feridas das vacas fosse extraído e colocado em um corte no corpo da pessoa que se desejasse imunizar.

Inocular: inserir, injetar.

Ordenhar: extrair leite de animais.

Ubre (ou úbere): mama de vaca ou de outra fêmea de animal.

Imunizar: proteger; fazer que algo ou alguém resista à ação de um agente (vírus, bactéria, etc.) que provoca uma doença.

World History Archive/Alamy/Fotoarena

O químico francês, Louis Pasteur, em seu laboratório, na École Normale, Paris, durante sua pesquisa sobre a hidrofobia, ou raiva. Gravura de autor desconhecido, 1884. Coleção particular.

A HISTÓRIA NÃO ESTÁ SOZINHA

Ciências da natureza

Os chineses já praticavam uma forma de imunização havia séculos, soprando pus seco retirado das crostas dos variolosos nas narinas de pessoas saudáveis.

Também os indianos tinham o costume de guardar por certo tempo a roupa de pessoas doentes para depois aplicar pedacinhos do pano sobre feridas feitas em pessoas saudáveis.

Na África, por sua vez, era comum a retirada do pus das feridas dos doentes contaminados com a varíola para colocar sobre feridas feitas especialmente para isso em indivíduos sãos.

Essas práticas tinham como origem tradições muito antigas da medicina popular, de várias partes do mundo, de que algumas doenças poderiam ser evitadas através da aplicação de material similar à moléstia que se queria evitar.

Portanto, a história dos procedimentos para a imunização contra a varíola é muito antiga e fez parte da cultura de vários povos por séculos. Tinha como fundamento as tradições antigas da medicina popular de muitos povos do mundo, de que se devia usar um material similar ao da doença para evitar a moléstia. Não foi uma invenção ocidental.

Nenhum desses métodos era totalmente eficaz, mas imunizou e salvou a vida de várias pessoas.

- Qual é o princípio básico de todas as vacinas?

VOCÊ JÁ OUVIU FALAR

... que vacina vem do latim *vaccinae*, que, em português, significa "da vaca"?

Vida sem oxigênio

No século XIX alguns cientistas acreditavam que os seres vivos menores e mais simples nasciam sem "pais", ou seja, criavam-se de maneira espontânea.

Mas Pasteur estava convencido de que não existia essa "geração espontânea". Para provar sua teoria, ele realizou uma série de experiências, e demonstrou que todos os seres vivos nasciam de outros seres vivos da mesma espécie. Além disso, descobriu que havia microrganismos que não precisavam do oxigênio para se desenvolver: os microrganismos anaeróbicos, como bactérias, por exemplo.

Depois de Pasteur, os cientistas continuaram a fazer descobertas, muitas delas apoiadas em suas teorias, como a de que esses microrganismos poderiam passar de um ser vivo a outro pelo contato – pelo sangue ou secreções do corpo, como suor, saliva, fezes, etc. – e também estariam presentes no ar e em materiais inanimados.

O higienismo e o início do saneamento das cidades

Até a descoberta dos microrganismos, acreditava-se que as doenças eram transmitidas por miasmas: partículas criadas a partir de carnes e plantas estragadas, podres, em decomposição. Os miasmas estariam espalhados pelo ar e "entrariam" nas pessoas quando elas respirassem ou pelos poros de sua pele.

Para impedir a proliferação dos miasmas, foram criadas, em várias cidades, Comissões de Saúde Pública. Elas determinavam que: pântanos, brejos e lagoas fossem drenados e aterrados; os abatedouros de animais fossem afastados das residências; cemitérios fossem transferidos para fora das cidades.

Essa corrente médica foi denominada **higienista**.

AO MESMO TEMPO

O destino dos mortos na época da ciência

No mundo ocidental cristão, o lugar dos mortos era dentro ou do lado de fora das igrejas, bem junto dos vivos, portanto.

A partir do final do século XVIII, os médicos higienistas passaram a considerar que a proximidade entre vivos e mortos era perigosa, argumentando que estes produziam miasmas, o que causava doenças nos vivos.

Por iniciativa das Comissões de Saúde Pública, os cemitérios foram construídos ou transferidos para fora das cidades. Em alguns, como no Cemitério dos Inocentes, em Paris, corpos e ossos foram desenterrados e transferidos para uma área pouco habitada, nas cercanias da capital. Hoje em dia, a urbanização se ampliou tanto que esses cemitérios ficaram novamente dentro das cidades

Rue des Archives/Tallandier

Igreja e cemitério dos Inocentes, dentro da cidade de Paris. Ilustração de Henriet Israël e Silvestre Israël, século XVII. Museu Condé, Chantilly, França.

Com base nas informações desta seção, responda:

1 | Que aspectos de uma sociedade é possível conhecer pelo estudo da localização de um cemitério?

2 | Pesquise se em sua cidade houve mudança do local de um cemitério.

FIQUE DE OLHO

SANDRONI, Luciana. *Ludi na revolta da vacina*: uma odisseia no Rio antigo. Salamandra: São Paulo, 1999.

Acompanhe Ludi, seus irmãos, seus pais em um passeio de volta no tempo. Nessa aventura, o leitor vai saber um pouco mais sobre alguns dos fatos históricos mais importantes do início do século XX. Imagine como seria encontrar Machado de Assis ou estar em plena Revolta da Vacina?

VOCÊ JÁ OUVIU FALAR

... que a palavra **pasteurização** vem de Pasteur? Foi o cientista francês quem descobriu esse processo de esterilização de alimentos (leite, cerveja ou vinho), que consiste em ferver o líquido e depois resfriá-lo rapidamente. Esse processo elimina microrganismos anaeróbicos, como as bactérias.

O SEU LUGAR NA HISTÓRIA

Uma doença que faz parte de nosso cotidiano, hoje em dia, é a dengue. Provavelmente você conhece alguém que a contraiu.

Você sabe como a dengue é transmitida? Há vacina contra ela? Quais são os melhores métodos para diminuir sua propagação?

VOCÊ JÁ OUVIU FALAR

... em sangria? Trata-se de um procedimento que foi utilizado durante séculos para curar doenças. A sangria consiste na retirada de parte do sangue do paciente. Com uma espécie de faca de dois gumes, cortava-se uma veia, quase sempre a de um braço, e deixava-se sangrar. Outra opção era o uso das sanguessugas, parentes da minhoca, que sugavam o sangue por suas ventosas na boca. Acreditava-se que a sangria era solução para tudo: febre, erisipela, varíola, sarampo, diarreias, machucados, dores, etc.

O combate às doenças

Apesar de a ciência hoje não concordar com a teoria dos miasmas, a medicina higienista levou a resultados importantes. Um deles foi a diminuição do número de mosquitos nas cidades com a drenagem de pântanos e brejos, embora não se soubesse, na época, que mosquitos podiam transmitir doenças.

Sabe-se hoje que existem vírus, bactérias e mais uma porção de micróbios que não são vistos a olho nu. Também que alguns deles nem precisam de ar para sobreviver e se reproduzir, e muitos são responsáveis por doenças.

Com o aperfeiçoamento do microscópio, inventado na Europa no final do século XVII, foi possível identificar a presença desses microrganismos e, mais que isso, classificá-los e combatê-los, quando necessário.

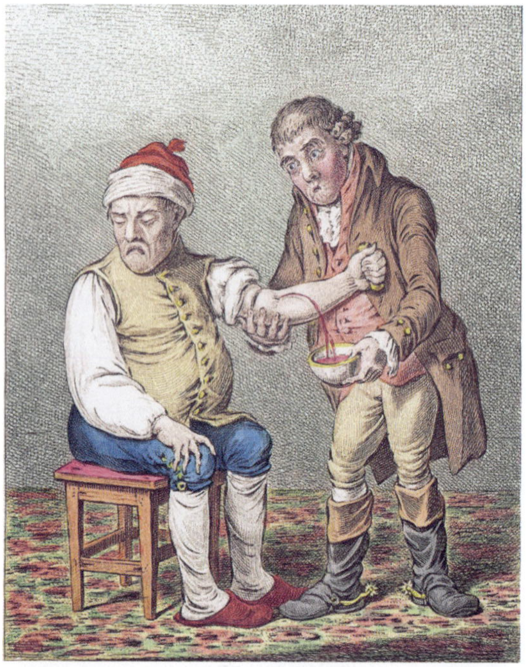

The Bridgeman Art Library/Easypix

Representação de uma sangria, gravura colorida de James Gillray, 1804. Essa forma tradicional de cura das doenças foi muito utilizada até o início do século XX no Ocidente. Warden and Scholars of New College, Oxford, Inglaterra.

Reprodução/Museus Castro Maia, Rio de Janeiro, RJ.

Cirurgião negro colocando ventosas, aquarela de Jean-Baptiste Debret, 1826. Na imagem, que mostra uma rua do Rio de Janeiro no século XIX, o cirurgião coloca ventosas feitas de chifres para realizar a sangria. Museus Castro Maya, Rio de Janeiro, RJ.

DOCUMENTO

Regras de civilidade e de bem viver no século XIX

Tomar banho todos os dias não era um hábito das sociedades ocidentais. Leia com atenção a recomendação de um Manual de bom-tom, publicado em Portugal, em 1845.

> A primeira coisa que te recomendo é o asseio constante [...]. não tenhas horror à água fria, a não ser que por motivo de moléstia os médicos te proíbam usar dela; nunca tive em conta de limpas e asseadas as pessoas que esfregam a cara com uma toalha molhada, em vez de a banharem e lavarem com as palmas cheias d'água. [...] Os banhos de todo o corpo fazem uma parte do asseio, porém, [...] basta que tomes um a cada mês, e que não sejam longos.
>
> ROQUETTE, J. I. *Código do bom-tom ou Regras de civilidade e de bem viver no século XIX*. SCHWARCZ, Lilia Moritz (Org.). São Paulo: Companhia das Letras, 1997. p. 88.

1 | Qual era a função dos manuais de boa educação, como o *Código do bom-tom*, publicados nos séculos XVIII e XIX?

2 | Relacione a recomendação do autor, de tomar banho de imersão somente uma vez por mês e não por muito tempo, à teoria de que os miasmas eram os causadores de doenças.

A toalete, óleo sobre tela de Maximilien Luce, 1887. Como não se costumava tomar banho todos os dias, a higiene diária era feita com água em uma bacia, sabão e panos. Museu de Arte Moderna, Genebra, Suíça.

The Bridgeman Art Library/Easypix

O mundo ficou menor

O historiador britânico Eric Hobsbawm afirmou que no século XIX o mundo ficou menor. Afinal, com a construção das ferrovias, o tempo para se locomover diminuiu muito. E não foi só por terra.

O vapor também foi utilizado em navios, acabando com a dependência dos ventos para se mover. Mas, no início, eram navios feitos de madeira, muito pesados. Na segunda metade do século XIX, eles passaram a ser construídos com ferro e, depois, com aço. As viagens se tornavam cada vez mais rápidas. Em um navio a vela, demorava-se quase dois meses para ir de Liverpool, na Inglaterra, ao Rio de Janeiro. Um navio a vapor demorava, em média, 27 dias para percorrer a mesma distância.

1876: Registro da patente do telefone por Alexander Graham Bell.

1878: Criação da lâmpada elétrica por Thomas Edison.

Comunicações mais rápidas

O século XIX foi de grandes descobertas e invenções. Talvez o controle da eletricidade tenha sido a que mais modificou o cotidiano das pessoas.

Já no século XVIII, em 1747, o inglês William Watson (1715-1787) havia demonstrado que a corrente elétrica podia ser transmitida a uma grande distância por meio de um fio metálico. Mas ele não imaginou o que poderia ser feito com ela.

Pouco tempo depois, em 1752, o estadunidense Benjamin Franklin – lembra-se dele? – descobriu um uso prático para a eletricidade, fazendo uma experiência. Durante uma tempestade, ele empinou uma pipa de papel usando um fio de metal preso a uma chave, também de metal, manipulada por um fio de seda. Por meio desse experimento, ele demonstrou também que estacas de ferro enterradas na terra atraíam os raios e protegiam o que estava ao seu redor: era a invenção do para-raios.

Da descoberta do circuito elétrico à invenção do telégrafo, foram quase 80 anos. Mas, quando ele foi inventado, o telégrafo elétrico modificou totalmente a forma como as pessoas se comunicavam.

Criado em 1838, o telégrafo transmitia por um cabo sinais elétricos por meio de um código conhecido como **código Morse**. Uma pessoa pressionava uma tecla na linguagem de pontos e traços que eram marcados em uma fita de papel do outro lado da linha. Quem o recebia decodificava os sinais.

Não era uma tarefa fácil conectar as mais distantes regiões do mundo entre si por meio do telégrafo, pois eram necessários cabos que tinham de ser passados por muitos lugares, inclusive pelos oceanos. No Brasil, por exemplo, o cabo telegráfico submarino foi inaugurado em 1873. Assim, várias cidades brasileiras e europeias estavam conectadas. Do telégrafo ao telefone foi um pulo. Sua invenção é geralmente atribuída ao estadunidense Alexander Graham Bell, em 1876, que registrou a patente do telefone.

Para falar ao telefone com outra pessoa, tinha-se de falar primeiro com uma telefonista, responsável por fazer a ligação. Portanto, dar um telefonema no final do século XIX ou no início do XX não era rápido como hoje.

FIQUE DE OLHO

BAILEY, Jacqui; LILLY, Matthew. *A história da eletricidade*. São Paulo: Difusão Cultural do Livro, 2008.

Em um dia de muita chuva, uma hidrelétrica para de funcionar e deixa muitas pessoas sem luz elétrica. Dessa forma, os leitores vão descobrir como funciona uma usina hidrelétrica e como o cotidiano das pessoas está ligado a essa forma de energia.

Telégrafo: do grego *tele* (distância) e *grapho* (escrevo), portanto, escrever à distância.

Decodificar: decifrar um código.

Patente: autoria de invento registrada em órgão do governo.

A profissão de telefonista existe até hoje, mas, no século XIX, ninguém podia dar um telefonema sem antes falar com uma dessas profissionais. Esta fotografia mostra o centro de atendimento de telefonia em Frankfurt, Alemanha, em 1889.

Ullstein Bild/Getty Images

E fez-se a luz... elétrica!

Desde que descobriu como fazer fogo, a humanidade utilizou algum tipo de iluminação. A mais comum durante muitos séculos foi a lamparina: em um recipiente de barro, cobre ou ferro, colocava-se um óleo (normalmente extraído de algum peixe ou de baleia) que se mantinha aceso por meio de um pavio. Apesar de eficaz, esse método produzia um cheiro forte e muita fumaça.

No início do século XIX foi criada a iluminação pública a gás. Essa tecnologia também foi problemática, porque o gás era distribuído por tubos subterrâneos que estavam sujeitos a explosões. Além do mais, os bicos de gás tinham de ser acesos um a um, o que tomava um grande tempo dos profissionais envolvidos. Nas ruas das maiores cidades do mundo, havia a profissão de acendedor de lampião a gás.

Tudo mudou com a utilização da iluminação elétrica.

Criada por Thomas Edison em 1878, a lâmpada elétrica foi um sucesso. A eletricidade foi utilizada para iluminar fábricas, lojas, casas, ruas...

A iluminação elétrica mudou o cotidiano das pessoas, principalmente dos habitantes das cidades. A vida noturna, uma vez iluminada, tornou-se mais agitada: teatros, hotéis, café e espaços públicos estavam acessíveis ao público dia e noite.

O cientista francês Louis Pasteur foi um personagem que testemunhou todas essas mudanças, pois nasceu em 1822 e morreu em 1895. Sua vida foi um emblema das conquistas científicas do século XIX.

QUE HÁ NA IMAGEM?

A imagem é uma alegoria, ou seja, é uma forma de apresentar ideias que representam o que se quer mostrar. No caso, é uma alegoria dos avanços tecnológicos do século XIX. Quais deles você consegue identificar na gravura?

Everett Historical/Shutterstock

Alegoria que mostra os diversos avanços tecnológicos do século XIX. Litografa de Currier & Ives, 1876.

PUXANDO PELA MEMÓRIA

Após o estudo do capítulo, você manteria sua resposta à pergunta da página 238?

Créditos das imagens de baixo para cima: Reprodução/Museus Castro Maia, Rio de Janeiro, RJ.; Sammlung Rauch/Interfoto/Fotoarena; Akg-Images/Latinstock; The Bridgeman Art Library/Easypix; The Bridgeman Art Library/ Easypix; Everett Historical/Shutterstock; Mary Evans Picture Library/Glow Images; Reprodução/ Museus Castro Maia, Rio de Janeiro, RJ.

Reprodução/Biblioteca Nacional, Paris, França.

ROTEIRO DE ESTUDOS

O QUE APRENDEMOS?

1 | Observe a tabela do código Morse a seguir e faça o que se pede.

A •—	J •———	S •••	2••———
B —•••	K —•—	T —	3••——
C —•—•	L •—••	U••—	4••••—
D —••	M ——	V•••—	5•••••
E •	N—•	W•——	6—••••
F ••—•	O———	X—••—	7——•••
G ——•	P•——•	Y—•——	8———••
H ••••	Q——•—	Z——••	9————•
I ••	R•—•	1 •————	0—————

a) Para que servia o código Morse?

b) Escreva uma pequena palavra em código Morse e peça a um colega para decodificá-la, traduzindo-a para o nosso alfabeto.

2 | Relacione o aumento significativo da população nas grandes cidades à proliferação de doenças.

3 | Associe um tipo de uso prático da eletricidade com uma mudança na vida cotidiana das pessoas no século XIX.

4 | O que é pasteurização?

5 | O que foi a medicina higienista?

6 | Quais benefícios eram atribuídos à aplicação da sangria?

7 | O que o cientista francês Louis Pasteur tem a ver com a doença infecciosa conhecida como raiva?

8 | Por que podemos dizer que no século XIX o mundo ficou menor?

9 | Por que a seguinte afirmação é falsa?

A principal novidade em termos de fonte de energia para a locomoção no século XIX foi a utilização da eletricidade para movimentar trens e navios.

10 | Relacione as novas teorias higienistas à transferência de cemitérios em Paris.

PESQUISA

A locomotiva e o navio a vapor revolucionaram o transporte de carga e o deslocamento de passageiros pelo mundo no século XIX. Mas outro meio de transporte apareceu para ficar: a bicicleta. Leia o texto a seguir.

> "Ela tem feito mais para emancipar as mulheres do que qualquer outra coisa no mundo". Esta frase da líder feminista americana Susan Anthony (1820-1906) parece se referir à pílula anticoncepcional ou a alguma outra coisa que possa ser facilmente identificada com a emancipação feminina. Mas ela trata da bicicleta. Na virada do século XX, esse veículo sobre duas rodas teve um papel mais importante do que se costuma crer na luta pelos direitos das mulheres, dando a elas autonomia para irem sozinhas de um lugar a outro e ajudando a enterrar as antigas roupas que limitavam seus movimentos.

MELO, Victor Andrade de; SCHETINO, André. Liberdade em duas rodas. Disponível em: <www.revistadehistoria.com.br/secao/artigos-revista/liberdade-em-duas-rodas>. Acesso em: 11 maio 2015.

1 | Você sabe qual é a origem da bicicleta? Pesquise.

2 | Em qual país há mais bicicletas no mundo de hoje?

3 | Por que o texto diz que a bicicleta libertou as mulheres?

IMAGENS CONTAM A HISTÓRIA

Observe com atenção a ilustração abaixo. Ela representa a sala de um hospital em Londres, onde o médico Edward Jenner faz um corte no braço de uma mulher.

Akg-Images/Fotoarena

Benefícios da vacina, gravura de James Gillray, 1802. Coleção particular.

1 | Quem foi Edward Jenner? Qual foi sua contribuição para a ciência?

2 | A que vacina a imagem se refere?

3 | Como era realizada a vacinação na época de Edward Jenner?

4 | Com base no que esta imagem representa, é possível afirmar que a vacina contra a varíola era aceita por todos? Justifique sua resposta utilizando elementos da imagem.

O PASSADO PRESENTE

O telégrafo elétrico tornou as comunicações mais rápidas. Mesmo assim, demorava vários minutos ou até horas para que os textos chegassem ao destino.

Atualmente o telégrafo não é mais usado.

- Quais mecanismos de comunicação substituíram o telégrafo nos dias de hoje para a divulgação de notícias?

BIBLIOGRAFIA

BRASIL, Ministério da Educação. Secretaria de Educação Básica. Base Nacional Comum Curricular. Brasília, MEC/Consed/Undime, 2017.

CHALHOUB, Sidney. *A força da escravidão*: ilegalidade e costume no Brasil oitocentista. São Paulo: Companhia das Letras, 2012.

HORNE, Gerald. *O Sul mais distante*: os Estados Unidos, o Brasil e o tráfico de escravos africanos. São Paulo: Companhia das Letras, 2010.

LINCOLN, Abraham. *Discursos de Lincoln*. Trad. Denise Bottmann. São Paulo: Penguin, 2013. Livro digital.

LINHARES, Maria Yedda; CARDOSO, Ciro F. (Org.). *História geral do Brasil*. Rio de Janeiro: Elsevier, 2010.

MATTOS, Hebe Maria. *Escravidão e cidadania no Brasil monárquico*. Rio de Janeiro: Jorge Zahar Editor, 2000.

MOTA, Carlos Guilherme. *A Revolução Francesa*. São Paulo: Ática, 2002.

NEVES, Lúcia Bastos P.; MACHADO, Humberto. *O Império do Brasil*. Rio de Janeiro: Nova Fronteira, 1999.

PARKER, Steve. *Caminhos da ciência* – Pasteur e os microrganismos. São Paulo: Scipione, 1999.

PINSKY, Carla Bassanezi; MESGRAVIS, Laima. *O Brasil que os europeus encontraram*. São Paulo: Contexto, 2000. (Coleção Repensando a História).

REIS, João. *Rebelião escrava no Brasil*: a história do levante dos malês. São Paulo: Companhia das Letras, 2003.

SALLES, Ricardo. *Guerra do Paraguai*: memórias & imagens. Rio de Janeiro: Biblioteca Nacional, 2003.

SCHWARCZ, Lilia Moritz. *As barbas do imperador*: D. Pedro II, a história de um monarca em quadrinhos. São Paulo: Companhia das Letras, 2014. (Coleção Quadrinhos da Cia.).

______; SPACCA. *D. João Carioca*: a Corte portuguesa no Brasil (1808-1821). São Paulo: Companhia das Letras, 2007.

______; GOMES, Flávio dos Santos (Org.). *Dicionário da escravidão e liberdade*. São Paulo: Companhia das Letras, 2018.

SILVA, Alberto da Costa e. *Um rio chamado Atlântico*: a África no Brasil e o Brasil na África. Rio de Janeiro: Nova Fronteira, 2011.

______. *A África explicada aos meus filhos*. Rio de Janeiro: Agir, 2008.

SILVA, Eduardo. *As camélias do Leblon*: uma investigação de história cultural. São Paulo: Companhia das Letras, 2003.

SOUZA, Marina de Mello e. *África e Brasil africano*. São Paulo: Ática, 2006.